살림과 평화로 가는 가운데 큰 길

살림과 평화로 가는 가운데 큰 길

지은이·박재순
꾸민이·성상건
편집디자인·자연DPS

펴낸날·2024년 4월 25일
펴낸곳·도서출판 나눔사
주소·(우) 10270 경기도 고양시 덕양구 푸른마을로 15
　　　 301동 1505호
전화·02)359-3429　　팩스 02)355-3429
등록번호·2-489호(1988년 2월 16일)
이메일·nanumsa@hanmail.net

ⓒ 박재순, 2024

ISBN　978-89-7027-876-6　03230

값 14,000원
잘못된 책은 바꾸어 드립니다.

살림과 평화로 가는 가운데 큰 길

박재순 지음

나눔사

　오늘 우리가 사는 사회는 가운데(중심)가 없는 사회다. 우리 사회에는 갈등과 다툼을 넘어서 서로 공감하고 합의하여 협력할 수 있는 가운데가 없다. 오늘 우리가 사는 시대는 길을 잃은 시대다. 함께 나아갈 수 있는 큰 길을 잃어버렸다. 자연생태계의 파괴와 인공지능과 로봇의 발달로 문명의 큰 전환과 사회의 근본적인 혁신을 요구하는데 문명의 전환과 사회의 혁신을 이루는 길을 찾지 못하고 있다.

　대통령선거나 국회의원 선거를 할 때면 곧 세상이 바뀔 것처럼 보이지만, 선거가 끝나면 변화의 실마리도 잡지 못한다. 여당과 야당 모두 헌법을 바꿔야 한다고 주장하면서도 헌법개정을 위해서는 한 걸음도 내딛지 못한다. 학교에서는 학생이 교사를 모욕하고 때리며 학부모가 교실에서 교사에게 폭행을 저지르고 교사들은 견디다 못해 스스로 목숨을 끊고 병들어간다. 무한경쟁의 입시교육과 학원 교육의 굴레에 묶여서 인간을 인간답게 하고 새롭게 하는 인간교육은 생각조차 할 수 없다. 그런데도 학교 교육을 혁신하는 방안도 마련하지 못하고 새로운 교육에 대한 전망과 철학도 제시되지 않고 있다. 모두 저마다 바쁘게 달려가는데 실제로는 한 걸음도 나아가지 못하고 있다. 아! 우리는 지금 꿈속에서 사는 것인가?

　가정과 지역사회의 공동체도 가운데가 없고 길을 잃었다. 가운데와 길을 잃은 가정과 마을공동체도 속에서부터 속절없이 무너지고 있다. 세계의 정치경제도 가운데 구심점을 잃고 갈 길을 모르는 듯 혼란에 빠져들고 있다. 선진국이라는 미국과 유럽도 민주공화국의 이념을 잃고 인종차별과 극우 이념이 활개를 치고 있다. 패권 국가인 미국과 새로운 경제 대국인 중국이 충돌하며 러시아와 우크라이나, 이스라엘과 팔레스타인(이란)은 전쟁을 벌이고 있다. 세계의 정치와 경제는 식민지 쟁탈 전쟁과 제국주의 패권전쟁을 벌이던 19세기와 20세기로 돌아가려는가?

오늘 인류사회는 인간이 함께 가야 할 가운데 큰 길을 잃었다. '살림과 평화로 가는 가운데 큰 길'을 찾기 위하여 나는 서양문명의 정신적 핵심인 히브리 기독교 전통과 예수의 하나님 나라 운동을 탐구했고 동서문명의 만남과 민족의 주체적 자각으로 전개된 한국근현대의 시대정신에 주목했다. 히브리 기독교의 초월적 하나님 신앙과 하늘을 우러르며 강인한 생명력을 길러온 한민족의 '한'사상이 결합됨으로써 한민족의 정체성과 주체성이 확립되고 한민족의 생명력과 정신력이 크게 분출되었다. 나는 동서문명이 만나고 한민족의 생명력과 정신력이 분출한 한국 근현대의 시대정신 속에 인류가 나아갈 가운데 큰 길이 숨겨져 있고 가운데 큰 길로 나아갈 수 있는 힘과 지혜가 있다고 믿는다.

이 책에는 최근에 쓴 글들과 여러 해 전에 쓴 글들이 함께 묶여 있다. 8개의 글 묶음을 소개하는 것으로 머리말을 대신하려고 한다. 1장에서는 성경의 말씀(주체인 '나'의 진리)과 그리스의 로고스(과학적 이성

의 진리)와 동아시아의 도(생명 관계의 진리)를 한민족의 '한'사상으로 융섭
하여 통합하는 길을 모색하였다. 2천 년 전에 지중해 서쪽의 정복자
그리스·로마제국은 헬레니즘을 바탕으로 위로부터의 세계화를 강력
히 추진하였다. 그때 지중해 동쪽의 작은 식민지 국가 유대 나라의
예수와 초대교회가 아래로부터의 세계화를 추진함으로써 기독교와
그리스철학이 만나서 유럽 문명을 형성하는 두 기둥이 되었다. 오늘
의 세계화는 세계의 정복자 유럽 문명이 주도한 것이며 태평양 동쪽
의 작은 식민지국가였던 한국이 동서문명을 통합하는 정신과 철학
을 낳을 수 있지 않을까 기대한다.

2장에서는 선과 악, 앎과 모름, 죄인과 의인을 구별하는 바리새파
의 율법 지식이 차별과 분열을 낳는 폭력적인 흑백논리이고 당파논
리라면, 생명을 살리는 일에 집중한 예수의 복음은 차별을 넘어서 살
림과 평화의 진리임을 밝혔다.

3장에서는 예수의 분노 감정을 생명 철학적으로 논구함으로써
예수의 삶과 가르침이 생명의 진리에 충실하여 역동적이면서 통합적
인 진리임을 드러냈다. 예수는 분노의 감정을 서슴지 않고 드러냈으
며 바리새파와 율법학자들에게 '독사의 자식들', '위선자들'이라고 욕
설을 퍼부었고 성전의 장사치들을 위력으로 쫓아냈다. 그런가 하면
예수는 원수를 사랑하라고 하고 박해자들을 축복하라고 하였고 왼
뺨을 때리면 오른뺨을 돌려대고 겉옷을 달라면 속옷을 주라고 하였

다. 또 맘속으로 미워하면 이미 살인을 한 것이나 마찬가지라고 하였다. 서로 양립하기 어려운 서로 다른 예수의 이러한 야누스적인 모습은 물질과 정신, 육체와 영혼을 아우르는 생명에 대한 철학적 이해를 통해서만 제대로 온전히 이해할 수 있다. 예수의 삶과 가르침, 분노 감정과 복음을 생명 철학적으로 이해함으로써 생명이 가르치는 가운데 큰 길을 알아볼 수 있을 것이다. (3장은 계간 「불교평론」 67호 2016년 가을호 특집에 실린 "예수의 분노에 대한 생명철학적 이해"를 개정한 글이다.)

4장에서는 갈등과 다툼에서 헤어나지 못하는 현실에서 용서와 화해에 이르는 길을 생명과 인간의 자리에서 국가 문명을 넘어서 '서로 주체의 용서와 화해'에 이르는 길을 모색하였다. 정복자, 승리자의 관점이 아니라 패배자, 희생자의 관점에서 용서와 화해를 모색하면서도 희생자의 관점에 매몰되지 않고 보편적이고 전체적인 생명의 자리, 서로 주체로서의 용서와 화해에 이르는 가운데 큰 길을 탐구하였다.

5장에서는 가난한 병자들을 고치는 행위와 밥상공동체 운동으로 다시 말해 생명 회복 운동으로 예수의 하나님 나라 운동을 이해하였다. 여기에 실린 '예수의 밥상공동체 운동과 교회'는 1985년에 한국신학연구소의 평신도 신학 강좌에서 강의한 내용이다. 예수운동을 치병행위와 밥상공동체 운동으로 파악한 이 글은 1987년에 『예수 운동과 밥상공동체』로 간행된 후 곧 재판을 찍을 만큼 뜨겁게 받아들여졌고 신학도들 사이에서 널리 읽혀졌다. 그러나 이 논문은 표절의 대상이 되었을 뿐 학문적으로 평가되거나 존중되지 못했다.

미국에서 '역사적 예수 연구'를 주도한 도미니크 크로산(John Dominic Crossan)이 1991년에 발표한 『역사적 예수』(The Historical Jesus: The Life of a Mediterranean Jewish Peasant. San Francisco: Harper & Row, 1991)에서도 예수가 일으킨 하나님 나라 운동의 역사적 핵심을 '치병행위와 밥상공동체 운동'으로 보았다. 내가 1990년 9월에서 1991년 5월까지 미국 뉴욕의 유니온 신학교에서 방문학자로 지냈을 때 이 논문을 영어로 번역하여 소개했는데 이 논문을 가지고 학생들이 세 차례나 세미나를 할 만큼 영향을 주었다. 또 내가 예수의 밥상공동체 운동의 관점에서 '성만찬'에 관한 짧은 설교를 했는데 유니온 신학교의 폴 틸리히 석좌교수였던 톰 드라이버(Tom Driver)가 높이 평가하여 이 설교문을 그의 책 『제의(祭儀)의 해방하는 힘』(Magic of Rituals)에 수록하였다.

6장 '예수의 하나님 나라 운동과 가난한 자들의 신학'은 예수 운동에서 가난한 자들이 중심에 있음을 논증하고 설명하였다. 가난한 자들과 예수가 일으킨 하나님 나라 운동이 부자들을 배제한 것이 아니라, 부자들이 예수 운동을 거부하고 박해했다. 예수와 초대 교회의 하나님 나라 운동에서는 가난한 자들이 중심에 있었음을 이 글에서 분명히 밝혔다. 이처럼 가난한 자들을 기독교 신앙과 정신의 중심에 놓는 것은 오늘의 많은 기독교인들에게 낯설고 불편한 감정을 일으킬 것이다. 그러나 그것이 예수와 성경과 기독교의 진실임을 받아들여야 기독교 신앙의 진정성과 힘을 회복할 수 있을 것이다.

7장에서는 동학과 원불교를 중심으로 한국 근현대의 정신과 철학에 관한 백낙청, 김용옥, 박맹수의 특별좌담에 깊은 존경과 감사를 표하면서 이에 대한 나의 논평을 실었다. 한국 근현대의 시대정신과 기독교에 대해서 이들과 다른 생각을 나는 솔직하고 분명하게 밝혔다. 한국 근현대의 정신과 철학에 대한 논의가 활발하게 이어지고 발전되기를 바란다.

어쩌면 한국 근현대의 정신과 철학에 대한 바른 논의와 성찰이 없었으므로 오늘 한국의 정치권과 사회가 시끄럽기만 하고 힘이 없는 것인지 모른다. 우리 역사와 사회에 대한 바른 철학과 정신이 확립되어 있다면 정치권과 시민사회가 가운데 큰 길을 찾아서 앞으로 나아가는 데 큰 도움이 되었을 것이다. 돌이켜보면 1970년대와 80년대 지식인들과 청년 학생들을 이끌었던 사상들에 대한 깊은 반성과 성찰이 없었던 것 같다. 마르크스 레닌주의, 모택동주의, 북한 주체사상은 말할 것도 없고 신식민지 국가독점자본주의, 사회구성체 논쟁 같은 담론에 대한 분명한 평가나 비판도 없었다. 또한 그 시대를 이끌었던 사상가들 리영희, 박현채, 김지하, 장일순에 대해서도 존경과 감사를 표할 뿐 비판과 논쟁은 없었던 것 같다. 중국의 사회주의와 문화혁명을 미화했던 리영희는 1990년경 사회주의 사회들이 붕괴할 때 자신의 사상적 과오를 인정하면서 절필을 선언하기도 했다. 1990년대에 젊은 철학자들이 80년대 철학에 대한 심포지엄을 열었을 때 리영희는 직접 참여하여 자신의 사상적 과오를 분명히 밝혔다. "만일 내가 인간의 이성을 완전히 부정하면 나는 사람이 아닐 것입니다. 그러나 나는 인간의 이성을 지나치게 낙관적으로 보았습니다. 나는 사상적으로 과오를 범했습니다." 나는 그 자리에서 리영희의 말을 듣고 그의 진솔한 인격과 지성에 감탄했고 깊은 존경심을 느꼈다. 학자와 사상가로서 리영희 자신이 그의 과오에 대하여 깊은 성찰을 담은 글을 쓰고 그 대안을 제시하기를 나는 기대하였다. 아쉽게도 리영희는 그렇게 하지 못한 것 같다. 제자들과 후학들도 그런 성찰과 논의를 하지 않았다.

과거의 사상과 철학을 반성하고 비판하지 못하면 오늘의 정신과 사상은 한 걸음도 앞으로 나아가지 못한다. 70~80년대의 사상과 정신을 비판하지 못하는 이들은 2~3천 년 전의 주역 팔괘, 음양오행, 풍수지리, 사주명리, 유교, 불교, 도교도 비판하지 못하고 서양의 기독교와 플라톤·아리스토텔레스, 칸트와 니체, 포스트모더니즘도 비판하지 못한다. 그러면 한국 근현대의 새로운 정신과 철학을 말할 수 없고 우리 시대의 정신과 철학을 가질 수 없다. 민주화, 과학기술화, 세계화가 이루어지는 우리 시대의 정신과 철학을 갖지 못한 인간들이 우리 시대와 사회를 바르게 이끌어갈 수 있을 것으로 생각되지 않는다.

8장에서는 정치·경제·군사적 긴장과 대립 속에 있는 한반도와 동북아시아의 평화와 한국의 갈길을 다루었다. 정치·경제·군사적 긴장과 대립 속에 있는 한반도와 동북아시아에서 평화를 이루려면 평화를 위한 생명철학을 확립해야 한다. 이 글에서 나는 평화에 대한 씨올생명철학을 논하였고 '널리 사람을 이롭게 하는' 홍익인간과 '이치로써 교화하는' 재세이화(在世理化)의 건국이념과 삼일독립선언의 평화 이념을 바탕으로 한국의 갈 길을 제시하였다.

2024년 4월 박 재 순

차례

성경의 말씀('나'의 진리)과
그리스철학의 로고스(이성의 진리)와
동아시아의 도(생명 관계의 진리)가
하나로 되는 길

1장. 성경의 말씀('나'의 진리)과 그리스철학의 로고스(이성의 진리)와 동아시아의 도(생명 관계의 진리)가 하나로 되는 길

1. 세계화와 동서 문명의 만남

우리는 지난 몇 십 년 동안에 민주화, 고도 산업화, 세계화를 동시에 겪고 있다. 이것은 농업정착 사회를 이룬지 1만년, 기록된 국가문명 5천년 역사에서 우리 세대만 누리는 행운이다. 그러나 이러한 문명사적인 변화는 여기에 걸맞는 새로운 삶과 철학을 요구한다.

한국의 근현대사에서 동서 문명의 창조적 만남이 이루어지고 있다. 500년 전부터 서구 문명의 팽창과 확산으로 시작된 세계화는 유럽과 미국 밖에서 동서 문명의 충돌과 융합을 초래했다. 정신 문화적 주체성을 가지고 민주화와 산업화를 이룬 지역은 동아시아 3국 한국, 일본, 중국이라고 생각한다. 그 가운데서도 한국에서 서구 정신문화의 핵심을 이루는 기독교와 한국·아시아 정신문화가 깊게 창조적으로 만났다. 한국의 근현대사는 아래로부터의 민주화가 줄기차게 진행되었다는 것과 기독교가 민족사회의 중심과 민중의 삶 속에 깊이 들어왔다는 점에서 다른 데서 볼 수 없는 두드러진 특징을 보이고 있다. 또 우리에게는 유교·불교·도교와 같은 동아시아 종교문화가 다른 어느 지역보다 더 풍성하게 생생하게 살아 있다.

오늘 우리가 동서 정신문화가 가장 깊고 풍성하게 만나는 정신사적 문명사적 과정의 한복판에 있다는 것은 인류사적으로 특별한 사명이 우리에게 있음을 시사한다. 인류의 평화로운 공존과 상생을 위한 힘과 지혜를 제공하고 세계평화의 철학과 정신을 제시할 사명이 우리에게 있다. 동아시아의 평화와 번영, 세계평화시대를 열어갈 길을 열 책임을 지고 있다. 어쩌면 인류의 갈등과 대립을 극복하고 평화시대를 열기 위해 지난 100여 년 동안 우리 민족이 혹독한 시련과 험난한 고통의 길을 걸어온 지도 모른다.

민주화, 산업화, 세계화 속에서 우리는 문명사적인 위대한 사명을 가지고 있다. 그러나 오늘의 세계는 밝은 미래와 함께 어둡고 고통스러운 미래를 보여준다. 오늘날 자본과 시장 중심으로 전개되는 세계화 속에서 양극화가 심화되고 삶의 뿌리가 뽑혀 고통당하는 사람들이 넘쳐나고 있다. 기술문명이 눈부시게 발전하는데 일자리는 줄고, 가정은 파괴되고 물질적 가난과 정신적 빈곤이 확산되고 있다. 민주화·산업화·세계화는 인류의 새로운 미래와 함께 혼돈과 파멸의 깊은 심연을 보여준다. 지금이야말로 인류의 미래에 대한 새로운 비전과 사랑과 정의의 실천이 요구된다. 자본과 시장의 세계화에 맞서는 아래로부터의 세계화 운동이 일어나야 한다.

오늘 아래로부터의 세계화 운동에 앞장서야 할 한국교회가 깊은 불신을 받고 있다. 불신을 넘어 혐오의 대상이 되고 있다. 교회에 대한 불신과 혐오가 한국사회 대중 속에 확산되고 있다. 오늘 한국교회에게 필요한 것이 무엇인가? 교회 제도와 형식도 잘 갖추었고 사람과 돈도 많고 선교에 대한 열정도 넘친다. 그러나 철저한 회개와 근본적인 자기성찰이 없다. 성경과 예수에 대한 바른 이해가 없고 시대의 아픔과 문제에 대한 통찰이 없다. 한 마디로 깊은 영성과 바른 실천을 지향하는 신학, 철학이 없다. 한국교회가 새롭게 일어나서 제 구실을 하려면 깊은 영성과 철학(신학)을 가져야 한다. 한국교회뿐 아니라 한국사회 더 나아가서 세계인류도 돈과 기계가 지배하는 산업기술사회에 매몰되어 생명과 인간, 역사와 문명의 사명과 목적을 생각하지 못하고 유물론과 기계론의 포로가 되었고 권리 다툼과 이해관계, 진영논리와 당파싸움에서 벗어나지 못하고 있다.

오늘 한민족의 정신사적 과제는 한국 근현대의 이런 문명사적 상황과 사명을 깊이 자각하고 주체적이고 세계적인 정신과 철학을 제시하는 일이다. 주체적이고 세계적인 정신과 철학을 어떻게 형성할수 있을까? 먼저 동양의 정신문화와 서양의 정신문화가 창조적으로 융합하여 새로운 정신과 철학을 생성해야 한다. 우선 기독교 정신, 그리스철학과 서구 근대철학의 이성적 사고, 동아시아의 도(道) 철학을 한국의 한(韓, 큰 하나) 정신으로 융섭하여 깊은 영성과 세계평화를 지향하는 민주적 생활 철학을 닦아내야 한다.

이러한 새로운 철학을 말하기 위한 준비 작업의 하나로서 요한복음의 첫머리를 중심으로 기독교 정신과 그리스철학의 만남에 대해 말하려고 한다. 정신 문화적 주체성을 가지고 성경을 읽었던 유영모와 함석헌 같은 선각자들은 요한복음을 특별히 좋아했다. 그 까닭은 믿음과 앎, 앎과 행함, 개인의 영성과 공동체를 아우르는 요한복음이 구도자적 수행과 공동체적 가치를 지향하는 동아시아인의 심성에 적합했기 때문이다.

2. 그리스의 로고스 철학과 성경의 만남

요한복음의 성경 본문도 알렉산더 대왕과 로마제국에 의해 지중해를 중심으로 세계화가 강력히 진행되는 상황에서 생성되었다. 오늘 우리처럼 예수와 초대기독교는 지중해 세계에서 동서 문명이 합류하는 상황에서 살았다. 지중해 동쪽의 변두리 지역에서 예수와 초대기독교는 정복과 수탈을 일삼는 서방 문명의 지배 속에서 하나님의 사랑과 의가 다스리는 평화의 나라를 선포하였다. 그리스·로마의 거대하고 화려한 제국주의 물질문명과 군사력 그리고 이성주의 철학에 맞서 신의 사랑과 정의의 말씀이 실현되는 나라를 선포한 것이다. 그리스·로마가 권력과 부, 문화의 힘으로 세계화를 추진했다면 예수와 초대교회는 아래로부터의 세계화를 추진했다. 예수의 하나님 나라 운동은 사랑과 정의를 바탕으로 민족과 국가의 경계를 넘는 세계화 운동이었다. 위로부터의 세계화와 아래로부터의 세계화가 만나서 유럽 문명이 형성되었다.

기독교와 그리스철학의 만남, 아래로부터의 세계화와 위로부터의 세계화의 만남은 성공했는가? 요한복음은 성경의 말씀, 창조의 말씀, 다바르(רבד)를 로고스(λόγος)로 번역했다. 이것은 문명사적으로 큰 문제를 안고 있고 그 문제가 유럽의 정신과 학문의 역사에서 여전히 해결되지 않고 남아 있다. 그리스철학의 로고스 개념과 히브리 신앙의 말씀 개념이 서구인들의 삶 속에서 문명적 세계관적 차이를 극복하고 화해와 융합을 이루었다면 서구사회는 위대한 기독교 문명을 이룩했을 것이다. 오늘 서구 기독교 문명이 해체되고 쇠퇴한 것은 로고스와 다바르(말씀) 사이의 대립과 갈등을 극복하고 참된 화해와 융합에 이르지 못했기 때문이라고 생각한다.

기독교는 희생자에게서 구원(화해의 길)을 발견하는 종교인데 서구 문명을 주도하는 것은 승리자 정복자 의식이다. 실패자, 패배자를 뜻하는 루저(loser)가 욕설로 널리 쓰이는 것은 기독교보다 그리스 문명이 서구사회에 큰 영향을 미친 것을 뜻한다.

그리스(인도 유럽어족) 문명의 군사적 정복적 성격과 그리스철학[1]

로고스와 다바르의 차이는 단순히 개념적, 사상적 차이만이 아니라 사회 신분적 차이를 내포한다. 말씀과 로고스는 어떻게 다른가? 먼저 로고스를 살펴보자. 본래 로고스는 "모으다. (수를) 세다, (기억한 것을) 열거하다. 말하다."는 뜻을 가진 말이다. 본래 로고스는 계산의 의미를 지녔으며, 전체 틀의 윤곽에 대한 직관을 나타내기도 했다. 그런데 이 말이 말하고 생각하고 인식하는 인간 이성의 작용과 행위를 나타내고, "이성, 원리, 법칙, 논리, 말"을 뜻하게 되었다. 로고스는 사물을 창조하거나 생성시키거나 변혁시키지 못하고 주어진 조건이나 현실을 이해하고 설명하며, 소통하고 설득하는 것이었다. 헤라클레이토스는 만물이 끊임없이 변화한다고 보았으나, 우주 만물의 변화는 우주의 불변적인 격식, 법칙, 법도를 따라 일어나는 것이며, 불변적인 격식과 법칙은 이성적인 것이라고 하였다.[2] 그는 로고스가 만물을 생성하고 창조하고 발생시키며 관장하는 내적 원리이며 힘이라고 함으로써 로고스에 대한 새로운 이해를 보여준다. 그러나 로고스의 창조와 생성도 만물의 끊임없는 변화 속에서 일어나는 것이므로 무에서 세상을 창조하는 성경의 말씀과는 다르다. 헤라클레이토스에게서 로고스는 주체성과 의지를 나타낸다기보다 항구적 원리와 법

---

1) 자아와 타자, 우주와 정신세계가 로고스적으로 질서지워져 있다고 보았기 때문에 이성적으로 설득하고 소통할 수 있다고 보았다. 따라서 이들의 사유는 공간적 폐쇄성과 시간적 영원성을 강조함으로써 닫힌 원운동에 머물렀다. 그리스 철학에 대한 논의는 주로 이정호 교수(방통대 철학전공)의 설명에 의존하였다.

2) S.P. 램프레히트, 『서양철학사』 김태길 외 역, 을유문화사 1980¹⁵. 31쪽.

칙성을 나타내며, 창조와 변혁과 초월의 성격보다는 항구적 질서와 격식을 나타낸다는 점에서 세상을 창조하고 역사를 변혁시키고 영혼을 새롭게 하는 성경의 말씀 다바르와는 전혀 달랐다. 일반적으로 로고스가 설명하고 설득하고 이해하는 것이라면 다바르는 창조하고 생성시키며 주체적이고 인격적이다.

로고스를 핵심어로 삼는 그리스철학은 어떻게 시작되었나? **첫째** 그리스철학은 그리스 식민지 이오니아에서 시작되었다. 유럽의 정치사가 그렇지만 특히 그리스·로마는 전쟁에서 승리한 정복자들의 국가이고 문명이었다. 끊임없는 민족 전쟁을 통해서 승리한 정복자들이 노예와 식민지를 바탕으로 강력한 제국과 물질적 번영을 누리는 문명세계를 이룩했다. 그들의 철학은 고상하고 귀족적이며 아름답고 심오하지만 그들의 정치와 문화는 매우 잔인하고 폭력적이었다.

귀족적인 플라톤과 아리스토텔레스의 철학에는 노예제에 대한 근본적 반성이 없었고 현실을 변혁하기보다 현실을 질서 있고 조화롭게 이성적으로 통제하고 이상을 구현하려고 했다. 따라서 그리스의 정복자적인 문화가 철학에 반영되어 있다. 사물과 존재를 인식하는 인식론 자체가 공격적이고 정복적이다. 대표적인 그리스 철학자 아리스토텔레스는 자연과 사물, 존재와 사건을 인식하는 4원인, 형상인, 목적인, 질료인, 운동인을 제시했다. 여기서 원인은 아이티아인데 법정에서 신문과 공격을 뜻하는 말이다. 존재와 사물을 인식할 때 형사가 취조하고 신문하듯이 "네 정체가 무엇이냐?, 무슨 목적을 가지고 있느냐?, 성분이 무엇이고, 어떻게 움직였느냐?"고 따져 묻는 것이다. 서구의 인식론에는 인식대상에 대한 신뢰와 존중이 없다. 서구

철학은 사회법정의 논변과 설득에 기원을 둔 것으로 추정되기도 한다.

둘째 그리스철학은 비신화화, 신화비판에서 시작했다. 그리스철학은 자연 현상과 역사 사건에 대한 인식에서 신의 개입이나 기적을 배제하고 자연 현상과 역사 사건들의 인과 관계를 밝히고 객관적 항구적 법칙성을 발견하려고 했다. 그리스철학은 인간 이성인 로고스를 인간의 본질과 본성으로 볼 뿐 아니라 국가와 역사, 우주와 신의 본질과 본성이라고 보았다. 인간 이성의 작용인 로고스를 우주와 신, 국가와 역사에까지 확장한 것이다.

그리스인들은 주어진 조건에 대한 이성적 대처에 관심이 집중되었다. 주어진 조건에 체념하고 순응하거나 조정을 통해 조건을 완화하려고 했지, 주어진 조건을 초월하거나 전적으로 변혁하려는 생각을 하지는 않았다. 조건들에 속박되었기 때문에 우연[운명]과 필연[법칙]이 일치했다. 인간의 삶을 지배하는 자연적 위력들이 신들로 표상되었다. 위력적인 타자, 주어진 조건들을 이성능력인 로고스를 통해서 소통하고 설득하려고 했다. 타자, 현실, 조건을 이성적으로 로고스적으로 조종하고 움직이려 했다. 합리적으로 경영하려고 했다.

그리스철학이 이처럼 인간의 로고스 안에 머물렀기 때문에 로고스의 인식대상인 물질현상과 우주 세계 그리고 로고스의 인식내용인 관념, 이데아의 세계, 실체와 법칙, 논리의 세계에서 벗어나지 못했다. 그리스철학은 주어진 조건에 충실한 사유였다. 언제나 주어진 재료, 생각, 의지(행위)로써 일과 사물이 제작되고 생성된다.

따라서 그리스철학에서는 주어진 현실, 조건, 재료 없이 이루어지는 창조, 다시 말해 무로부터의 창조라는 사상에 이르지 못했다. 그리스철학에서는 주어진 물질세계(자연 우주 현실)와 인간 이성에 의해 파악된 이상 세계(이데아와 관념의 세계, 원리, 법칙, 이론의 세계)가 탐구될 뿐 순수한 주체 '나'의 절대적 초월적 자유와 의지를 말하지 않았다. 주어진 현실과 조건을 혁명적으로 변혁하거나 초월한다는 생각이 없었다. 주어진 조건에 순응하고 맞추어 유리하고 현명하게 합리적으로 대처해가자는 생각이었다.

플라톤에게서 인간의 덕은 "적극적인 탁월성의 성취요, 인간의 온갖 능력이 이상적으로 발휘되어 완성에 도달함"[3]을 뜻한다. 지혜, 용기, 절제, 정의, 네 가지 덕을 말했다. 지혜는 국가의 궁극적 목적, 이상적 가치에 대한 지식이며, 용기는 국가의 번영을 위해 향락에의 탐닉을 물리치는 견고함이며, 절제는 강자와 약자 사이에 조화를 이루는 덕이며 균형의 원리이다. 정의는 이 세 가지 덕이 함께 모여서 이루게 될 절정이다.[4] 플라톤은 국가의 세 계급은 영혼의 세 부분을 나타낸다고 하였다. 생산자 계급의 욕망은 절제의 덕과 상응하고 전사 계급의 기개는 용기의 덕과 상응하고 지배계급의 이성은 지혜의 덕과 상응한다. 인간 영혼의 최고의 덕은 이성의 능력에 있다.[5]

이러한 로고스 중심의 그리스철학에 대해서 두 가지를 지적할 수

---

3)   램프레히트, 서양철학사. 62쪽.
4)   같은 책. 68~69쪽
5)   같은 책. 70쪽.

있다. 첫째로 공격적 인식론의 반성이다. 초월적 차원, 신을 배제하고 인식대상에 대한 신뢰와 존중이 없는 공격적 분석적 인식론이 과학을 위해 필요하나 충분한 것은 아니다. 이런 인식론이 과학과 기술을 자연과 인식대상에 대해서 적대적 공격적 정복적으로 만든 것이 아닌가? 생태계 파괴와 공동체 파괴는 이런 인식론에서 나온 게 아닌가? 인식대상에 대한 신뢰와 존중을 지닌 인식론이 과학을 이끌었다면 다른 결과가 나왔을 것이다. 발명을 위해서도 영감이 필요하고 인식대상에 대한 감정이입(感情移入)과 존중, 신뢰가 필요하다. 인간의 분석적이고 지배적인 이성만이 아니라 하나님의 영감, 개입이 필요한 것이다.

셋째 그리스철학은 사회정치사적 배경을 가지고 있다는 것이다. 주어진 현실에 충실한 그리스철학은 그리스인들이 비교적 안정된 조건 속에서 살았음을 뜻한다. 제국주의적으로 정복자로서 식민지와 노예들을 통치하고 경영하는 위치에 있었을 때는 더욱 그렇지만, 그렇지 않더라도 산들에 둘러싸여 서로 고립된 작은 도시국가들 안에서 자유민들로서 안정되고 독립된 삶을 사는 그들에게는 혁명적 초월적 의지와 사고를 가질 필요가 없고 주어진 현실과 조건에 맞추어 지혜롭고 평화롭게 이성적으로 사는 일이 중요했다.

한 마디로 그리스철학은 이성을 가지고 합리적이고 효율적으로 진선미의 삶을 살려고 했다. 그러나 인간의 이성은 욕망과 편견에 사로잡히기 쉽다. 루터는 인간 이성이 악마의 창녀라고 비난하기도 했다. 인간 이성이 악의 도구로 사용되는 것을 예리하게 지적한 것이다. 이성이 제 구실을 하기 위해서는 이성을 사용하는 인간의 영혼, 주체가 죄악에서 벗어나야 한다는 것이 기독교의 기본 입장이다. 기독교는 인간 주체를 문제 삼는다.

하나님의 창조와 주체성의 진리

성경에서는 주체성의 진리가 강조된다. 성경이 주체성을 강조하는 것도 사회·역사적으로 주체성이 요구되기 때문이다. 이스라엘 백성은 떠돌이요, 종살이하는 억눌린 백성이며 패배자요 희생자였다. 이들은 결코 불의하고 잔혹한 현실에 안주할 수 없었다. 주어진 조건에 적응하기보다 이 조건을 돌파하고 새롭게 창조하고 초월해야 했다. 따라서 현실을 변혁하고 돌파하는 의지, 주체가 강조된다. 이렇게 역사와 사회의 밑바닥에서 민중의 고난의 상황에서는 단순히 사물과 현실을 이해하고 설명하고 해석하는데 머물 수 없고, 현실의 감추어진 이면을 꿰뚫어 보고, 현실을 변혁하고 넘어서는 실천적 의지와 행동이 요구된다.[6] 이들에게서 창조신앙이 나왔다. 이들의 신은 말씀으로 세상을 창조하였다. "빛이 있어라!"고 명령하니 없었던 빛이 생겨났다. "육지와 바다가 갈라지라!" 하니 그렇게 되었다.

---

6) 지식 사회학적으로는 그리스인들과 히브리인들의 사회·역사적 배경과 상황이 매우 중요하다. 그러나 사람인 다음에는 누구나 이성과 영혼을 지녔다는 점에서 이 논의가 사회사적 상황을 넘어서 보편적인 의미를 가진다고 생각한다.

자연과 물질의 세계 이전에 관념과 법칙의 세계 이전에 말씀이 있었다. 말씀하시는 의지가 있었다. 의지의 주체가 있었다. 신의 창조는 주어진 현상과 존재의 기원에 대한 설명이 아니다. 주어진 물질세계가 (그것이 하나의 점이라고 해도) 어떻게 변화되고 발전되고 전개되었는가를 설명하는 것이 아니다. 창조를 말하는 것은 주어진 물질세계 이전에 그 세계가 존재하고 작용하기 이전에 없음과 빔 속에서 그것을 있게 하고 움직이는 의지와 뜻을 말하는 것이다. 우주가 존재하기 이전에 우주 위에 우주의 중심에 자유로운 주체가 있다는 것이다. 얼, 영, 정신인 주체가 우주의 주인으로서 있다!

이런 주체가 있는지 없는지를 이성적으로 증명할 수 없다. 그러나 이런 주체가 없다고 생각하면 우주 전체가 캄캄하고 황막하여 죽은 것 같은데 이 우주에 하나님이 있다고 믿으면 우주 전체가 살아 생동하고 나의 몸과 맘이 우주 전체와 하나로 이어져 소통하는 것을 느낀다.

하나님의 이름--야훼 "나다!"

히브리인들의 창조자 하나님은 이름이 없다. 만물과 뭇 생명의 근원이고 주체이므로, 굳이 이름을 붙이자면 영원한 주체, 거룩한 영, 얼, '참된 나'라고 할 수밖에 없다. 스스로 움직이는 주체, 영, 혼이 '나'다. 하나님은 자연 만물, 생명, 정신을 움직이고 진화 발전시키고 완성하는 주체다. 이스라엘 백성이 이집트에서 종살이할 때 하나님이 모세를 불러 종살이하는 이스라엘 백성을 해방시키라는 사명을 주었다. 주체를 상실하고 종살이하는 백성에게 참된 주체를 회복시키라는 것이다. 모세는 하나님의 이름을 물었다. 하나님은 모세에게 "나는 스스로 있는 자"라고 하였다. "스스로 있는 자" 다시 말해 "나는 나다."라고 하였다.(출 3:13~14) 이것은 여호와, 야훼, '에흐예 아세르 에흐예'라는 히브리어의 풀이말이다. I am who I am.(나는 나다)는 I am!(나다)를 되풀이한 것이다. 가장 정확한 풀이는 그저 "나다!"이다.

이것은 사실 하나님이 자기 이름 말하기를 거부한 것이다. 영원한 주체, 영원한 '나'이신 하나님은 모든 물질과 존재, 생명과 정신의 창조자적 주체이신 하나님은 자연 현상이나 사건, 개별적 존재자들처럼 이름 지을 수 있는 한정된 대상이 아니다. 무엇으로도 형용할 수 없고 한정지을 수 없는 영원한 궁극적인 주체, 자유, 의지일 뿐이다. 모든 것을 살리고 움직이고 변화시키고 자라게 하고 완성하는 주체이고 근원일 뿐이다. 그래서 "나다!"라고 말할 수밖에 없는 분이다.

하나님이 "나다!"라고 자신을 알리는 역사의 자리는 이스라엘 백성이 제국의 불의와 억압으로 고통당하며 종살이하는 상황이다. 짓밟힌 민중이 주체를 상실하고 고통받는 자리에 하나님은 "나다!" 하며 영원한 창조와 역사변혁의 주체로 나선다. 하나님의 말씀인 구약성경이 편집되고 완성된 자리도 바빌론에서 종살이하던 상황이다.

창조자 하나님은 "나다!" 하면서 역사 속으로, 민중 현장으로 우리의 삶 속으로 들어온다. 어떤 절망적인 조건과 상황도 희망으로 바꾸고, 돌무덤을 열어젖히고 부활의 생명으로 채운다. 불가능을 가능으로, 불신을 신앙으로, 죽음을 생명으로 바꾸는 적극적이고 주체적인 신이다.

3. 요한복음 첫머리 풀이

승리한 자유민의 진리와 패배한 희생자의 진리가 만나서 화해할 수 있을까? 이것이 인류사의 목적이고 완성이다. 예수의 십자가 죽음은 좌절하고 패배한 민중의 상황을 드러내며 기독교 진리는 희생자의 진리임을 생생하게 보여준다. 희생자(희생양)를 통해 구원을 받게 된다는 것이 성경의 핵심이다. 요한복음에서 신의 사랑과 의, 말씀의 화신인 예수 그리스도를 로고스로 번역한 것은 매우 과감한 것이다. 이것은 문화적 장벽뿐 아니라 사회적 장벽을 넘은 것이다. 신의 사랑과 의의 말씀이 인간 로고스와 결합된 것이다. 해방의 말씀이 정복자의 이성과 융합되었다.

이제 요한복음의 말씀으로 돌아가자. "한 처음, 천지가 창조되기 전부터 말씀이 계셨다. 말씀은 하느님[하나님]과 함께 계셨고 하느님과 똑같은 분이셨다."(요 1:1)

요한복음은 그리스철학의 핵심어 로고스를 끌어들이면서도 구약성경의 핵심 사상을 부각시킨다. 창조의 말씀이 세상을 빛과 생명으로 채운다는 점에서 요한복음의 첫머리는 구약성경의 중심사상을 강조하였다. 구약성경은 세상을 하나님의 창조 세계로서 긍정한다. 이 점에서 플라톤주의나 영지주의와는 다르다. 요한복음은 구약성경의 중심과 그리스철학의 만남을 시도하고 있다. 따라서 로고스라는 말은 요한복음에서 그리스철학에서와는 전혀 다른 의미를 지니게 되었다. 그리스에서 로고스는 창조자의 의미를 가질 수 없고, 사랑이나 은혜를 나타낼 수 없는 말이다. 그러나 요한복음에서 로고스는 창조의 주체이고 근거이며 생명과 빛, 은혜를 나타내는 말이 되었다.

혼돈과 공허의 깊음 속에서 말씀에 매달린 세계

"모든 것은 말씀을 통하여 생겨났고 이 말씀 없이 생겨난 것은 하나도 없다. 생겨난 것은 모두 그에게서 생명을 얻었으며, 그 생명은 사람들의 빛이었다."(요 1:3~4절)

창세기 1장에 따르면 하나님은 깊은 혼돈과 공허 위에 말씀으로 세상을 창조하였다. 말씀에서, 말씀의 알짬인 사랑과 의에서 우주 물질세계가 나왔다. 신의 사랑과 의가 우주만물의 창조적 근원이고 지탱하는 근거이고 힘이다. 말씀이 아니면 우주 세계는 혼돈과 공허의 심연 속으로 몰락한다. 말씀이 없으면 우주 세상은 몰락한다.

요한복음 1장 3~4절은 모든 것이 말씀에 의해서 생겨났다고 한다. 함석헌은 이 진리를 우주만물과 역사와 관련지어 매우 역동적으로 풀이한다. "'태초에 말씀이 있으니…말씀으로 만물이 지은 바 되었다.' 이대로 진리다. 이 우주는 말씀을 가진 우주다. 법칙의 나타남이 아니다. 기계의 움직임이 아니다. 물질의 변천과정이 아니다. 산 말씀의 나타남이요, 그 말씀에 돌아감이요, 말씀하고 있음이다. 요한은 또 이 말씀의 본질을 설명하여 사랑(아가페)이라 하였다. 우리의 역사는 아가페의 역사다. 역사 현상의 뒤에 서는 인격자는 아가페다. 우주의 모든 현상은 이 사랑의 말씀을 발하는 음성이다. 히말라야의 높은 봉도, 미시시피의 긴 흐름도, 태평양의 큰 물결도 이 사랑의 말씀을 표하는 부호다. 설선(雪線) 위에 웃는 천자만홍(千紫萬紅), 숲속에 우는 가지각색 새와 벌레,...물결 위에 부서지는 달빛, 구름 위에 깜작이는 별들, 모든 것이 이 말씀의 표현 아닌 것이 없다. 그러나 자연보다도 더 높이 깊이 감동적으로 이 사랑의 말씀을 발하는 것은 인간의 역사다."[7]

말씀은 하나님의 사랑과 정의인데 사랑과 정의 안에서 우주 세계는 창조되고 지탱되고 발전하고 진화하며 실현되고 완성된다. 하나님의 사랑과 정의가 없으면 우주 생명 세계가 생겨나지도 않았고 존재할 수 없고 목적에 이를 수도 없다. 이런 주장은 자연과학적 성찰로는 확인될 수 없고, 인간의 이성으로 증명할 수 없다. 사랑과 정의를 저버린 인간의 지나친 탐욕과 불의가 자연생태계를 회복할 수 없을 만큼 파괴하는 현실은 거꾸로 생태계가 사랑과 정의 안에서만 지탱될 수 있을 확인해 준다.

말씀은 하나님의 아가페 사랑이다. 아가페 사랑은 이기심이나 당파심이 없는 것으로 정의와 일치한다. 아가페는 절대의 자리, 전체 하

---

7)   함석헌, 「성서적 입장에서 본 세계역사」 함석헌전집 9. 한길사 1983. 15쪽

나 됨의 자리이다. "하루가 천년 같고 천년이 하루 같은 절대의 자리
에서는 개인이 있으면서도 또 전민족 전인류가 한 사람이다. 개인 속
에서 전체를 보고 전체 속에서 개인을 보는 것이 참의 눈이다. 참에
는 하나도 여럿도 없다. 나도 너도 없다. 과거도 현재도 미래도 없다.
없지만 또 다 있다."[8] 이 자리는 살고 죽고 이기고 지고가 없는 자리
다. 무조건 사는 자리다. 죽어도 살고 저도 이기는 자리다. 이 자리에
는 믿음으로, 하나 됨으로만 들어간다.

　　역사는 사랑에서 나왔고, 사랑에 이끌려 사랑으로 돌아가고 말
것이다. 그 '아가페'를 공자는 '인'(仁)으로 보았고, 노자는 '도'(道)로 보
았고, 석가는 '빔'(空)으로 보았다. 노자의 말대로 억지로 붙인 이름이
다. 그 자리에 들어가려는 운동을 믿음이라 해도 좋고, 통일이라 해
도 좋고 영화(靈化)라 해도 좋고, 영원으로 돌아간다 해도 좋다.[9]

말씀, 사랑이 창조와 개벽의 근원이며 절대 초월, 주체, 의지이다.

　　말씀 안에서 우리는 곧게 되고 하나 됨에 이른다. 초월자 하나님,
우주의 '나'는 모든 다양하고 복잡한 물질세계를 초월한 하나, 통일
이다. 영혼의 '나'는 통일된 초점을 가질 때 비로소 힘이 나고 생동한
다. 생명과 정신은 말씀이 없으면 혼돈과 공허의 나락으로 빠져든다.
말씀에 의해서만 '나'는 혼돈과 공허를 딛고 하나님께로 솟아오를 수
있다. 영혼은 하나 됨(통일)에서 살아나고 힘이 난다. 절대 하나인 하나

---

8)　　함석헌, 『뜻으로 본 한국 역사』 한길사 2003. 289쪽.
9)　　『뜻으로 본 한국역사』 78~79쪽.

님께 가까이 갈수록 영혼은 생동한다.

신이 주권적 자유를 가지고 세상을 창조하고 역사를 변혁한다. 이 것은 주어진 조건에 안주할 수 없었던, 불의와 억압 속에서 종살이하는 이스라엘 백성의 역사적 상황에서 나온 신앙이다. 주어진 현실의 조건을 돌파하고 혁신하고 초월하려는 강력한 의지와 신앙에서 나온 진리다. 조건과 상황을 초월하고 변혁하고 창조하는 주체인 '나'의 자유와 진리가 성경에서 제시된다. 신의 명령, 말씀, 의지가 사랑과 정의가 불의하고 잔인한 현실을 변혁하고 초월한다. 불의와 억압의 역사·사회적 현실은 혼돈과 공허의 심연이며, 모든 생명과 정신이 빠져드는 멸망과 쇠퇴의 늪이다.

하나님의 말씀이 나라의 토대이고 근거다. 함석헌은 땅이 있어서 나라를 세운 것이 아니라 가슴에서 하늘이 열려서 나라를 세운 것이라고 한다. 땅을 얻기 전에 먼저 마음속에서 하늘이 열려야 한다는 것이다. 마음에서 하늘이 열리고 하늘 말씀을 받아야만 나라를 세울 수 있다. 마음속에서 하늘과 통하는 말씀이 없으면 나라는 무너지고 멸망한다.

말씀을 받은 신의 자녀

불안한 세상은 말씀을 모르고 영접하지 않으나, 영접하는 자는 하나님의 자녀가 되는 권세를 가졌다. 이는 혈통으로나 육정으로나 뜻으로 나지 아니하고 오직 하나님으로부터 난 자들이다.(요 1:12~13절) 우리 믿는 사람들은 존재의 근원이 하나님께 있다. 하나님의 자녀로

산다. 우리의 고향, 집, 본적은 하나님 계신 하늘이다. 땅에 살되 하늘에 뿌리를 둔 사람들이다. 뿌리가 하늘에 있으니 세상에서 흔들리지 않는다. 성경의 믿는 이들은 '세상에서는 나그네이고 하늘이 고향'이라고 하였다.

하나님의 사람은 누구나 자신을 하찮은 존재로 여긴다. 성경의 인물들이 다 그렇다. 하나님 앞에서 두렵고 떨리는 존재, 흔들리는 존재였다. 그래서 하나님의 일을 위해서라면 자신을 바칠 수 있었다. 자신을 대단하게 여기는 인간은 쉽게 늙고 뻣뻣해진다. 70년대까지 여류작가로 유명했던 루이제 린저가 한국에 왔을 때 60이 넘었는데 젊고 생동하는 모습을 보고 사람들이 놀랐다. 젊게 사는 비결을 묻자 "나는 나를 대수롭게 생각하지 않는다."고 대답했다. 자기를 대수롭게 생각하지 않으면 젊게 살 수 있다.

하늘에 뿌리를 둔 사람은 물질과 본능에 휘둘리지 않는다. 감정과 본능, 욕망과 집착에 휘둘리는 나는 자유로운 나가 아니다. 그것은 물질화된 나, 물질의 종이 된 나일뿐이다. 물질이 된 나를 놓아버림으로써 내가 없어짐으로써 죽음으로써 말씀으로 사는 나가 살아나야 한다. 기독교 신앙은 물질에 매인 육적인 나가 죽고 영의 나로 얼의 나로, 예수의 생명으로 다시 나는 것이다. 밀알처럼, 씨알처럼 깨지고 부서지고 녹아지고 흙 속에 버려져서 죽고 새 생명으로 다시 살아난다는 것이다.

사랑할 수 있는 나, 정의를 실천할 수 있는 나, 자유로운 나가 되기까지 나를 놓아버리는 것이다. 나의 눈에서 편견의 들보가 뽑힐 때까지, 이기심과 탐욕의 들보가 빠질 때까지 나를 놓는 것이 믿음이다.

그리하여 진실을 보고 생명을 살리고 돌보는 사랑이 솟을 때까지 정의의 실천을 하는 용기가 나올 때까지 나를 놓는 것이다. 함석헌은 아주 작은 티끌처럼 먼지처럼 작은 '나'가 눈동자를 가리면 온 세상이 캄캄해진다고 했다. 사심에 물든 나, 티끌 같은 나만 떼어버리면, 나의 이해관계만 빼버리면 온 세상이, 모든 일이 대낮처럼 밝아진다.

육신이 된 말씀: 흙(물질) 속에 묻힌 하늘(주체, 영혼)

"(하늘의) 말씀이 육신이 되어 우리 가운데 거하시매 그의 영광을 보니 독생자의 영광이요 은혜와 진리가 충만하더라."

요한복음은 말씀이 육신이 되었다고 한다. 이것을 성육신(成肉身), 인카네이션(Incarnation)이라고 한다. 플라톤철학에서는 인카네이션(육신을 입음)이 이데아 또는 형상이 물질이나 육체에 부분적으로 관련되는 것을 뜻한다. 이것은 이데아가 물체와 전적으로 동일화되는 것을 뜻하지 않고 물체에 성격을 부여하는 정도로만 관련되는 것을 뜻한다. 그러나 성경에서 그리스도가 인간의 몸이 되었다는 것은 그리스도가 전적으로 인간이 되었다는 것을 뜻한다.

그리스철학에서는 하늘의 이데아를 존중하고 땅의 현상은 무상하고 덧없는 것으로 낮추어본다. 따라서 위로 올라가는 것만을 강조한다. 그러나 성경에서는 하늘이 땅 속으로 내려온 것을 강조한다. 육화된 말씀은 물질 속에 숨은 말씀이다. 질그릇 같은 몸에 보화인 그리스도의 생명, 영이 들어 있다.

요한복음은 그리스도와 몸, 말씀과 세상을 일치시키면서도 대립시킨다. 하나님과 혈통, 육정(肉情)을 대립시킨다. 세상과 물질을 존중하나, 세상과 물질의 악한 원리와 경향은 부정한다. 요한복음은 물질과 몸을 전적으로 긍정하면서 물질과 몸의 절대화, 우상화, 악한 원리는 철저히 부정한다. 요한복음의 철학은 일원적 이원론이라고 할 수 있다.

하늘이 땅 속으로 들어오고, 말씀이 육신 속으로 들어왔다. 하늘과 땅이 뒤집힌 것이다. 주역에서 지천태괘(地天泰卦)를 길하고 평화를 가져오는 괘라고 했다. 하늘이 땅 위에 있으면 흉하고 위태롭다고 했다. 그러나 하늘이 겸허하게 땅 속으로 들어오면 평화롭고 형통한다는 것이다. 성육신과 지천태는 통한다. 기업가나 정치가, 고위 관료들이 땅바닥에 사는 민심 위에 높이 있으면 흉하고 위태롭다. 그러나 민심 속으로 들어가 민을 높이면 길하고 태평하다.

유영모는 노자가 말하는 참사람(眞人)의 최고 높은 경지인 화광동진(和光同塵)을 햇볕에 그을린 농부의 얼굴에서 보았다. 흙 속에 묻혀 사는 농부에게 하늘의 진리, 최고 가치가 있다. 노자에 대한 유영모의 이런 해석은 다른 데서 찾아볼 수 없다. 말구유에서 그리스도가 탄생하고, 십자가에서 하나님의 사랑과 구원을 보고 어린이와 민중에게서 하나님 나라를 보는 성경의 관점에서 유영모의 이런 노자 해석이 나왔다고 생각한다. 농부에게서 하나님의 말씀 그리스도를 보는 사람은 권력욕, 소유욕, 명예욕, 물욕과 색욕에서 벗어나 겸허하게 삶의 바닥에 선 이다. 인생의 바닥에 설 때 십자가에서 부활 생명, 하나님의 사랑, 구원을 본다. 거기서 물질, 육신과 함께 썩지 않고 영원한 생명에 참여한다. 농부의 얼굴에서 화광동진을 볼 때 정치적 민주화도 이루어지고, 세계화의 문제도 실마리가 풀린다.

영혼과 물질의 해방과 실현

성육신의 진리는 영혼과 물질(육체)의 실현과 완성을 지향한다. 영혼은 영혼답게 물질은 물질답게 실현하고 완성하는 것이 창조의 목적이다. 오늘날 물질의 깊은 신비가 드러나며 엄청난 힘과 놀라운 가능성을 보여준다. 하나님이 물질 속에 놀라운 보물을 숨겨놓고 인간에게 찾아서 적절하게 쓰라고 하신 것 같다. 모든 물질은 우주적 깊이와 신비를 지니고 있으며 하나님의 창조와 닿아 있다.

물질과 영혼이 구별되어야 각자 완성될 수 있다. 물질은 인과관계의 법칙을 따르고 영혼은 자기 안에 원인을 가지고 있다. 현대과학에서 물질에 대한 정의가 어려워지고 있다. 존재와 비존재, 입자와 파동, 물질과 에너지, 정신과 물질의 경계가 모호해지고 있다. 그럼에도 모든 물질은 인과관계와 법칙으로 설명된다. 모든 물질은 서로 인과관계 속에 있다. 현대과학에서 불확실성이론을 말하는 양자역학의 영역에서도 물질현상은 확률적이지만 원인결과의 합법칙성이 인정된다. 인체의 신경세포나 생리현상에서는 고전물리학의 인과율이 적용된다. 물질은 존재와 활동의 원인, 이유, 까닭이 밖에 타자에게 있다. 프리고진은 미시적 요동의 결과로 거시적으로 안정된 새로운 구조가 생성됨으로써 물질의 자기조직화가 이루어진다고 했다.[10] 그러나 이 경우에도 어떤 특정한 조건에서 어떤 동인이 주어질 때 자기조직화가 일어난다는 점에서 비가역적이지만 물질의 인과관계는 성립한다고 볼 수 있다.

그러나 물질과 현상을 움직이는 주체 '나', 의식적으로 스스로 움직이는 생명, 정신, 영혼은 물질적 구조, 신체, 유기체 안에 있으면서 물질의 영역을 초월한다. 물질 현상은 다원적이고 다양하며 복잡하지만, 주체인 영혼은 하나 됨(통일)을 추구한다. 모든 영혼은 내적 통일성과 큰 하나의 전체성을 지향한다. 주체인 영혼은 내적 통일. 초점을 가짐으로써 존재한다. 나누어지지 않는 '하나의 전체'는 물질과 이성의 빛이 들어갈 수 없다. 하나 또는 전체는 분석이나 비교의 대상이 될 수 없다.

"나다!"하는 하나님은 하나이며 전체다. 이 하나님을 만날 때 사람은 주체로 일어서서 전체이며 하나인 하나님을 향하게 된다. 하나이며 전체를 지향하고 하나와 전체에 근거해서 존재하는 주체(영혼)는 존재와 활동의 까닭을 자기 안에 가진다. 제가 저의 까닭이다. 신은 우주와 인간의 존재와 활동의 근원적인 이유이고 까닭이다. 인과관계가 끊어지는 자리이고 존재의 이유와 목적이 생성되는 자리다. 모든 것으로부터 절대 자유하고 모든 것에 대해 무한 책임지는 자리다.

---

10) 프리고진은 열린 비평형계가 微視的미시적 요동fluctuations의 결과로 무질서한 환경 속에서 에너지를 취하고 거시적으로 안정한 새로운 구조의 생성을 통해 엔트로피를 감소시킬 수 있음을 밝혔다. 이렇게 생성된 새로운 구조를 '소산구조'라고 한다. 이러한 질서구조는 자발적으로 나타나며 이를 '자기 조직화'라고 한다. 소산구조와 자기조직화가 바로 카오스로부터 질서를 가져다주는 메커니즘이자 생명현상을 풀어가는 실마리가 될 수 있는 현상이다. (김승환:포항공대 물리학과 교수)

하나님이 세상을 창조했다는 것은 모든 물질과 관념의 인과관계와 법칙과 논리와 원리를 넘어서 아무것도 매일 것이 없는 빔과 없음의 자리에서 주체인 '나', 의지가 있다는 것을 뜻한다. 모든 것으로부터 자유하고 모든 것에 대해서 책임을 지는 인격적 주체와 의지의 자유가 있음을 선언한 것이다. 모든 생명과 정신, 역사와 사회의 진정한 변화와 창조는 인격적 주체의 자유의지에서 온다. 물질의 인과관계와 법칙은 인간 로고스에 의해서 발견되고 설명될 수 있으나 창조와 변화의 주체인 나의 자유의지는 신의 말씀 안에서 생겨나고 움직인다.

성경에서 말씀은 신의 명령, 계명을 뜻하고 말씀, 명령의 내용은 신의 사랑과 정의다. 사랑은 주체인 생명의 근원이고 본질이며 힘이다. 사랑 안에서 생명과 생명의 주체인 영혼은 생기고 자라고 완성된다. 정의는 나의 생명만이 아니라 모든 생명이 더불어 자라고 실현되고 완성되는 질서이고 관계 방식이며 구조다. 신의 사랑과 의의 말씀 안에서 '나'는 창조되고 자라고 완성된다. 말씀 안에서 영혼이 물질과 육으로부터 자유롭게 될 때 비로소 영혼은 영혼대로 자유롭고 힘차게 되며 물질(몸, 육)은 물질답게 실현되고 완성된다.

4. 유영모의 자유로운 삶: 맘대로, 몸 되게

하나님이 우주만물, 자연생명, 인간정신을 창조하고 인간의 몸, 맘, 얼을 하나님의 모습대로 지었다는 창조신앙은 이성과 영성, 영혼과 물질의 실현과 완성을 요구한다. 그러려면 창조의 말씀은 로고스 철학과 만나야 한다. 창조의 말씀과 인간 이성의 로고스는 어떻게 결합될 수 있는가? 다석 유영모는 이성적인 사유로써 과학적인 추리를 하다 보면 하나님께로 올라가는 영감에 이른다고 했다. 마치 비행기가 활주로를 미끄러지듯이 가다가 날아오르듯이 추리를 하다가 영혼의 진리인 영감에 이르게 된다는 것이다. 함석헌은 "생각을 하다 보면 생각이 나고 생각이 나면 또 생각하게 된다."고 함으로써 이성적 사유와 영성적 사유를 결합했다. 그리스철학의 이성적 과학적 사유와 성경의 영성적 창조적 사유가 만날 수 있음을 시사한 것이다.

유영모는 이성과 영성의 차원을 종합함으로써 영혼과 물질을 해방시켜 자유롭게 살게 하는 영적 생명철학을 제시했다. 이성과 영성을 종합하여 영혼과 물질을 해방하고 실현하는 자유로운 삶의 경지를 다석은 '맘대로 몸 되게'란 말로 표현했다.

맘대로 몸 되게

물질 자체는 하나님이 창조한 것으로 선하고 아름다운 것이다. 그러나 유한하고 상대적이고 특정한 물질을 절대화, 우상화하여 거기 사로잡히면 물질세계 전체를 혼란과 파멸로 끌어들이는 것이다. 물질의 우상화는 물질 자체를 왜곡하고 값없이 만들 뿐 아니라 인간의 영혼을 예속시키고 파괴한다. 물질에 잡히지 않아야 영혼이 해방되고 물질을 물질로 존중하고 물질이 물성에 따라 실현되고 완성되게 할 수 있다. 모든 욕심은 바깥의 물질이 마음속에 들어온 것이며 마음이 물질에 잡힌 것이다. 따라서 우리의 본능도 심리도 인과관계와 법칙의 지배를 받는다. 우리의 의식도 욕망과 편견에 사로잡혀 있다. 심지어 우리의 어떤 선의도 이기심에 물들어 있다. 그런 한에서 물질적 인과관계와 법칙에서 벗어나지 못한다. 거기에는 자유로운 '나'가 없다. 욕망과 감정에 휘둘리는 나, 편견과 집착에 사로잡힌 '나'는 자유로운 주체, 사랑과 의를 행하는 주체가 될 수 없다.

물질에 대한 욕망과 집착에서 벗어나면 마음도 물질도 자유롭게 자기를 실현하고 완성할 수 있다. 영혼은 물질적 인과관계의 모든 결정론에서 벗어나 '마음을 마음대로' 함으로써 미정(未定)의 인생을 완결해 간다.[11] 삶에 매이지 않고 죽음의 두려움에서 벗어난다는 것은 맘과 마음의 집착에서 자유롭게 된다는 것을 뜻한다. 자기에게 집착하지 않으면 자연과 타인을 정복하거나 괴롭히지 않게 된다.

이 자유로운 삶의 경지를 다석은 '몸을 몸대로 하고, 몸은 몸대로 되게'로 표현한다. 다석의 '몸대로'는 자연을 정복하겠다는 식의 '맘대로'가 아니다. "서양에는 자연을 정복해야 잘 살 수 있다는 생각이 있는데 동양에서는 그따위 소리 않는다." 반대로 "몸에 대해 부자연하게 간섭하지 말라...자연을 자연대로! '사람은 사람 노릇하고 몬(물질)은 몬(물질)들 절로 되게'!"하라는 것이다. 이러면 "만족한 세상 온다."는 것이다.[12]

---

11)   柳永模.『多夕日誌』上 [영인본] 김흥호편 1982. 809~812쪽.
12)   같은 글.

물질과 주체의 완성

정이천과 주희는 유교 경전 '대학'에 나오는 격물(格物)을 이치에 대한 탐구로 보고 왕양명은 마음의 뜻과 생각을 바로잡는 것으로 보았다. 격물에 대한 논의에서 전자가 사물과 인간의 본성과 이치를 탐구하고 후자가 사람의 마음을 바로잡는 것에 힘썼다고 할 수 있다. 이들과는 달리 유영모는 사물과 타인과 자기를 '완성시키는' 것으로 격물을 이해했다. 격물치지(格物致知)에 대해서 "진리를 파악해서 생명을 완성시킨다. 물성을 알아서 그것을 온전히 이루도록 하는 것이다...물건을 완성시켜야 나도 완성된다."고 했다.[13]

'나'의 호기심이나 이해관계에서 벗어나 사물과 인간을 있는 그대로 이해하고 그 존재와 본성이 완성되도록 해야 한다는 것이다. 호기심이나 욕심을 가지고 지나치게 친절하거나 멸시하는 것은 덕이 부족하기 때문이다. 덕(속알)이 영근 사람은 물성과 인간성을 알아서 완성시킨다. 성숙한 사람이 물성을 완성시킬 수 있다. 성숙해야 '좋고 싫고'하는 주관적인 편견에서 벗어날 수 있고 편견에서 벗어나야 모든 일이 법도대로 처리되고 사람의 삶이 올바르게 된다. 그리고 물건을 완성시켜야 나도 완성된다. 남을 완성시켜야 나도 완성된다는 것이다. 물성의 완성과 '나'의 완성은 순환적으로 맞물려 있다.

온갖 시비 판단을 넘어서서 물성과 인간을 완성시키는 일은 "나쁘게 가는 마음을 참고 어질게 가는 마음을 살려 모두를 잘살게 하

---

13)   유영모 '여오' 『多夕日誌』上 831쪽.

자"는 신[조물주]의 마음에 이르러야 한다. 오직 하나님께 가야 편견을 넘어서고 만물을 살릴 수 있다. 다석은 격물치지를 서로를 완성시키는 생명철학으로 발전시켰다. 그리고 격물치지의 근거와 궁극적인 목표를 하나님에게 두었다. 유영모는 하나님 안에서 물성을 완성시킬 것을 말한다.

이런 모든 편견과 감정, 욕망에서 벗어나게 하는 것은 신의 사랑과 정의의 말씀이다. 말씀 안에서 비로소 물질의 종살이에서 벗어나고 물질에 대한 욕망과 집착에서 벗어나서 자유로운 '나'에 이를 수 있다. 신의 말씀 안에서 신에게 가까이 갈수록 나는 나로서 자유로운 나가 될 수 있다. 집착과 욕심에서 벗어날수록 생명과 정신의 주체인 '나'가 실현되고 완성된다. 말씀 안에서 나의 감성과 지성과 영성이 자유롭게 발현되고 실현되고 완성된다. 하나님께 갈수록 예술가의 감성과 과학자의 지성과 신앙인의 영성이 발휘되고 실현되고 완성된다. 유영모는 세상에서 솟아올라 하나님께 나아갈수록 나아지고 나아간다고 했다. 하나님께로 올라가는 것이 옳은 것이고 나아지고 나아가는 것이라고 했다.

하나님께로 올라갈 때, 물질은 물성대로 되고 영혼은 영원한 생명에 들어간다. 이 육신을 가지고 오래 사는 것이 영생이 아니다. 물질과 이성의 빛이 닿을 수 없는 참 하나의 전체, 절대 자유의 하나님에게 가는 것이 하나님을 모시는 것이 영생이다. 창조의 말씀을 잡고 사는 것이 영생에 이르는 길이며, 물성을 물성대로 완성하는 길이다.

5. 큰 하나의 종합: 말씀과 로고스와 도(道)

오늘 우리는 요한복음의 시대와는 달리 기독교 정신과 그리스철학만 아니라 동아시아의 정신문화 속에서 생각하고 살아간다. 한국사회는 전통 종교인 불교와 유교의 영향이 여전히 강력하고 기독교도 큰 영향력을 가지고 있으며, 서구의 이성적 과학적 사고도 지배하고 있다. 동아시아의 정신문화, 기독교 정신. 그리스의 이성 중심적 철학에 근원을 둔 서구의 과학적 합리적 정신과 사고가 오늘 우리의 정신문화를 지배하고 있다. 오늘 우리의 생각과 정신에는 이 세 가지 정신문화의 흐름이 합류하고 있다. 동아시아의 정신문화는 도(道), 길로 표현되고, 그리스철학에 근원을 둔 서구철학의 핵심어는 로고스, 이성이다. 기독교 정신의 핵심어는 하나님의 창조적 말씀(dabar)이다.

중국 성경은 요한복음 1장 14절 "말씀이 육신이 되었다."를 "도가 사람의 몸이 되었다."(道成人身)고 번역했다. 도는 생명과 정신이 자신을 실현하고 완성하는 존재와 활동의 과정이며 원리다. 오랜 세월 농본적 사회질서 속에 살았던 동아시아에서는 자연 생명 질서와 사회생활의 일치와 조화 속에서 살았고 자연 생명과 사회의 삶이 함께 실현되고 완성되는 과정과 원리를 도라고 했다. 도는 삶의 본성과 원리이며, 삶의 본성이 실현되고 완성되는 과정이며 목적이기도 하다. 도는 생명의 정신의 본성이고 과정이며 목적을 나타내는 포괄적 개념이다. 서양에서 길(way)이 목적과 구분되는 과정, 수단에 지나지 않는 것과 구별된다.

중용(中庸) 첫머리에 '천명을 일러 본성이라 하고'(天命之謂性), '본성을 따르는 것을 일러 도라 하며'(率性之謂道), '도를 닦는 것을 일러 가르침이라 한다'(修道之謂教)라고 했다. 하늘 명령, 하나님 말씀이 인간과 만물의 본성이고, 이 본성을 따름이 길(道)이고, 길을 닦아나가는 것이 가르침이라고 했다. 성리학에서는 하늘 명령이 인간의 본성인데 본성은 사랑과 의(仁義)이며 이것이 이(理)라고 했다. 유교에서 말하는 이(理)에는 성경의 말씀과 같이 사랑과 의가 내포되어 있다. 서양의 로고스에는 서로 소통하고 설득할 수 있는 논리와 법칙과 질서가 있으나 사랑과 정의가 들어 있지는 않다. 말씀이 주체(영혼)의 진리라면 도는 전일적 관계적 생명의 진리이고 로고스는 법칙적 논리적 과학의 이해와 소통, 설득의 진리다.

로고스, 말씀, 도(道)가 오늘 우리의 정신과 문화를 규정하는 핵심어다. 유영모와 함석헌은 성경을 볼 때 이 세 핵심어, 범주를 가지고 보았고, 이 세 핵심어를 통합하여 생각하고 행동했다. 이들의 삶과 정신에서 동아시아, 히브리 기독교, 그리스 전통의 세 문명이 합류하고 있다. 로고스와 말씀과 도가 만나고 있다. 함석헌과 유영모는 세 문명이 합류하는 방식과 원리를 한민족의 정신적 원형질인 '한'에서 찾았다. '한'은 개체와 전체를 아우르는 큰 하나이며 서로 다른 것을 하나로 어우러지게 하는 대종합의 정신이다. 기독교의 십자가는 곧음과 초월(죄의식과 영혼)을 나타내고 그리스철학의 로고스는 서로 소통하고 이해하는 보편적 이성(합리성과 경영)을 나타내며, 동아시아의 도는 천지인의 조화와 합일에 이르는 길과 원리(주체와 물성이 실현되는 길과 목적)를 뜻한다. 한의 정신은 이 모든 것을 하나로 융합하여 문화적 장벽과 사회적 장벽을 넘어서 한반도와 동아시아를 넘어 큰 평화 바다로 나가는 길을 열 수 있다.

예수의 가운데 큰 길

2장. 예수의 가운데 큰 길

예수는 아주 단순한 물음 앞에 우리를 세운다. 하나님 나라로 가는 길은 삶과 사랑을 긍정하는 살림의 길뿐이다. "살리려 하느냐, 죽이려느냐?" 이것은 예수가 병든 사람을 앞에 놓고 바리새파를 향해 물었던 물음이다. 그러나 이 물음은 언제 어디서나 물어야 할 궁극적 물음이다. 이 물음으로 삶과 영혼의 중심으로 들어가고 우주 큰 생명의 근본에 이르며 하나님의 우주적 생명 의지와 만나게 된다. 이 물음은 살림의 길로 이끄는 물음이다.

살림의 길로 가는 사람은 먼저 자기와 싸우고 자기를 이기고 일어서야 한다. 뱀처럼 옆으로 기지 말고 위로 솟아올라야 한다. 일어나서 솟아오른 사람만이 세상의 모든 죽이려는 경향과 세력에 맞서 싸울 수 있다. 모든 부패와 불의와 폭력은 내가 살기 위해 남을 희생하고 죽이는 것이다. 모든 부패, 불의, 폭력에 맞서 싸우는 것은 살리기 위한 것이다. 원수와 싸워도 원수를 살리기 위해 싸우는 것이다. 사랑으로 살리기 위해서 싸움을 없애기 위해서 싸우는 것이다. 살리기 위해 싸우는 이는 하늘의 아들 예수처럼 구부러짐 없이 사랑으로 싸운다. 살리려면 사랑으로 싸우려면 위로 솟아올라야 한다. 하늘을 향해 머리를 두고 곧게 선 사람만이 하늘로 솟아오른 사람만이 전체의 자리에 서서 자기와 남을 함께 살릴 수 있다.

선과 악을 넘어서 생명을 살리는 큰 길로 가야 한다. 선과 악을 넘어서는 큰 길이 하나님 나라의 길이다. 예수가 걸어갔던 하나님 나라의 길은 이전의 길과는 전혀 다른 새 길이며, 이 길은 선과 악, 높고 낮음, 강하고 약함, 잘나고 못남, 의인과 죄인을 가리지 않고 다 함께 갈 수 있는 길이다. 유영모는 '예수는 믿은 이'라는 신앙 시에서 "높·낮, 잘·못, 살·죽 한 가운데로 솟아오를 길 있음 믿은 이"라고 했다. 물질(돈과 권력)의 기준이나 이성의 논리로 보면 높고 낮고 잘하고 못하고 살고 죽고 하는 것밖에 보이지 않는다. 그러나 영의 눈으로 보면 그 사이로 가운데로 솟아오를 길이 있다. 하나님 앞에서는 가운데 큰 길이 있다.

하나님의 영과 뜻에 비추어 보면 생명을 사랑하는 마음으로 보면 가운데 길이 보인다. 생명 사랑이 하나님의 뜻이며 이것이 모든 생각과 행동의 판단기준이다. 생명을 살리는 가운데 길을 간 예수는 돈과 권력이 지배하는 사회의 모든 가치와 판단기준, 질서와 체계를 뒤집었다. 예수의 가르침에 따르면 사회의 가장 밑바닥에 있는 창녀와 세리가 하나님 나라에 가깝다. 지옥의 바닥이 하늘나라로 통한다. 꼴찌가 첫째 되고 첫째가 꼴찌 된다. 종교 인종의 장벽도 무너뜨린다. 유대인의 원수, 신앙과 혈통을 더럽힌 사마리아 사람이 진정한 이웃이고 선한 사람이 된다.

　예수는 먼저 선과 악, 의와 죄, 옳음과 그름의 구별과 차별을 없애고, 오직 생명과 영혼을 살렸다. 바리새파 사람이 예수에게 "선한 선생님"이라고 했을 때 예수는 "선한 이는 오직 하나님 한 분밖에 없다."고 했다. 세상에서 선악의 구별을 거부한 것이다. 어떤 사람을 선한 사람이라고 보고 그에게서 늘 선을 기대하면 실망하기 마련이다. 사람이 누구를 선하다, 악하다고 할 때 거기에는 반드시 욕심과 감정과 편견이 들어가 있다. 하나님이 보시기에 늘 선한 사람, 늘 악한 사람은 없다. 사람은 어떤 때 어떤 상황에서 선하고 어떤 때 어떤 상황에서 악한 것뿐이다. 나는 선하고 남은 악하고 우리 편은 좋고 상대편은 나쁘다는 것은 편견일 뿐이다.

　바리새파는 좋은 사람, 나쁜 놈을 가리며 살았다. 사람에게 죄인과 의인의 딱지를 붙여놓았다. 겉보기에 도덕적이고 경건하고 의로운 것처럼 보이고 세상을 바로 잡기 위해 애쓰는 이들이 많은 것처럼 보여도 세상은 더 나빠지기만 한다. 생명은 고갈되고 영혼은 죽어간다. 남에게서 선하다고 칭찬받는 사람은 자기가 선한 사람이 아닌 것을 알고 더욱 겸허해져야 하고 남에게서 나쁜 놈이라고 지탄받는 사람은 자기가 생명과 역사의 씨올이며 하나님의 자녀임을 알아야 한다.

　예수는 아무도 선하거나 악하다고 단정하지 않았다. 예수는 이른바 의로운 사람, 선한 사람을 상대하지 않고 세상에서 죄인이라고 지탄받는 사람을 찾아가서 그가 하나님의 자녀임을 일깨웠다. 바리새파가 선과 악, 죄인과 의인에 대한 시비 판단과 토론 속으로 예수를 끌어들일 때 예수는 그런 토론에 말려들지 않고 바리새파를 삶의 현장으로 이끌었다. 예수는 "생명을 살리는 것과 죽이는 것 어떤 것이 옳으냐?"고 물었다. 생명을 살리는 것이 선이고 의이며 생명을 죽이는 것이 악이고 죄다.

예수는 언제나 생명을 살리느냐, 죽이느냐를 문제 삼았다. 하나님의 뜻을 따르느냐, 거스르느냐가 문제였다. 생명을 살리는 것이 옳고 선한 것이며 죽이는 것이 그르고 악한 것이다. 생명을 살리는 것이 하나님의 뜻이고 하나님 나라다. 생명은 개인 영혼의 깊은 속에서부터 인류 전체, 우주 생명 전체를 아우른다. "하나님 나라가 가까이 왔으니 회개하고 복음을 믿으라!"는 말에는 생명의 우주적 인류적 차원과 개인 영혼의 깊은 차원이 맞물려 있다. 인간 영혼의 속의 속, 가운데의 가운데, 중심의 중심이 인류 전체, 우주 생명 전체의 중심 한가운데와 뚫려 있다. 인류 전체, 우주 전체를 다스리는 하나님 나라의 중심이 회개를 통해서 열리고 뚫려서, 새롭게 되는 인간 영혼의 속의 속, 가운데와 하나로 통하게 된다.

인간 영혼의 속의 속이 뚫리고 살아나야, 산 우주(living universe)의 중심에서 다스리는 하나님 나라를 맞을 수 있다. 예수는 우리의 영혼 속의 속에서 길이 뚫리게 하였다. 영혼의 한 가운데서 열리는 가운데 큰 길은 하나님 나라의 영원한 생명에 이르는 큰 길이다. 이 길은 남이 대신 갈 수 없고 나 스스로 홀로 가는 길이면서 누구나 다 함께 갈 큰 길이다. 내가 구원받는 길이면서 우주 전체가 구원받는 길이다. 모두가 하나로 만나는 '가운데 큰 길'이다. 예수는 가운데 큰 길을 냈고 그 길을 갔고 그 길이 되었다. 이것은 서로 살리는 길, 하나 됨에 이르는 큰 평화의 길이다. 믿음과 사랑으로만 갈 수 있는 길이다.

1. 선악과와 뱀의 유혹; 선과 악의 가운데 길(中道)

오늘 우리 사회는 한 마디로 길 잃은 사회, 길 없는 사회다. 땅 위에 난 길은 잘 닦여 있지만, 사람이 걸어야 할 떳떳한 길은 막혀 있다. 현대인들이 누구나 하는 말은 "바쁘다!"는 것이다. 다 바삐 달려가는데 목적지를 알고 가는 것은 아니다. 이렇게 다 함께 바삐 가는 길이 망할 길이고 죽을 길이라면 불행이고 비극이다. 오늘 이 시대는 길을 잃고 함께 망하는 길로 바쁘게 달려가고 있는 게 아닐까?

텔레비전 소리를 줄이라는 어머니의 소리에 화가 나서 어머니를 죽인 소년이 있다. 추석에 친정에 먼저 가냐, 시댁에 먼저 가냐 아내와 다투던 30대의 사내가 17층 아파트에서 뛰어내려 스스로 목숨을 끊었다. 삶의 길이 막혔으니까 이렇게 된다. 삶의 길을 알고 삶은 이렇게 사는 것이라는 생각이 있다면 그런 일로 그렇게 죽을 수 없다.

오랜 민주화 운동 끝에 어렵게 새 정부를 세우고 새 국회의원들을 뽑아도 새로운 변화를 이루어내지 못한다. 정치인들도 나아갈 길을 모르는 것 같다. 나라의 주인이고 주권자인 국민들도 길을 잃은 것은 마찬가지다. 예전보다 경제는 성장하고 선진국이 되었다는데 생명력과 정신력은 갈수록 약해지고 가정과 지역의 공동체는 급격히 해체되고 있다. 정당들은 평화와 협력의 길을 열어가기는커녕 진영논리와 당파싸움은 마치 내전을 벌이는 것처럼 국민들 사이에 적대와 갈등을 조장하고, 분노와 혐오의 감정을 내뿜는다. 한때 남한과 북한 사이에도 길이 열리는 듯하더니 이제는 길이 막혀 있다. 동아시아에도 평화와 협력의 새로운 길이 열릴 것 같았는데, 지금은 평화와 협력의 길이 보이지 않고 있다.

새로운 길을 내려면 먼저 우리 속에서부터 큰 길이 확 뚫려야 한다. 유영모의 말대로 속이 '줄곧 뚫려야' 한다. 하나님께 이르는 길이 성령과 소통하는 길이 뚫려야 이 사회와 역사에 큰 길이 열린다. 어디서 길을 찾나? 예수는 자신이 곧 '길'이라고 했다. "나는 길이다."고 한 예수가 없어지고 사라졌으니 길이 사라지고 길을 잃은 것 아닌가? 중국 성경에서는 "道成人身"(길이 사람 몸이 되었다.)고 했다. 예수 그리스도가 길이라는 것이다. 예수의 길은 예수의 삶과 정신 속에 있다.

"나는 길이다."고 말한 것은 예수 개인이 길이라는 말이 아니라 '나'=길이라는 것이다. 동아시아에서 道(도)는 생명의 본성이 실현되는 과정과 질서, 원리와 목적을 뜻하고 道理(도리), 道義(도의)를 뜻한다. 길은 생명이다. 길 가는 이와 길이 하나이고 삶과 길도 하나다. 길은 밖에 있지 않다. 길은 '나의 삶'에서 뚫려야 한다. 따라서 남이 간 길은 내 길이 될 수 없다.

기독교 신앙은 예수의 '나'와 내가 하나로 됨이다. 세례와 성만찬은 예수와 내가 하나로 되는 사건을 뜻한다. 세례는 예수와 함께 죽고 예수와 함께 다시 살아남을 상징하는 의식(儀式)이다. 성만찬은 밥을 먹고 음료를 마실 때마다 밥을 예수의 살로 알고 먹고 음료를 예수의 피로 알고 마심으로써 예수가 되어 예수의 삶과 뜻을 이어서 살라는 다짐과 약속의 예식이다. 길인 예수와 내가 하나가 되려면 시간과 공간의 벽을 뚫고 나와 예수가 하나로 통해야 한다. 나와 예수가 서로 막힘없이 늘 뚫려 있어야 한다. 그러므로 유영모는 중용(中庸)을 '줄곧 뚫림'이라고 했다. 속이 뚫려서 성령과 소통하면 하나님(그리스도)에게 가는 길, 하나 되는 길이 열린다. 하늘과 나와 땅이 하나로 뚫리고 나와 너, 사회가 하나로 뚫린다.

2. 예수의 물음: 살리려 하느냐 죽이려 하느냐?

오늘 교회는 예수 없는 교회, 예수 잃은 교회가 되었다. 길 없는 교회, 길 잃은 교회가 된 것이다. 어디서 길을 찾을까? 길은 어디서 열리는가? 바리새파, 사두개파의 율법 학자들은 율법에서 길을 찾으려고 율법의 교훈, 이론, 관념에 매달렸고, 율법에 대한 문자 풀이에 집착했다. 그러나 예수는 삶 속에서 길을 찾았다.

이것이 예수의 길을 여는 물음이다. 살리려느냐, 죽이려느냐는 물음에서 삶의 길이 열린다. 삶 밖에 길이 따로 없다. 삶에서 길이 생겨 나온다. 삶과 삶의 주체인 나와 길은 하나다. 나와 삶이 뚜렷하면 길이 뚜렷이 드러난다. 내 속에서 내가 뚫려야 길이 생긴다. 나 밖에 삶밖에 따로 길이 없다. 예수의 살과 피를 먹고 예수가 우리의 삶 속에 들어와야 우리 속에 예수의 길이 나지 우리 밖에 있는 예수는 우리의 생명이 될 수 없고 우리의 길이 될 수 없다.

오늘 교회는 예수의 삶과 뜻을 이어서 예수처럼 사는 종교가 아니라 과거의 예수를 기념하는 종교가 되었다. 유영모와 함석헌은 예수의 살과 피를 먹고 예수처럼 예수의 삶과 정신을 살려고 했다. 오늘 교회가 예수의 교회라면 교회에 예수가 살아 있어야 하고 참 그리스도인이라면 그리스도의 정신으로 살아야 한다. 그러나 오늘의 교회는 예수 없는 교회, 예수를 잃어버린 교회가 되었다.

예수의 삶과 정신이 무엇인가? 바리새파와 사두개파 율법 학자들이 성경의 본문(율법의 문구)에 집착하여 성경해석에 힘썼다면, 예수는 오늘 삶 속에서 "하나님의 뜻이 무엇인가? 하나님은 무엇을 하시려는가?"에 관심을 두었다. 성경책보다는 오늘의 삶에서 하나님의 뜻이 무엇인가가 중요했다. 바리새파가 항상 모세가 무엇이라고 했는지를 물었다면 예수는 "모세는 너희에게 이렇게 말했으나 나는 너희에게 이렇게 말한다."고 선언했다. 성경은 오늘 여기에서 하나님의 뜻, 하나님이 하시려는 일을 밝히는 데 사용되었다. 예수는 하나님의 뜻, 하나님이 하시려는 일을 하나님 나라란 말로 표현했다. 생명의 창조자와 아버지인 하나님의 뜻은 생명을 살리고 키우고 힘 있게 하는 데 있다. 하나님 나라는 서로 살리는 나라다.

예수가 "나를 본 사람은 하나님을 본 것이다."고 하고 하나님 나라는 지금 여기서 우리 사이에서 이루어진다고 한 것도 오늘의 삶을 강조한 것이다. 또 예수가 세상을 떠나면 성령이 임하고 성령이 임하면 "너희가 나보다 큰일을 할 것"이라고 한 것도 세상에서 펼쳐지는 오늘의 삶이 더욱 중요하다는 것을 강조한 것이다. 예수가 세상을 떠난 후에도 하나님의 사랑과 뜻은 세상의 삶 속에서 베풀어지고 실현되어야 한다.

예수는 종교나 교리, 도덕의 관념에서 벗어나 삶의 현실 속으로 들어갔다. 오늘 여기의 현실에서 생명을 살리느냐 죽이느냐를 물었다. 예수는 병든 사람을 앞에 놓고 바리새파 사람에게 "생명을 살리는 것이 옳으냐, 죽이는 것이 옳으냐?"라고 물었다. 함석헌은 이 대목을 가르치면서 "예수가 공자보다 확실히 깊다."는 말을 몇 번이나 하였다. 예수는 오늘의 상황 속으로 들어갔으나 상황주의에 빠지지는 않았다. 과거의 상황도 오늘의 상황도 절대적인 것이 아니다. 상황 속에서 하나님의 참 생명을 만나는 것이 중요하다. "살리는 것이 옳으냐? 죽이는 것이 옳으냐?" 이 말은 우리의 삶의 근본 문제 앞에 서게 하고, 우주 생명의 중심으로 하나님 앞으로 이끈다. 생명을 살리는 것만이 선이고 의이고 사랑이고 고귀하고 존귀한 것이다. 지금 속에 품고 있는 생각이나 의도, 지향이, 하려는 일이 또 하고 있는 일이 생명, 사람, 영혼을 살리는 일이냐, 죽이는 일이냐가 결정적으로 중요하다. 내 몸과 마음, 생각과 정신과 뜻, 양심과 영혼을 살리려 하느냐, 죽이려 하느냐를 묻고 죽임의 길에서 벗어나 살림의 길로 들어설 때 참삶, 늘 삶에 이를 수 있다. 나를 내가 죽이고 힘없게 하면서 길이 늘 살려고 하는 것은 어리석은 짓이다. 언제 어디서나 나를 힘 있게 살리는 길을 가야 한다.

살리려느냐 죽이려느냐? 이 물음이 참 물음이다. '살까 죽을까?' 하는 물음도 참 물음이 아니고, '존재하느냐 존재하지 않느냐?' 하는 물음도 참 물음이 아니다. 생과 사, 존재와 비존재를 선택할 수 없다. 살까 말까 망설이거나 고민할 필요가 없다. 숨을 쉬는 한 이유 없이 무조건 살아야 한다. 생명(生命)은 말 그대로 살라는 명령을 받은 것이다. 그러나 삶이나 존재에 집착하는 것도 잘못이다. 우리 존재는 없다가 있는 것이고 있다가 없어질 것이다. 또 살다가 죽을 것이다. 존재는 있다가 없어지는 허망한 것이고, 비존재, 허무와 공에서 비로소 변함없는 참 존재를 본다면 존재와 비존재의 기준도 잘못된 것이다.

살려는 자는 죽고 죽으려는 자는 산다고 하면, 사느냐 죽느냐도 잘못된 물음이다.

사느냐 죽느냐의 문제에 빠지면 내가 살기 위해 남을 죽이고 내 편을 살리기 위해 남의 편을 죽여야 한다. 삶과 죽음을 선택할 수도 없지만 선택하려고 하면 나와 내 편이 살기 위해 남과 다른 편을 희생하고 죽여야 한다. 나와 우리의 생존이 목표가 되면 다른 모든 것은 희생시키고 죽이게 된다. 이것은 결국 서로 죽임의 길에 빠져드는 것이다.

살리려 하느냐 죽이려 하느냐 하는 물음은 생사의 문제를 넘어선 절대적인 물음 궁극적인 물음이다. 하나님의 우주적 생명 의지를 따라서 나를 살리려는 이는 나를 살릴 뿐 아니라 반드시 남도 살리고 원수도 살린다. 조직과 기관도 살리고 제도와 관계도 살린다. 죽음으로 이르는 미움과 노여움에 사로잡히면 내가 살기 위해 남을 죽이려는 충동에 휘둘리게 된다. 그러면 하나님의 생명 의지를 거스르고 모든 것을 파괴하는 죽음의 길로 가게 된다.

생명은 겉으로 보면 나와 너, 그로 갈라져 있으나 속에서는 하나인 전체로 이어져 있다. 겉으로 보면 개체이지만 속에서 보면 생명은 우주 전체의 생명, 하나이고 전체인 생명과 이어져 있다. 버러지 한 마리가 꿈틀거려도 우주 전체의 생명이 감응하고 움직인다. 이것을 살리기 위해 저것을 죽인다는 것은 거짓된 생명관에서 나온 것이다. 나의 욕심과 향락을 위해 남을 희생시키고 죽이는 일이 있을 뿐이다. 내 몸의 생명을 연장시키기 위해 남의 생명을 죽이는 것은 내 영혼과 전체 생명을 죽이는 것이다. 전쟁과 결투는 서로 죽이는 것이지 하나를 살리기 위해 하나를 죽이는 것이 아니다. 전체의 자리에서 보면 분명하다. 생명을 살리거나 죽이거나 어느 한쪽이다. 전체 생명, 우주 생명, 하나님의 생명을 사랑하여 살리고 있는가 죽이고 있는가 어느 한쪽이다. 살리는 이는 서로 살리는 길로 가는 것이고 죽이는 이는 서로 죽이는 길로 가는 것이다. 예수는 언제나 전체 생명의 자리에서 하나님의 마음을 가지고 생각하고 말하고 행동했다. 그렇게 해서 예수는 서로 살리는 하나님 나라로 인류를 이끌었다.

3. 선과 악을 분별하는 바리새파적 지식의 폭력

예수와 달리 바리새파는 늘 성경 구절, 율법 조문, 교의, 종교 관념에 맞추어 옳고 그름, 선과 악을 따졌다. '바리새파'라는 말은 '분리'를 뜻하는데, 그 이름대로 이 사람은 의인, 저 사람은 죄인, 이 사람은 선인, 저 사람은 악인으로 갈라놓으려 했다. 그래서 당파심과 흑백논리에 사로잡힌 나머지, 잘나고 똑똑하고 경건한 사람, 건강하고 부유한 사람, 명망 있고 지체 높은 유력한 인사들을 높이고, 사회적으로 뒤쳐진 사람들을 정죄하고 멸시했다. 나의 생각과 지식과 관념으로 남을 평가하고 남에게 행동하는 것은 남의 영혼과 인격에 대한 엄청난 폭력이고 왜곡이다. 바리새파뿐 아니라 우리 모두 이런 폭력을 저지른다.

바리새파는 선과 악에 대한 종교적 도덕적 율법적 지식과 관념을 가지고 있다. 그래서 늘 사람을 선인과 악인, 의인과 죄인으로 낙인찍었다. 누구를 선한 사람으로 아는 것도 폭력과 왜곡이고 악한 사람으로 아는 것도 그 사람의 존재, 영혼에 대한 폭력과 왜곡이다. 어떤 사람을 나의 잣대나 관념에 맞추어 선한 사람이라고 규정하는 것은 아첨이고 거짓일 뿐 아니라 그 사람의 영혼을 왜곡하고 그 영혼에 폭력을 저지르는 것이다. 사람에 대한 나의 편견, 고정관념 자체가 그 사람에 대한 폭력이고 왜곡이다.

옳음과 그름, 선과 악을 판단하는 일이 왜 복잡하고 어려운가? 내 욕심이 개입되고 사회적 관계와 편견이 끼어들기 때문이다. 우리의 지식 자체, 생각 자체, 바라보는 눈길 자체가 폭력이다. 바라보는 것 자체가 폭력이다. 이것을 '바라봄의 폭력'이라고 한다. 아내와 남편 사이에, 자녀와 부모 사이에 앎과 관념의 폭력이 있다. 나의 앎과 관념의 틀에 남을 집어넣는 것은 엄청난 폭력이다. 지식과 고정관념은 사랑의 사귐, 소통을 불가능하게 하고 자기와 남에게 폭력이 된다. 프란시스 베이컨은 "아는 게 힘이다.", "지식이 힘이다."라고 했는데 앎이나 지식이 힘도 되지만 폭력이 되기도 한다. 아내나 남편 자녀와 부모, 친구와 자기 자신에 대한 지식이 폭력과 왜곡이 될 수 있다.

이런 편견과 왜곡, 당파심과 흑백논리가 서로 다른 종교문화의 만남에서 가장 예리하게 나타난다. 여러 해 전에 한국 기독교인들이 아프가니스탄에 단기 선교 가서 납치되었다가 겨우 살아 돌아온 일이 있다. 세계화 시대에 국경, 종교의 벽을 넘어 봉사하고 선교하는 일은 좋은 것이다. 다른 종교문화권 여행을 통해 배우고 익히는 것도 좋다. 그러나 남의 나라 남의 종교문화권에 갈 때는 섣부른 지식이나 경솔한 생각을 버리고 겸허하게 모른다는 생각을 가지고 조심, 조심 다가 가야 한다. 특히 가난하고 약한 나라일 경우는 더욱 그렇다. 상대에 대한 존중과 신뢰를 지녀야 한다. 서로 가까워져 친구가 된 다음에나 도울 수 있다.

오늘 문화와 종교의 벽을 넘는 해외 선교는 두 가지를 명심해야 한다. **첫째** 말로나 힘으로 선교하는 시대가 지났다. 정보와 지식이 없어서 예수의 이름을 몰라서 기독교 신앙을 갖지 않는 것이 아니다. 예로부터 다른 나라에 선교하려면 국가권력의 장벽과 종교문화의 장벽을 함께 뚫어야 한다. 유럽의 경우에는 고등종교문화가 없고 국가권력의 장벽만 있었다. 처음에 국가의 박해가 심했으나 어느 시점에서 기독교가 로마제국의 안정에 필요하다고 판단한 콘스탄틴 황제가 기독교를 적극적으로 수용했다. 일본의 경우에는 국가권력의 벽에 부딪혀 기독교 선교가 좌절한 경우다. 인도의 경우에는 힘으로 국가권력의 벽은 뚫었으나 종교문화의 벽을 뚫지 못했다. 한국의 경우는 예외적으로 하나님의 섭리로 국가권력과 종교문화의 벽이 허물어지거나 가장 약해졌을 때 기독교 선교가 이루어졌다.

이제는 개종을 강요할 수 없는 시대가 되었다. 사회문화적 우월의식을 가지고 선교하는 것은 오히려 복음의 전파에 방해가 된다. 다른 종교인을 말로 선교할 수도 없다. 삶으로 사랑으로 실천으로 선교할 수밖에 없다. 어쩌면 백 년, 2백 년 천년을 두고 삶과 진리로 서로 다른 종교들이 경쟁하는 수밖에 없을 것이다. 그래서 삶에서 증명된 종교로 흡수 통합되거나 긴밀한 연대 속에 지속적인 협력관계를 가지고 공존하게 될 것이다. 선교의 방식은 겸허하게 낮아져서 자기를 비우고 버리고 사랑과 의로 섬기는 길밖에 없다. 진리의 힘은 사랑으로

검증된다. 자기를 비우고 희생하며 사랑을 드러내는 십자가의 길밖에는 선교의 길이 없다. 종교들 사이에 경쟁한다면 사랑과 진리의 경쟁밖에 없다.

둘째 남을 도울 때는 남의 처지에서 남을 위해서 도와야 한다. 내가 남의 처지에서 생각하고 행동하는 것이 초월이고 성령의 역사다. 단기 선교에는 관광과 가벼운 호기심이 섞여 있다. 단기 선교는 적대 지역에서는 위험할 뿐 아니라 그 사람들에게 돈이나 물품을 주는 일 이상을 하기 어렵다. 남을 도울 때는 남의 자리에서 남을 존중하고 위하는 마음으로 도와야 한다. 장애인을 도울 때 장애인의 자리에서 장애인에게 도움이 되게 도와야 한다. 오른손이 하는 일을 왼손이 모르게 하라는 예수의 말씀이 진리다. 돕는다는 생각 없이 도와야 참 도움이 된다. 그럴 때만 돕는 사람도 도움받는 사람도 왜곡되거나 상처받지 않고 온전한 삶에 이르고 구원받을 수 있다. 돕는 자와 도움받는 자의 구별과 차별이 없어야 한다. 오직 생명과 영혼을 살리는 일만 있어야 한다. 오직 성령만 하나님만 살아 일하시게 해야 한다.

남을 도우려면 서로 살리는 공동체를 이루려면, 편견과 관념의 폭력에서 벗어나 맑은 눈으로 서로를 보아야 한다. 우리의 눈이 본래 잘못된 것은 아니다. 사람의 눈은 다른 동물의 눈과 달리 맑고 투명한 흰자위를 가지고 있다. 사람의 눈에서 흰자위는 다른 짐승과 달리 자기의 의도나 생각을 드러내고 표현한다. 다른 동물들은 자기 의도와 생각을 남에게 감추기 위해서 짙은 갈색이나 붉은 색의 눈을 가지고 있다. 그러나 사람은 자기의 속생각과 의도를 투명하고 섬세하게 드러낸다. 자기, 의도, 동기를 드러냄으로, 표정이 풍부해져서 사귐과 연대가 가능해지고 연대의 힘으로 살아남을 수 있었다. 그러니까 우리의 눈은 있는 그대로 맑게 볼 수 있고 자신을 있는 그대로 드러낼 수 있다.

그러나 이런 눈이 탐욕과 편견에 사로잡혀서 어둡게 되었다. 그래서 바라보는 것 자체가 폭력이 되었다. 바라봄의 폭력은 나와 우리의 생각과 관념, 지식과 관점의 폭력이다. 이미 우리는 남을 있는 그대로 볼 수 없는 존재다. 사실을 사실대로 보기 어렵고 사실을 사실대로 알기도 어렵다. 감각의 지각 자체가 사물을 변형시켜 받아들이고 우리의 굽은 마음과 생각이 그것을 다시 일그러뜨린다.

그래서 선승들은 깨달음의 경지를 "산은 산이요, 물은 물이로다!"라는 말로 나타냈다. 산을 산이라 말하기 어렵고, 물을 물로 보기 어렵다는 것을 아는 이만이 이 말의 뜻을 헤아릴 수 있다. 예수는 믿는 사람의 삶의 원칙을 "'예' 할 것은 '예'하고 '아니오' 할 것은 '아니오'라고만 하여라. 그 이상의 말은 악에서 나오는 것이다."라고 밝혔다. 사실에 무엇을 덧붙이거나 빼려 하지 않고 사실을 사실대로 인정하는 일이 어렵다. 가려진 사실을 밝혀내는 일이 얼마나 힘 드는 일인가! 이기심의 죄로 물든 우리의 눈은 자기를 은폐하고 남을 폭로한다. 그러나 욕심과 편견을 걷어내면 있는 그대로 볼 수 있다. 성령의 감동으로 믿음으로 우리는 편견과 관념, 지식의 폭력에서 벗어날 수 있다. 하나님, 성령, 믿음만이 편견과 지식의 폭력에서 다시 말해 죄에서 벗어나게 한다.

4. 선악과와 뱀의 유혹: 뱀의 길과 인간의 길

인간이 선악을 분별하는 지식의 폭력에 빠지게 되었는지 창세기 3장 1~8절에 나오는 선악과와 뱀의 유혹에 관한 이야기가 말해준다. 선악에 대한 지식을 가진 다음에 아담과 하와 사이에 갈등이 생기고 가인은 동생 아벨을 죽인다.

하나님은 에덴동산 가운데 있는 선악과나무를 먹지 못하게 하였다. "동산 각종 나무 열매는 네가 임의로 먹되 선악을 알게 하는 나무의 열매는 먹지 말라. 네가 먹는 날에는 반드시 죽으리라."(창 2:16-17) 여기서 선과 악의 원어는 '토브와 라'인데 도덕적인 선과 악을 넘어서 일반적으로 좋고 나쁜 것을 뜻한다. 상식으로 말하면 선과 악, 좋고 나쁨을 알아야 제대로 바르게 살 수 있을 것 같은데 하나님은 선과 악을 알게 하는 나무 열매를 먹으면 반드시 죽는다고 선언하였다.

성경에서 악은 하나님의 명령을 어기는 것이다. 하나님의 명령과 뜻이 생명의 근거와 바탕이고 명령을 저버리는 것이 죄악과 죽음이다. 하나님의 명령은 절대명령이다. 선과 악을 분별하지 말고 그저 살라는 것이다. 선하고 악하고는 하나님에게서만 드러난다. 하나님만이 선하다. 사람이 제 욕심과 감정과 생각에 따라서 선과 악, 좋고 나쁜 것을 판단해서는 안 된다. 정말 무엇이 선하고 악한지는 하나님만 안다. 사람이 저마다 선과 악을 가르기 시작하면 세상은 온통 혼란에 빠지고 죽음과 파멸이 지배한다.

사람은 어떻게 선악을 알게 하는 지식의 열매를 먹게 되었을까? 선악을 알게 하는 열매를 먹도록 유혹하는 것은 뱀이다. 왜 뱀이 유혹자로 나올까? 실제로 뱀이 나와서 말하고 유혹했다고 생각하면 성경을 유치하게 신화적으로 보는 것이다. 이 이야기에는 생존본능, 지식과 관념의 이성, 영성의 세 차원이 문제 되고 있다. 함석헌이 서울대 병원에서 세상을 떠나기 전에 내게 이렇게 말했다. "큰 공부를 하시오. 사람에게 본능과 이성과 영성이 있는데 이성에만 머무르는 공부가 아니라 영성으로 본능과 이성의 차원을 아우르는 공부를 하시오."

인간의 육체는 생존의 본능에 매여 있고 영혼은 본능을 넘어서 하늘과 하나님을 추구하는 영성을 지닌다. 인간의 이성은 본능과 영성 사이에 끼어있다. 이성은 영성의 심부름꾼이 되기도 하고 본능의 종이 되기도 한다.

뱀이 나오는 데는 무슨 뜻이 있을 것이다. 뱀은 간교한 이성과 생존본능을 상징한다. 이성이 생존본능에 충실하면 간교하게 된다. 뱀은 파충류의 일종인데 공룡과 같은 거대한 파충류들이 급격한 기후변동으로 멸종될 때 살아남았다. 뱀은 자신의 생존에 이롭다고 여겨지는 것은 선하고 좋은 것이고 자신의 생존에 해롭다고 생각되는 것은 악하고 나쁜 것으로 생각했다. 오직 생존하기 위해서 굴속에 숨어 살며 날개도 없애고 네 다리도 없애고 뿔도 없애고 귀도 코도 없애고 가늘고 미끄러운 몸통만으로 바닥을 구불구불 기어 다닌다. 홀로 다니며 은밀한 곳에 숨어서 먹이를 공격할 기회를 엿본다. 뱀은 살아남자는 본능과 욕망의 노예다.

자신의 생존을 위해 모든 것을 버리고 바닥을 기며 음침한 곳에 숨어서 먹이를 찾는 뱀은 비굴하고 간교하다. 뱀은 생존을 위해 모든 것을 버렸다. 적에게서 도망하고 숨기 위해서 눈코입귀를 버리고 뿔도 버리고 팔다리를 버리고 몸통도 가늘고 길게 미끈하게 구불구불하게 만들었다. 먹이를 잡아먹으려고 입만 크게 하고 날카로운 이빨과 독을 품었다. 뱀은 혀가 갈라져서 거짓말쟁이고, 독을 품어서 잘 죽인다고 생각했다. 성경에는 악마를 거짓말쟁이요 살인자라고 했다. 자신의 생존을 위해서 삶의 진실을 가리는 거짓말과 생명을 죽이는 살인이 모든 악의 근본 형태다. 살인과 거짓을 신격화한 것이 악마다. 사람은 하늘을 그리워하는 영적 존재이기에 거의 본능적으로 뱀을 싫어한다.

사람은 뱀과는 정반대로 두 발로 걸으며 하늘을 향해 우뚝 서서 산다. 손과 발, 귀와 눈썹 코와 입술이 섬세하게 발달 되어 있다. 바닥을 기며 먹이만 찾는 뱀과 달리 사람은 하늘을 그리워하며 영생을 꿈꾸고 진리와 사랑을 추구한다. 실처럼 가는 뱀눈은 자신을 감추고 남의 약점만을 보지만 사람 눈은 맑고 투명하여 자신의 영혼을 드러내며 사랑할 수 있고 벗이 될 수 있다. 사람이 두 발로 곧게 서서 살고 눈에 흰자위를 가진 것은 생존을 위해서만 살아오지 않았고 생존을 위해서만 살도록 창조되지 않았다는 것을 뜻한다. 뱀은 생존을 위해 모든 것을 버리는 이기적 생존본능을 상징하고 표현하며 사람은 하나님의 영원한 자유와 주권을 상징하고 표현한다. 사람과 뱀은 정반대의 길로 간다. 뱀은 뱀대로 저 살길로 간 것이지만 사람이 뱀의 길로 가면 당장에는 살 것 같지만 결국 죽음에 이른다.

오늘 우리 사회는 뱀의 생존전략을 따르는 것 같다. 많은 사람이 뱀의 길로 가고 있다. 영화나 드라마를 보면 "강한 자가 이기는 것이 아니라 살아남는 자가 이기는 것이다."라는 말이 자주 나온다. 살아남는 것이 인생의 최고 목표라면 사람다운 삶은 포기되는 것이고 결국 인류는 망하는 길로 가는 것이다. 모든 것을 희생시키고 나와 우리만 살려고 하면 인간은 뱀처럼 바닥을 길 수밖에 없고 서로 죽이는 지옥의 불구덩이 속으로 들어갈 수밖에 없다.

선악과를 따먹고 선·악을 분별한 사람은 자기가 선하다고 생각하는 방식으로 세상을 지배하려고 한다. 인간의 생각이나 세상의 일에는 절대가 없다. 다 상대적이다. 사람이 생각하는 선은 절대선, 지극한 선이 아니다. 사람이 자기의 선을 고집하면 독재가 된다. 저마다 자기의 선을 고집하면 생명은 시들고 영혼은 죽는다. 하나님만이 늘 선한 분임을 알고 우리의 선과 악이 상대적이고 불완전함을 인정해야 세상이 바르게 된다. 사회주의사회가 하나님 없이 자신의 선만을 추구하다가 망했다. 자본주의사회는 돈에 중독되고 사회주의사회는 선에 중독되었다. 사람의 선을 고집하고 강요하면 반드시 죽는다. 우리 속담에 "아는 게 병이고 모르는 게 약"이라는 말이 있다. 이 속담이 성경의 진리의 핵심을 드러낸다. 선악을 알면 죽음에 이르는 병에 걸리고, 선악을 모르고 살면 그 병이 치유되고 생명에 이른다.

어거스틴에 따르면 어떤 선행에도 이기심이 물들어 있다. 따라서 선행으로는 구원받을 수 없다. 자기에게서 벗어나지 못한다. 선과 악을 분별하고 추구하는 것만으로는 구원받을 수 없다. 바리새파가 구원에 이르지 못하는 것은 그들의 정신과 생각이 선악을 구분하는데 머물러 저기의 선에 집착하기 때문이다. 오늘날 사람들은 뱀의 길과 바리새파의 정신을 따르는 것 같다. 멋진 몸매를 이기적인 몸매, 착한 몸매라고 한다. 이기적인 것이 좋은 것이고 착한 것이라는 생각이 깔려 있다. 이기적인 것, 내게 좋으면 좋다는 것은 뱀의 생각이고 주관적으로 자기 관점과 주장을 선으로 규정하는 것은 바리새파의 생각이다.

5. 우리가 가야 할 가운데 큰 길

가운데 큰 길, 떳떳하게 갈 큰 길이 막혀 있고 보이지 않는다. 각자 자기 욕심과 주장이 가운데라고 생각하기 때문이다. 자기 속이 막혀 있으므로 답답하다. 거짓된 중심을 내세우기 때문에 사회와 역사의 중심이 막혀 있다. 가운데 큰 길을 발견하려면 먼저 우리가 가진 지식과 생각의 등불을 꺼야 한다. 지식과 생각의 등불을 끄면 생명과 영의 세계가 보일 것이다. 도시의 불빛을 꺼야 하늘의 별빛이 환히 보인다. 태양을 끄고 이성의 불빛을 꺼야, 하나님의 빛, 거룩한 신령의 빛이 드러난다.

몰라야 산다.

아는 것보다 모르는 것에 주목해야 한다. 삶의 깊이를 알 수 없고 사람의 속을 들여다볼 수 없다. 사람의 앞날을 헤아릴 수 없다. 자연 생명 세계와 인생의 창조자이고 주인인 하나님을 알 수 없는 것처럼 그가 지은 생명의 깊이와 인생의 변화를 알 수 없다. 남의 생각을

다 헤아릴 수 없다. 모름을 인정하고 고백하는 데서 참된 삶의 길이 시작된다. 남편을 모르고 아내를 모르는 줄 알아야 남편과 아내에게 조심하고 존중하며 알뜰살뜰한 부부관계를 이어갈 수 있다. 부모를 모르고 자녀를 모르고 형제자매를 모른다는 것을 알아야 관심을 가지고 살펴주는 가족이 된다.

다 안다고 생각하면 관심도 없고 존경심도 없어진다. 몰라주는 마음이 알아주는 마음보다 크고 깊다. 사람들이 나를 몰라준다고 서운해할 것 없다. 나도 나를 모르는데 남이 나를 어떻게 알겠는가? 남이 나를 몰라줄수록 남에게 의지하지 않고 나 자신에게 의지하지도 않고 오직 하나님만을 찾고 하나님만을 붙잡게 된다. 그러면 어떤 어려움도 이겨내고 살아날 수 있다.

세상의 변두리가 가운데다.

세상에서 높고, 낮은 것이 어디 있나? 높은 것은 좋고 낮은 것은 나쁘다는 생각은 속물적인 생각, 뱀의 생각이다. 하나님에게는 높고 낮은 게 없다. 하늘이 땅속으로 들어오고 하나님의 아들이 낮고 낮은 십자가에 달렸다. 잘나고 못나고 잘하고 못하고 선하고 악한 것이 어디 있나? 잘난 것 속에 못남이 있는 줄 알아야 사람 노릇 하지 저 잘난 줄만 알고 살면 사람이 못 된다. 못남 속에 잘남이 있는 것을 알아야 사랑할 수 있다. 못난 것을 못난 것으로만 아는 사람은 사람이 무엇이고 사랑이 무엇인 줄 모르고 교육이 무엇인지 모른다.

이 세상에 가운데와 변두리가 어디 있나? 흔히 사람들은 가운데를 알아주고 변두리를 몰라준다. 우리 사회가 높은 것은 선하고 낮은 것은 악하다고 생각하고, 잘난 것은 선하고 못난 것은 악하다고 생각하면, 가운데는 좋고 변두리는 나쁘다고 생각하고 살면 우리 사회는 반드시 쇠퇴하고, 죽게 되고 망하게 된다.

하나님은 세상의 가운데를 알아주지 않고 변두리를 알아준다. 세상에서 힘과 부와 명예를 누리는 가운데는 하나님이 보시기에 변두리고 세상에서 소외된 변두리가 하나님의 사랑과 정의에 가까이 있는 가운데다. 세상의 변두리가 새 역사가 일어나는 가운데다.

하나님을 믿는 사람은 하나님만이 안다고 믿어야 한다. 우리는 모르니까 조심하고 서로 존경해야 한다. 쓸데없는 토론을 그만하고 예수처럼 생명을 살리는 일만 해야 한다. 높고 낮고, 잘나고 못나고 가운데 있거나 변두리 있거나 하나님의 뜻이 이루어지게 해야 한다.

사랑과 살림의 상상력

생명을 살리려면 생명 사랑과 살림의 상상력이 필요하다. 상상의 날개를 활짝 펼 때다. 상생 평화의 시대를 꿈꾸는 예언자가 나와야 할 때다. 낡은 생각을 날려버리고 현실의 경계를 넘어서 새 시대의 꿈을 꾸는 이가 나와야 한다.

남북한 사이에 살림, 평화의 상상력을 가진 정치가 외교관이 나와야 한다. 생명과 평화를 위한 씨울들의 꿈틀거림이 일어나야 한다. 평화의 꿈과 노래로 살림과 평화의 움직임이 일어나야 한다. 분단의 철조망을 걷어치우자. 군대를 없애자. 창과 칼을 보습으로 만들자. 남북한 군대를 감축하여 20만 명의 젊은이로 평화봉사단을 만들자. 그리하여 세계 곳곳에서 생명과 평화를 일구는 일에 앞장서자.

큰 평화에 이르는 가운데 큰 길

함석헌은 '뜻으로 본 한국 역사' 마지막 대목에서 우리 민족이 나아갈 길은 이제까지의 길과는 다른 새로운 길이며 새 길은 가운데 길이라고 했다.

"새것이 무엇이냐? 중도다. 세계문제는 둘 중 하나를 고름(二者擇一)으로 해결될 것이 아니다…이긴 놈도 진 놈도 없어야 정말 이김이다. 두 놈이 다 실패해야 두 놈이 다 구원된다. 구원을 해 주어야 정말 이김이지 대적을 죽이는 놈은 먼저 진 것이다. 소설도 그렇거늘 하나님이 시키시는 우주극에 이긴 놈 진 놈이 있을 리 없다. 다 져야 한다. 그리고 보다 높은 제삼자가 나와야 한다. 그보다 높은 제삼자의 자리가 중도다."[14]

이기고 짐을 넘어선 제3의 자리가 중도(中道)다. 상대를 거꾸러뜨리려고 하지 말고 상대를 살려줌으로써 바로 세워줌으로써 함께 큰 하나에 이르는 길로 가야 한다.

---

14)   함석헌, 『뜻으로 본 한국역사』 한길사 2003. 433쪽.

"하나님은 위에도 안 계시고 아래에도 안 계시고 중에 계신다. 중이 하늘이다. 중은 중간이 아니다. 중심이지. 심이다. 속이다. 극이다. 이쪽도 저쪽도 아니요. 전에도 후에도 어제도 아니요, 이제다. 유물도 유심도 아니요, 삶이다. 이것도 저것도 아무것도 아니요, 하나다. 한이다. 그래 중도는 한 길이라 하자. 민국, 만민·만물·만신이 다 가야 하는 한 길이다."[15]

마음의 속의 속, 영혼과 하늘, 우주 생명 전체가 일치한다. 이제 여기의 삶이 중요하고 그 삶 속에 가운데 큰 하나의 길, 모두가 함께 가는 큰 길이 있다. 그 길은 서로 하나가 되는 사랑의 길이고 평화의 길이다. 가운데 큰 길은 비폭력 평화주의, 세계국가주의, 우주통일주의의 길이다.

"이제라도 우리가 나아갈 길은 중도를 지키는 데 있다. 한을 붙잡고 밝히는 데 있다. 비폭력주의·평화주의·세계국가주의·우주통일주의에 있다. 6·25를 겪어봤으면 무력으로 아니 될 줄을 알아야 할 것이요, 전쟁 즉시로 그만두어야 할 줄 알아야 할 것이요, 국경을 없애고 세계가 한 나라가 되어야 할 줄을 알아야 할 것이요, 우리의 생명이란 곧 우주적인 것임을 알아야 할 것이다. 그러나 그것은 믿음 없이는 못할 것이다."[16]

---

15)   같은 책. 433~4쪽.
16)   같은 책. 435쪽.

남한과 북한 사이에, 국가주의와 세계주의 사이에 개인과 전체 사이에, 지배 엘리트와 소외된 민중 사이에 가운데 큰 길을 찾아야 한다. 중도는 타협적인 절충의 가운데가 아니다. 종합하여 넘어서는 데서 열리는 가운데, 전체 하나에 이르는 가운데 길이다.

　　전체 하나에 이르는 가운데 길은 사랑으로만 열린다. 하나님은 말씀으로 세상을 창조했다. 새 역사의 창조도 하나님의 말씀으로 이루어진다. 말씀은 하나님의 뜻, 아가페 사랑이다. 새 역사를 창조하는 가운데 큰 길은 아가페 사랑의 길이다. 하나님은 세상을 사랑으로 창조했기 때문에 사랑으로만 세상을 변화시킬 수 있고 새롭게 할 수 있다. 참된 기적은 사랑의 기적뿐이다. 사회와 역사의 창조적 변화는 아가페 사랑으로만 가능하다. 사랑에 들어가는 이만 하나님의 우주 창조 역사창조에 동참할 수 있다. 세계평화에 이르는 가운데 큰 길, 새 역사를 창조하는 큰 길은 하나님의 사랑에 참여할 때만 열린다. 공산주의와 자본주의를 뛰어넘을 수 있는 길은 사랑의 공동체주의에서 나온다. 공산주의의 평등과 자본주의의 자유도 사랑의 공동체에서만 만날 수 있다. 유영모와 함석헌은 평생 하나님의 사랑에 사로잡혀 살고 그 사랑으로 살았다. 그래서 이들에게 새로운 생각이 나오고 모든 장벽을 뛰어넘는 남다른 실천력이 나왔다.

　　아가페 사랑 안에서 개인의 기득권과 국가와 민족의 기득권을 버릴 때 새 길이 열린다. 기존의 이념이나 지식, 논리나 정책으로는 한 민족과 인류가 직면한 장벽을 넘을 수 없다. 사랑으로 전체의 자리, 제3의 자리에 설 때 사랑에서 촉발된 상상력과 실천력이 나올 수 있다.

새로운 영적 상상력이 요구된다. 한반도의 평화와 상생을 위해서, 동아시아의 상생과 번영을 위해서 세계평화의 태평양 시대를 위해서 상생과 평화의 큰 길이 열려야 한다. 남한과 북한 사이에 두터운 갑옷을 벗고 무기를 내려놓고, 비무장지대의 철조망을 걷어내고 상생과 평화의 길을 모색해야 한다. 군대를 감축하고 남북 평화봉사단을 구성해야 한다. 민족의 문화와 정체성에 자부심을 가지면서도, 민족과 국가의 배타적 주장과 장벽을 헐어버리고 동아시아와 세계의 평화를 위해 생각하고 결정하고 행동해야 한다.

분노와 다툼 속에서
생명과 평화에 이르는 예수의 길
-예수의 분노(감정)에 대한 생명 철학적 이해

3장. 분노와 다툼 속에서 생명과 평화에 이르는 예수의 길
-예수의 분노(감정)에 대한 생명 철학적 이해

1. 분노 감정을 다루는 이유와 목적

　오늘 분노는 사회의 문제이면서 인간 내면의 생명과 정신의 문제다. 인간의 내면과 사회에 분노가 폭발할 것처럼 가득 차 있다. 분노는 인간의 생명과 정신에 대한 부당하고 불공정한 대접에서 비롯된 것이다. 이렇게 분노가 가득 차게 된 이유를 두 가지로 지적할 수 있다. **첫째** 사회의 불공정한 현실이 분노를 일으킨다. 자본의 지배가 확대되고 산업기술이 고도화하면서 극소수의 사람들에게 돈과 재화가 몰리고 수많은 사람들이 일자리를 잃고 가난의 나락으로 떨어지고 있다. 인간다운 삶을 가로막는 이러한 사회의 불공정은 사회적 삶의 상실감과 함께 큰 분노를 일으키고 있다.

　둘째 돈과 기계가 지배하는 물질문명은 인간의 생명과 정신보다 돈과 기계를 더 존중하고 우위에 놓음으로써 생명과 정신은 모독을 당하고 짓밟힌다. 모독당하고 짓밟힌 인간은 깊은 분노와 좌절을 경험한다. 돈과 기계가 지배하는 산업기술사회는 인간에게 삶의 자유와 깊이를 빼앗고 욕망을 자극하고 부추김으로써 물질적이고 기계적이며 본능적인 삶을 강요한다. 상품과 쾌락에 대한 욕망을 자극하면서 그 욕망을 충족시킬 수 있는 재원과 기회를 박탈함으로써 인간은 깊은 환멸과 좌절에 빠진다. 욕망과 기계와 돈의 지배를 받는 인간은 자신에 대해서 깊은 분노와 좌절을 느낀다. 인간으로서의 자존감과 주체성을 잃고 환멸과 좌절에 빠진 인간의 정신은 억압되고 분노에 사로잡힌다. 안팎으로 분노에 사로잡힌 많은 사람들은 불행을 느낄 뿐 아니라 사회와 인간과 자신에 대해 적대적인 감정을 가지고 있다.

현대인의 깊은 분노는 불의한 사회에 대한 정당한 저항으로 표출되기도 하고 자신과 이웃을 학대하고 죽이는 데까지 이르기도 한다. 가족과 친지 사이에 살인사건이 자주 일어나고 자살이 쉽게 이루어지고 불특정 다수에 대한 이유 없는 살인을 저지르기도 한다. 오늘 분노 감정은 사회와 인생의 근본 문제다. 사회에 대한 분노가 더욱 커질 때 사회의 갈등과 대립, 불안과 적대감은 걷잡을 수 없이 확대될 수 있다. 인간 내면의 분노가 더욱 커져서 인간의 몸과 맘을 지배할 때 인간 내면의 정신과 사회관계는 깊이 병들고 파괴될 수 있다. 우리 주변에 우울증 환자가 넘쳐나고 화병이 일반화 되고 있다.

오늘 우리에게는 분노와 감정에 대한 깊은 이해와 성찰이 요구된다. 인간의 분노와 감정은 무시하고 억압해서는 해결될 수 없다. 억압하고 외면할수록 분노는 더욱 깊고 강하고 커진다. 그렇다고 분노를 정당화하고 조장해서도 안 된다. 사회의 불의와 불의한 세력에 대해서 공적으로 분노를 표현하고 드러내는 것은 정당하고 필요하기도 하다. 그러나 조절되거나 자제되지 않고 분노를 폭력적으로 분출시키는 것은 불의와 불공정을 제거하고 극복하기는커녕 더욱 혼란과 파괴에 빠져들게 할 수 있다. 분노는 더 큰 분노를 가져오기 쉽다. 분노를 조장하고 부추기는 것은 분노 감정의 늪에 빠져서 건전한 사회 관계와 질서를 해치고 자신도 파괴하는 결과를 낳기 쉽다. 분노를 억압해서도 안 되지만, 분노의 늪에 빠져서도 안 된다.

분노 감정의 문제는 사회의 근본적인 문제이면서 인생의 절실한 문제다. 오늘의 심각한 분노 문제를 극복하고 해결하기 위해서는 분노 감정에 대한 올바르고 깊은 이해가 필요하다. 분노를 잘 이해하고 잘 다뤄야 인생과 사회를 건전하고 건강하게 이끌 수 있다. 인간의 생명에서 분노 감정은 어떤 지위와 기능을 가진 것인지 생명 철학적으로 탐구해야 한다. 감정은 생명의 반응이고 표현이다. 생명은 고정된 실체나 정지된 상태가 아니라 살아 움직이는 주체다. 생명은 명사가 아니라 동사다. 생명의 표현인 감정도 고정된 실체나 정지된 상태가 아니라 살아 움직이는 주체다. 따라서 생명과 감정은 과학적 관찰, 철학적 성찰, 종교적 관조의 대상이기 전에 살아 움직이는 주체다. 생명과 감정을 대상화하는 모든 연구 방법과 접근방식은 이차적이고 간접적이다.

생명철학은 생명과 감정을 대상이 아니라 주체로 명사가 아니라 동사로 본다. 관찰자와 연구자의 자리에서 보지 않고 살아서 꿈틀거리고 움직이는 사람의 자리에서 생명을 보고 분노하고 미워하고 불안해하고 두려워하는 사람의 자리에서 감정을 이해한다. 주체의 자리, 당사자의 자리서 생명과 감정을 느끼고 이해하고 생각할 때, 생명과 감정을 깊이 제대로 이해하고 병들고 상처받은 생명과 감정을 치유하고 살릴 수 있을 것이다.

이 글에서는 예수의 분노 감정을 생명 철학적으로 이해함으로써 예수의 분노 감정을 깊고 온전히 탐구해보려 한다. 더 나아가서 예수와 기독교의 분노 감정에 대한 논의와 반성을 바탕으로 21세기 현대의 관점에서 자치와 협동의 시대와 세계평화의 길을 열어가기 위한 실마리를 제시하고자 한다.

2. 분노 감정에 대한 생명 철학적 이해

감정, 생명의 주체적 반응과 표현

감정은 생명의 반응이고 표현이다. 생명은 고정된 실체나 정지된 상태가 아니라 살아 움직이는 주체다. 생명은 명사가 아니라 동사다. 생명의 표현인 감정도 고정된 실체나 정지된 상태가 아니라 살아 움직이는 주체다. 따라서 생명과 감정은 과학적 관찰, 철학적 성찰, 종교적 관조의 대상이기 전에 살아 움직이는 주체다. 생명과 감정을 대상화하는 모든 연구 방법과 접근방식은 이차적이고 간접적이다. 생명철학은 생명과 감정을 대상이 아니라 주체로, 명사가 아니라 동사로 본다. 관찰자와 연구자의 자리에서 보지 않고 살아서 꿈틀거리고 움직이는 사람의 자리에서 생명을 보고, 분노하고 미워하고 불안해하고 두려워하는 사람의 자리에서 감정을 이해한다. 주체의 자리, 당사자의 자리서 생명과 감정을 느끼고 이해하고 생각할 때 생명과 감정을 깊이 제대로 이해하고 병들고 상처받은 생명과 감정을 치유하고 살릴 수 있다.

역설적으로 오늘의 시대는 감정을 자유롭게 표현하고 분출하는 시대이면서도 감정을 질병으로 보고 감정을 억압하고 배제하는 학문과 종교 도덕의 전통도 확고하다. 심리학과 의학에서는 생명과 감정을 질병의 관점에서 보고 있다. 생명과 감정을 질병으로 보는 것은 관찰자의 자리에서 대상으로 보는 것이다. 서구 언어에서 감정 pathos는 고통과 질병을 나타낸다. 병리학 pathology는 감정 pathos를 병으로 본다는 것을 말해준다. 오늘의 심리학과 병리학은 인간과 생명, 감정을 고통과 병의 관점에서 보고 치유하려고 한다.

인간의 생명과 감정을 질병과 고난으로 본 것은 생의 주체로 보지 않고 대상으로 본 것이고 생의 중심과 깊이에서 보지 않고 표면과 증상으로 본 것이다. 생명과 감정을 대상화 타자화하고 표면과 증상으로 보면 생명과 감정을 깊이 이해하지 못할 뿐 아니라 치유하고 살릴 수 없다. 생명과 감정을 대상화하고 표면에서 관찰하고 논의하게 된 것은 서구의 학문 전통이 생명과 감정을 수학과 과학의 관점에서 보았기 때문이다. 수학과 기하학의 세계는 생명과 감정이 없는 불생불멸의 세계이고 자기 완결적인 닫힌 세계다. 산술 계산과 인과율을 생명과 정신에 직접 적용하는 것은 반생명적이다.

하늘을 제거하고 아버지를 살해하여 권력을 쟁탈한 그리스 건국 신화의 바탕에는 갈등과 투쟁이론이 있다. 수학에 의존한 그리스 철학과 서구 근대 과학철학은 산술 계산과 인과율, 갈등이론을 바탕으로 삼고 있다. 수학적 사고와 갈등이론에서 인간과 감정을 질병과 고통의 관점에서 보는 심리학은 인간을 person, ego로 보고 pre-personal(퍼슨 이전), personal(퍼슨), transpersonal(퍼슨을 넘어서)로 인간의 감정과 의식을 구분한다. person은 사사로운 개인이며 이기심과 욕망으로 가득한 에고(자아)다. person은 persona(가면)에서 온 말인데 ego의 이기심과 욕망을 가리는 가면이란 의미로 사용되었다. person, ego는 하늘과 단절되고 이웃과 대립하고 역사와 사회에 대해서 닫힌 존재다. 퍼슨과 에고로서의 인간은 병적이며 갈등과 고통 속에 있는 존재다.

인간의 심리와 감정을 관찰자의 자리에서 대상화하는 이런 인간 이해는 병적 원인과 결과의 관점에서 인간의 심리와 감정의 문제와 병을 진단하고 분석하고 처방하는 데 효과적이다. 그러나 건강한 생명과 감정을 깊이 이해하고 병든 감정을 치유하고 정화하며 고양시키는데 적합하지 않다. 이런 병리학적 심리학은 인간 생명의 건강과 해방, 깊은 자유와 일치, 옹근 실현과 완성에 이를 수 없다. person, ego를 지배하는 욕망(에로스)은 존재의 결핍을 채우려는 충동이며 이런 person, ego를 산술 계산과 인과율로 이해하려는 학문적 노력은 생명의 본성과 깊이에 이를 수 없다. 생명은 통계자료와 물질적 인과관계를 넘어서 속에서 솟아오르고 흘러넘치는 힘(자발성)과 사랑(헌신성)이기 때문이다.

분노 감정과 정의에 대한 생명 철학적 이해

생명은 물질 안에서 물질을 초월한 것이다. 운동법칙과 인과율과 상대 원리에 의해서 지배되고 규정되는 물질세계의 제약과 속박에서 벗어난 것이다. 생명은 물질의 타성적인 잠과 법칙적인 속박에서 해방된 것이다. 저마다 스스로 움직이는 염통과 허파의 상생과 공존 관계는 인과율과 상대성원리가 지배하는 4차원 시공간의 물질세계에서는 성립할 수 없다. 생명은 물질과 물성의 법칙과 속박을 초월한 주체(나)의 깊이와 자유이며 스스로 하는 주체의 내적 통일이다. 생명 진화과정은 스스로 하는 생명 주체의 깊이와 자유를 지향하면서 서로 살림과 공존의 관계를 실현하는 길로 나아갔다. 진핵세포는 적대적 세균들의 상생과 공존으로 생겨났고 다세포생물은 함께 살고 함께 죽는 운명공동체다. 생명은 물질과 물성의 제약과 속박에서 해방된 기쁨과 신명이며 사랑과 평화의 축제다. 우주의 물질세계에서 물질의 속박과 제약을 초월하여 생명의 세계가 생겨난 것은 참으로 놀랍고 위대한 일이다. 그것은 우주가 생겨난 것보다 더 새롭고 감동적인 일이다. 물질에서 해방된 생명의 자존과 기쁨은 우주보다 깊고 큰 것이다. 깊은 깨달음에 이른 사람은 누구나 생명의 기쁨을 느낀다.

감정은 외물과 타자, 상황과 사태에 대한 위대한 생명의 반응이고 자기의식이며 판단이다. '생명을 긍정하는가, 부정하는가, 생명에 이로운가, 해로운가?'에 따라서 생명이 '좋다 나쁘다(싫다). 기쁘다 슬프다. 밉다 사랑한다.'는 감정을 느끼는 것이다. 분노는 공정성이 훼손될 때 일어나는 감정이다. 올바르지 못하고 공정하지 않다고 느낄 때 분출하는 감정이다. 공정하지 않다고 느낄 때 뇌 신경세포가 먼저 반응하며 분노의 감정이 생긴다. 인간에게 가장 공정하지 않은 것은 무엇인가? 생명과 인간으로 인정받지 못하는 것이다. 생명과 인간을 물건, 물질로 취급하고 돈이나 기계보다 못한 존재로 여기는 것이다. 생의 놀라운 기쁨과 자존감을 무시하고 부정하는 것이다. 또한 생명의 사랑과 평화, 사귐과 관계를 깨트리고 부정하고 허락하지 않는 것이다. 서로 사랑하지 않는 것, 사랑을 거부하고 부정하는 것, 서로 자유로운 주체로서 사귐을 거부하고 배제하는 것이 불공정한 것이다. 생명의 존엄을 깊이 느낄수록 생명의 존엄이 훼손되는 불공정에 대한 분노도 깊고 커진다. 생명의 기쁨이 깊고 큰 만큼, 짓밟히고 무시당한 생명의 분노와 혐오도 크고 강하다.

아리스토텔레스가 말하는 정의는 능력과 업적에 따라서 사회적 지위(명예)와 재화를 분배하는 것이다. 서구정치사에서 정의는 각자에게 적합한 것을 주는 것이다. 이런 정의관은 생명철학의 관점에서 보면 매우 지엽적이고 표면적이다. 생명의 정의는 생명을 살리고 존중하고 실현하고 완성하는 것이다. 서구사회가 사회정치적으로 확보한 권리(rights)를 바탕으로 법과 정의를 이해한 것은 서구의 철학이 사회정치적인 제약과 한계 속에 머물러 있음을 의미한다. 권리는 생명 앞에서 너무 작고 초라한 것이다. 생존권이라는 말은 생명에 대한 몰이해와 모독을 담고 있다. 누가 생명에게 생존의 권리를 부여하는가? 생명은 그 자체로서 놀랍고 위대한 것이며 기쁘고 신명 나는 것으로서 상생과 공존의 아름다운 사귐으로서 축하하고 찬미할 것이다. 생명은 권리가 아니다. 살아도 좋고 죽어도 좋은 것이 아니다. 조건도 이유도 없이 생명(生命)은 그 자체로서 절대로 살아야 하는 명령이고 의무다. 살까 말까 망설이는 것은 생명에 대한 오해이고 착각이다. 생명을 생명 아닌 물질로 오해하고 착각했기 때문에 삶과 죽음을 선택할 수 있다고 생각하는 것이다. 물질은 소멸할 수 있고 육체와 몸은 죽을 수 있지만, 생명 그 자체는 죽음을 모르는 것이다. 생명이 산다는 것은 당연히 살아야 하는 사명이고 천명이다.

　권리를 넘어서 생명의 근원으로, 기쁨과 사랑의 삶으로 초대한 것이 석가, 예수, 공자, 노자와 같은 성현의 가르침이다. 가장 부당하고 불의한 일은 생명을 부정하고 파괴하고 죽이는 것이다. 기쁨과 사랑의 공동체와 축제를 거부하는 것이다. 언제 사람이 분노하는가? 생명을 생명으로 사람을 사람으로 대접하지 않을 때, 삶의 기쁨과 신명을 부정할 때, 사랑과 평화의 사귐을 거절하고 배제할 때 사람은 가장 분노한다. 인정받지 못하고 무시당할 때 분노를 느낀다. 불공정하게 당하는 고난은 분노를 일으킨다. 따라서 분노의 감정은 사회의 권리와 의무 개념이나 범위를 훨씬 넘어서며 그보다 훨씬 깊은 것이다. 생명철학의 관점에서 정의는 생명의 기쁨과 사랑, 존엄을 지키고 살리고 누리고 고양시키는 것이다. 한 마디로 줄이면 생명을 죽이거나 죽게 하는 것은 불의하고 불공정한 것이고 생명을 살리거나 살게 하는 것은 의롭고 마땅한 것이다.

3. 전통 종교철학의 감정이해

1) 수학 중심의 서구철학에 대한 반성

감정에 대한 이해와 접근은 문명권에 따라서 다르다. 그리스·로마의 건국신화에 따르면 이들은 하늘(우라노스, 아버지)을 거세하고 살해한 다음 이성적이고 합리적인 통치 질서를 수립했다. 이 건국신화는 이민족을 정복한 후 인간 이성을 중심으로 국가 질서를 형성한 그리스·로마의 정치 현실을 반영한 것이다. 이런 정치역사의 전통에서 형성된 그리스철학(헬레니즘)에서 이성은 지배자와 통치자이며 감정은 다스림을 당하고 제어되어야 할 대상이다. 여기서 감정은 주체로 대접받지 못한다. 역사와 사회의 공동체적 전통을 중시한 아리스토텔레스는 감정을 인생과 사회관계의 중요한 요소로 보고 존중했지만, 감정을 주체로 보지는 못했다. 그도 역시 이성을 중심으로 인간과 감정을 이해했기 때문이다. 그리스·로마의 대표적 철학인 스토아학파는 감정을 완전히 극복하고 초월한 '무감정'(아파테이아)을 삶의 이상적인 경지로 보았다. '무감정'의 이상은 감정을 이성에 의한 극복과 통제의 대상으로 본 그리스철학의 귀결이었다.

이성 중심의 그리스철학은 수학과 자연과학을 중시한 자연철학의 전통에서 형성되었다. 플라톤이 아카데미아의 정문에 "수학(기하학)을 모르는 자는 들어오지 마라."고 써 붙인 것은 수학이 그의 철학에서 얼마나 중요한 것인지를 말해 준다. 그가 말한 '이데아'나 '형상'은 수학과 기하학의 원리와 도형에서 비롯된 것으로 여겨진다. 산술 계산과 평면기하학의 세계는 생명과 감정이 없고 고난과 죽음이 없는 불생불멸, 절대불변의 세계다.

수학은 물질과 생명, 감정을 배제하고 제거한다. 불교, 힌두교, 요가 철학에 큰 영향을 미친 인도의 상키야학파는 수론(數論)에 근거해서 물질과 의식을 나누고 물질과 생명은 죄와 더러움을 가진 것이고 의식, 정신은 깨끗하고 영원한 것으로 보았다. 물질과 몸을 지닌 현실 세계는 더럽고 고통스러운 것으로 보는 비관적인 철학이 인도철학을 지배하게 되었다. 이러한 현실 비관적인 철학도 수론의 세계를 미화하고 물질과 생명의 현실 세계를 부정하는 잘못된 세계관에서 나온 것으로 여겨진다. 불교도 수론학파인 상키야학파의 영향을 받았다. 상키야학파와 불교는 물질과 생명과 감정을 영혼의 감옥으로 보고 고통의 바다로 보았다. 불교는 정(情)을 '혼탁한 망상'으로 보았다.(naver 국어사전). 감정을 고통과 병으로 본 것이다.

물질과 생명과 감정에 대한 불교의 이러한 부정적인 이해[17]는 수론에 지배된 고대철학과 학문의 오류와 독단을 반영하는 것이다. 우주 1cm³ 공간 안에 원자폭탄 10억 개와 맞먹는 에너지가 들어 있다고 한다. 물질 안에 저다운 물성, 성질이 있고 존재의 깊이와 주체가 있다. 물질과 생명은 그 자체가 더럽고 악한 것이 아니다. 물질이 생명과 정신을 억압하고 더럽힐 수 있지만, 물질을 통해서 생명의 기쁨

---

17) 석가와 초기 불교가 생명과 감정을 부정적으로만 본 것은 아니라고 생각한다. 물질, 생명, 감정에 대한 부정적인 생각과 함께 생명 자체를 긍정하고 구제하려는 열정과 자각도 있었다. 생명 자체를 긍정하고 실현하고 구제하려는 생각과 열망이 불성, 자비, 열반으로 표현되었다. 물질과 육체에 근거한 생명과 감정에 대해서 불교는 양면적이고 역설적인 표현을 하는 것으로 이해된다.

과 자유, 사랑과 헌신이 표현될 수 있다. 몸은 생명을 유한하고 불안정하고 연약하게 만들지만, 몸을 통해 생명의 기쁨과 자유, 아름다움과 사랑이 표현될 수 있다. 몸은 생명과 신령의 집이 될 수 있다.

2) 히브리 성경(구약성경)의 분노와 극복과정

불의하고 낡은 국가 질서와 체제를 버리고 떠돌이 생활을 했던 히브리-기독교인들은 굶주림, 고난, 죽음의 위기 속에서 살았다. 삶과 죽음의 근본적인 위기 속에서 살았던 이들에게서 욕망(식욕과 성욕)과 감정은 관찰과 성찰의 대상도 아니고 억압과 통제의 대상도 아니었다. 오히려 욕망과 감정은 삶의 욕구와 열망을 드러내는 주체적 표현이었다. 그들은 스스로 몸과 맘으로 불의한 고난을 겪고 분노와 슬픔을 표현하였다. 그들은 그들의 삶과 감정을 관찰자의 자리에서 대상화하는 여유를 갖지 못했다. 그들은 고난을 깊이 체험하고 아파했으며 분노하고 슬퍼했으며 분노와 슬픔 속에서도 기뻐하고 감사했다. 이들에게 감정은 삶의 가장 깊고 높은 혼과 얼을 드러내고 가장 절절하고 알뜰한 진실과 심정을 나타내는 주체적 표현이었다.

예수의 감정을 나타내는 말로 자주 썼던 '자비', '연민'의 원어는 '스플랑크니조마이'(σπλαγχνίζομαι)인데 이것은 창자, 자궁이 파열할 정도로 자비와 연민, 동정과 공감을 느낀다는 말이다. 하나님의 긍휼과 자비를 나타내는 말도 창자, 자궁과 관련되어 있다. 불의한 억압과 박해를 받으며 삶의 고통 속에서 사유했던 히브리 기독교인들에게 생명과 감정은 관조와 성찰의 대상이 아니라 주체적이고 전체적인 삶의 절절한 표현이었다. 몸의 고통, 굶주림과 목마름은 맘의 감정과 영혼의 아픔을 가져왔고 맘의 슬픔과 고독은 살과 뼈에 사무친 아픔으로 다가왔다. 삶의 고통스러운 구체적 현장에서 체험하고 사유했던 이들에게 몸, 맘, 감정, 양심, 생각, 영혼은 인간 존재의 일부가 아니라 전체였고 표면의 현상이 아니라 깊은 주체를 드러냈다.

히브리 성경은 이스라엘 백성이 나라를 잃고 바빌론 제국에서 포로 생활을 하면서 편집하고 완성한 책이다. 히브리 성경에서 하나님은 자비와 사랑의 신이기도 하지만 압도적으로 분노와 격정의 신이다. 사랑과 정의의 신이기 때문에, 생명을 억압하고 파괴하는 불의한 현실에 대해서 분노하고 싸우지 않을 수 없는 신이다. 질투하는 하나님은 이스라엘의 배타적이고 전투적인 종교관과 맞물려 있다. 우상숭배나 이교(異敎)신앙은 모두 불의한 국가권력과 생명 파괴를 정당화하는 부도덕한 것이다. 다른 종교를 따르는 것은 하나님의 질투와 분노를 유발한다. 이들의 종교적 배타성과 독단성은 특정한 시대와 사회의 상황 속에서 생겨난 것이다. 나라를 잃고 억울한 고난을 당하는 사람들의 절박한 신앙이라는 점에서 어느 정도 정당성이 있지만 이런 배타성과 독단성과 적대성이 시대와 사회의 제약을 넘어서 보편적으로 적용되는 것은 매우 위험하고 잘못된 것이다.

성경의 시편도 바빌론 포로기에 많은 내용이 만들어졌는데 기쁨과 감사, 찬양의 시들이 많이 나오면서도 바빌론 제국에 대한 강렬한 분노와 적대감을 드러내는 시들도 나온다. 원수인 바빌론 제국의 어린아이들을 바위에 쳐 죽이라는 노래는 끔찍하기도 하다(시편 137,8~9). 이런 끔찍한 원한과 분노의 기도가 기쁨과 감사와 찬양의 시들과 함께 나온다는 것이 기이하다. 불의한 고난을 겪는 민중의 이중 적이고 양면적인 감정이 시편을 통해서 있는 그대로 드러난다.

의인의 고난에 대해서 깊은 신학적인 토론을 벌이는 욥기는 고 난에 대한 종교 도덕적 인과응보의 관점을 비판한다. 고대사회는 고 난이 종교 도덕적 죄악에 대한 신의 심판과 처벌이라고 생각했다. 오 랜 세월 끊임없이 강대국들에 의해서 나라를 잃고 고난 당한 이스라 엘 백성은 이중의 고통을 겪었다. 불의한 강대국들의 억압과 수탈로 인한 고통도 견디기 어려운데, 이런 고통을 겪는 것이 자기들이 죄악 을 저질렀기 때문이라는 자책감과 죄의식은 더욱 큰 고통을 안겨주 었다. 밖으로 사회적으로도 종살이를 했지만, 내적으로 정신과 영혼 도 억눌리고 짓밟혀서 종살이를 했다. 이런 이중적인 고통과 종살이 는 나라 잃고 고통당하는 백성을 영원한 패배와 절망, 죽음과 파멸 로 몰아넣었다. 욥기는 의로운 인간도 고난을 당할 수 있으며 고난을 통해서 의인의 삶과 신앙이 더욱 단련되고 깊어질 수 있음을 말한다. 욥기는 고난 당하는 인간이 인과 응보적 운명론적 결정론에서 벗어 나 분노와 죄의식(도덕적 열등감)을 이기고 새로운 희망의 삶을 살 수 있 음을 말해 준다.

고난의 종

히브리 성경에서 불의한 고난과 분노를 철저하게 극복하고 정화 하고 승화시킨 것은 이사야 53장에 나오는 '고난의 종' 이야기다. 이 본문 역시 바빌론 포로기에 작성된 것인데 가장 깊고 높은 자리에서 불의한 역사의 고난 문제를 성찰한다. 무능하거나 죄를 지었기 때문에 또는 운수가 나쁘기 때문에, 고난을 당한다는 생각이 고대사회에 널리 퍼져 있었다. 이런 생각은 생명의 주체적 자유와 기쁨에 반하는 것이다. 그것은 스스로 하는 생명의 주체적 자발성을 부정하는 것이고 생명의 존엄과 상생 공존의 사랑을 모독하는 것이다.

히브리인들은 오랜 세월 불의한 고난을 당하면서, 고난에 대한 생각을 고치게 되었다. 몸과 맘으로 고난을 겪으면서 고난받는 사람의 삶의 자리에서 고난을 보고 고난 그 자체의 관점에서 고난을 이해하게 된 것이다. 여기서 비로소 고난받는 사람의 자리에서 고난을 중심에 두고 고난을 주체적으로 이해하게 된다. 고난을 중심으로 세상과 인간을 보게 된다. 고난받는 사람들의 고난은 우리 자신과 세상의 불의와 죄악을 보여주는 거울이다. 더 나아가서 그 고난은 그와 나와 우리의 생명을 치유하고 구원하는 사랑의 힘과 지혜를 일깨워준다. 겉보기에 고난받는 사람이 볼품없고 초라해 보이지만 깊이 들여다보면 고난받는 사람은 우리와 세상을 구원하는 위대하고 거룩한 신적 존재다. 고난받는 사람은 자신의 죄와 허물 때문에 고난을 받는 것이 아니라 우리 모두의 죄와 허물, 불의와 악행 때문에 고난을 받는다. 고난받는 사람은 세상의 병과 죄악을 치유하고 정화하기 위해 고난을 받는 것이다. 고난이 나와 다른 인간들을 치유하고 구원한다.

이것은 고난에 대한 가장 주체적이고 공동체적인 이해이고 해석이다. 고난에 대한 이런 적극적인 해석을 통해서 고난받는 사람과 함께 우리는 모두 절망과 죄의식에서 벗어날 뿐 아니라 분노와 슬픔에서 벗어나 생명의 근원과 중심으로 들어간다. 고난과 죽음에서 치유가 이루어지고 새 생명이 싹튼다. 파괴되고 손상된 생명과 공동체가 치유되고 살아난다. '고난의 종' 이야기는 생명의 진리를 찾아 헤맨 히브리 종교의 천년 역사에서 가장 깊고 높은 생명의 진리를 보여준다. 여기서 드러난 고난의 진리는 불의한 고난과 분노를 치유하고 생명의 근원과 목적으로 이끄는 길과 그 길로 나아갈 수 있는 지혜를 준다. 이것은 히브리 성경에서 가장 높은 봉우리를 이루며 예수의 십자가 고난과 죽음에 직결된다.

4. 예수의 분노와 생명 체험

1) 예수의 생명 살림 운동과 죽음

예수의 삶과 가르침에서 가장 두드러진 점은 가난한 민중, 이른바 죄인들인 세리와 창녀를 결코 치유와 구원의 대상으로 다루지 않았다는 것이다. 가난한 민중, 죄인이 치유와 구원의 주체로 나타난다. 예수는 병을 고쳐주고도 "네 믿음이 너를 살렸다."거나 "네 죄가 용서 받았다."고 함으로써 병든 죄인이 주체로 일어서게 하였다.(마가 2,9: 5,34) 그는 먼저 "가난한 사람들이 하늘나라의 주인이다.", "너희는 하나님의 자녀들이다."고 선언하고 가난한 민중을 섬기고 그들과 더불어 사귐으로써 공동체 운동을 벌였다.

안식일에 손마른 사람을 고치는 예수의 이야기를 소개한 마가복음 3장 1~6절은 그 시대의 상황과 생명을 살리는 예수의 자세를 잘

드러낸다. 당시 로마의 식민지였던 유대 나라는 정치 군사적으로는 로마의 지배를 받았으나 종교·사회적으로는 예루살렘 성전종교와 율법이 지배하는 나라였다. 로마 총독, 대사제, 율법(성경) 학자들, 부유한 특권 세력이 3중 4중으로 가난한 민중을 억압하고 수탈하였다. 특히 종교와 율법의 지배가 엄격하였다. 복잡한 종교예식과 율법 규율(정결법)에 어긋나면 부정한 죄인으로 낙인이 찍혀서 사람대접을 받지 못했다. 대다수의 가난한 민중은 복잡하고 세밀한 종교의식과 율법 규율을 지킬 수 없었고 죄인 취급을 당했다. 절대적인 가난 속에서 굶주리면서 외세의 정치 군사 문화적 억압을 당하고 종교적으로 억압과 소외를 당하는 유대 민중은 온갖 질병과 소외 속에서 살았다.

복음서에는 몸과 맘의 온갖 질병들이 나온다. 당시 유대 나라는 질병 박물관이라고 할 정도로 많은 질병이 들끓고 있었다. 예수 시대는 정치 군사 경제 종교 문화의 모든 세력이 총체적으로 가난한 민중을 억압하고 수탈하는 시대였다. 가난한 사람들을 사람으로 존중하기는커녕 억누르고 수탈하면서 죄인으로 낙인찍고 비난하고 저주하였다. 로마총독, 대제사장, 사두개파와 바리새파, 율법학자, 의회원들에게 가난한 민중은 억압과 수탈의 대상이고 비난과 저주의 대상일 뿐 결코 주체로 존중되지 않았다. 가난한 민중은 버림받은 존재들이었다. 굶주림과 질병, 학대와 소외 속에서 민중은 분노와 절망으로 시들어가고 있었다.

예수는 이들에게 생명 해방의 기쁜 소식을 전하고 죄를 용서하고 질병을 고쳐주며 이들을 새 나라의 주인과 주체로 일으켜 세웠고 이들의 친구가 되어 함께 먹고 더불어 사는 공동체 운동(하늘나라운동)을 벌였다. 예수는 자신을 사람의 아들(人子, 사람의 씨 올)로 부르고 가난한 사람들을 하나님의 딸/아들로 불렀다. 예수는 섬김을 받으러 온 것이 아니라 섬기러 왔다고 선언하였다. 겸허하게 섬김으로써 억눌리고 빼앗기고 버림받은 가난한 죄인들을 하늘나라의 주인과 주체로 세우려고 했다. 예수는 생명을 살리고, 죄를 용서하고, 병을 고치는 치유자로 나온다. 그는 밥상공동체 잔치를 벌이며 세리와 창녀와 사귀는 친구다. 그의 사명은 사람을 살리고 병을 고쳐서 절망과 죽음에서 일어서게 하는 것이다. 먹보와 술꾼이라는 비난을 들으며 기쁜 생명 잔치를 벌인다.(마 11:19, 눅 7:34) 그의 하나님 나라는 기쁜 생명 잔치로 표현된다. 그의 복음은 기쁜 소식이다. 그의 사명은 생명의 기쁨과 신명, 사랑과 평화, 생명의 본성과 목적을 실현하는 것이다. 예수는 병을 고쳐서 생명을 치유하고 살리며 밥상 잔치를 통해서 생명의 기쁨과 사랑을 나누는 이로 나온다.

그러나 생명을 살리는 예수와 적대적 대립 관계에 있는 이들이 있다. 제사장, 율법 학자, 부자, 의회원들은 거룩한 율법과 종교를 내세워 인간과 생명을 억압하고 착취하는 위선적인 지배 세력이다. 이들이 민중을 억압하고 수탈하여 민중은 병과 고통, 굶주림과 죽음의 위기 속에 있다. 이들은 안식일에는 아무 일도 하지 말고 쉬어야 한다는 안식일 법을 엄격히 준수하라고 주장한다. 그러나 하루 벌어 하루 먹고 사는 가난한 민중은 안식일 법을 지킬 수 없다. 본래 안식일 규정은 지나친 노동의 압박에서 인간을 해방하여 안식을 취함으로써 생명의 기쁨과 사랑을 회복하기 위해 제정된 것이다. 그런데 율법 학자들은 지나치게 엄격한 안식일 규정을 내세웠고 그 안식일 법을 지키지 못하는 가난한 민중을 죄인으로 규정하고 비난하였다. 생명을 해방하고 지키기 위해 제정된 안식일 법이 거꾸로 생명을 억압하고 파괴하는 법으로 바뀐 것이다. 더 나아가서 안식일에 예수가 병을 고치는 것도 안식일 규정에 어긋나는 죄를 짓는 행위라고 규탄하였다.

마가복음 3장 1절에서 손 오그라든 사람이 안식일에 예수께 고침을 받기 위해 나온다. 기성종교에 충실한 예수의 적대자들은 안식일에 병을 고치는 것이 죄를 범하는 것이라고 주장한다. 이에 대해서 예수는 안식일이 사람의 생명을 살리기 위해 있는 것이지 죽이기 위해서 있는 것이 아니라는 것을 분명히 밝혔다. 그리고 4절에서 예수는 사람들에게 "안식일에 착한 일을 하는 것이 옳으냐? 악한 일을 하는 것이 옳으냐? 사람을 살리는 것이 옳으냐? 죽이는 것이 옳으냐?" 하고 물었다. 5절은 "예수께서는 그들의 마음이 완고한 것을 탄식하시며 노기 띤 얼굴로 그들을 둘러보시고 나서 손이 오그라든 사람에게 '손을 펴라.' 하고 말씀하셨다. 그가 손을 펴자 그 손은 이전처럼 성하게 되었다."고 한다.

여기서 예수는 문제의 핵심을 착한 일을 하는 것과 악한 일을 하는 것, 사람을 살리는 것과 죽이는 것으로 단순하고 예리하게 제시한다. 착한 일은 생명을 이롭게 하는 것이고 악한 일은 생명을 해치는 것이니 사람을 살리고 죽이는 것과 겹친다. 역사와 사회의 모든 문제는 결국 생명을 살릴 것인가 죽일 것인가로 귀결된다. 이것은 역사와 사회를 넘어서 우주 안에서 가장 깊고 크고 근본적인 문제다. 살리는 것이 옳으냐, 죽이는 것이 옳으냐? 생명의 근본적 물음이고 우주 전체의 보편적 물음이다. 생명의 주체와 전체가 온전히 살게 하는 것이 진리이고 선이고 아름다움이며 사랑이고 정의이고 평화다. 생명을 살리고 제대로 살게 하는 것이 정치이고 경제이고 법이고 학문이고 철학이고 종교다. 어떻게 하는 것이 생명을 살리는 것인가? 생명을 제대로 깊이 이해하지 못하면 생명을 살릴 수 없다. 생명을 살리는 일은 어려운 일이다. 물질의 힘은 생명의 힘보다 훨씬 강하고 본능과 욕망의 힘은 지성과 영성의 힘보다 훨씬 크다. 물질의 힘과 유혹을 이기고 생명을 살리기는 쉽지 않고 욕망과 본능을 극복하고 지성과 영성을 살리기는 어렵다. 생명과 인성과 감정을 주체와 전체로 보지 못하면 생명을 살릴 수 없다. 어쩌면 생명의 근원과 중심인 하나님만이, 생명의 본성을 깊이 깨달은 이(부처)만이 생명을 살릴 수 있다. 그렇지 않으면 생명을 살린다면서 생명을 파괴하고 죽이게 된다.

역사에는 언제나 생명을 파괴하고 죽이는 세력이 있다. 생명을 살리는 예수는 생명을 죽이는 세력과 맞서 있다. 처음부터 예수가 일으키는 생명 살림 운동에 대해서 기득권 세력은 생명을 죽이는 세력으로 나타난다. 이들은 권력과 부를 위해서 종교 제도와 율법을 위해서 인간의 생명을 짓밟고 죽인다. 인간의 생명을 억압하고 수탈하며 짓밟고 인간을 죄인으로 낙인찍고 죽이는 세력에 대해서 예수는 분노한다. 민중을 살리려는 예수는 불의한 지배체제를 흔들고 불안정하게 만든다. 지배 세력은 끊임없이 예수를 잡아 죽이려고 벼른다. 불의한 기득권 세력에 대한 예수의 저항과 분노가 커질수록, 짓밟힌 민중을 살리는 하늘나라 운동이 확산될수록, 예수에 대한 지배 세력의 적대감과 불안도 커진다.

가난한 민중을 억압하고 짓밟고 죽이는 세력의 총본산은 예루살렘 성전이었다. 예수의 분노는 예루살렘 성전을 정화하고 숙청하는 것으로 이어진다. 그는 분노하여 예루살렘 성전을 뒤엎고 종교 장사꾼들을 내쫓는다. 대제사장과 로마 총독은 예수를 잡아서 십자가에 처형한다. 생명을 살리는 예수의 하나님 나라 운동은 예수의 십자가 죽음으로 비참하게 끝이 났다. 그러나 고난과 죽음, 절망과 분노가 생명의 끝이 아니다. 예수가 일으킨 생명 살림 운동, 하나님 나라 운동 속에서 예수는 부활하였다. 예수의 부활은 역사의 고난과 분노를 극복하고 치유하고 승화하는 삶에 대한 그리스도인들의 고백이고 선언이었다. 기독교인의 세례는 십자가에 달려 죽은 예수와 함께 죽고 부활한 예수와 함께 다시 사는 신앙의 다짐과 결단이다. 성만찬은 밥을 먹고 물을 마실 때 예수의 살과 피를 함께 먹고 마심으로써 죽은 예수의 생명과 정신을 살리고 이어가는 신앙의 행위다.

2) 예수의 분노와 생명 체험

예수의 분노는 생명을 살리려는 의분(義憤)이었다. 그의 분노는 그의 깊은 생명 이해와 체험에서 우러난 것이었다. 물질의 제약과 속박을 초월한 생명은 속에서 흘러넘치는 사랑이고 매임과 막힘이 없는 자유다. 그가 만난 하나님은 흘러넘치는 무한한 사랑과 자비를 지닌 친밀한 아버지 같은 이였다. 그는 친밀하고 다정하게 하나님을 '아빠'라고 불렀다. 그는 하나님을 향해서 그리고 히브리 신앙과 역사를 향해서 가난한 민중을 향해 한없이 열린 존재였다. 복음서에서는 놀랍

게도 예수의 사사로운 욕심과 감정을 찾아볼 수 없다. 개인의 욕심과 감정, 생각과 의식으로 닫힌 자아, ego, person을 찾아볼 수 없다. 예수를 움직이는 것은 하나님의 뜻을 이루려는 사명과 가난한 민중에게 복음을 전하려는 생각뿐이었다. 그에게는 ego, person과 같은 자아가 없는 것처럼 보인다. 그가 자아를 초월하여 하나님, 민중, 히브리 역사 전체와 하나로 통하는 삶을 살았던 것은 물질을 초월하여 모든 것을 하나로 통하게 하는 생명 체험을 하였기 때문이다. 그의 하나님 체험과 신앙은 근원적인 생명 체험이었다. 생명은 참된 주체이고 참된 전체다. 생명의 참된 주체와 전체는 생명의 창조적 근원과 중심인 하나님 자신이다. 그가 생명 체험을 통해서 하나님의 참된 주체를 만나고 그 주체와 하나로 되었기 때문에 "나는 길이고 진리고 생명이다."라고 선언할 수 있었다. 또한 생명 체험을 통해서 모든 것을 하나로 끌어안는 하나님의 품(전체 생명의 근원과 중심)에 이르렀으므로 서로 살리고 더불어 사는 하늘나라 운동을 벌일 수 있었다.

고정된 자아가 없이 밖의 타자를 향해 무한히 열린 존재였기에 그는 늘 흔들리고 움직이는 심정과 영혼의 사람이었다. 그는 누구보다 감정이 풍부한 사람이었다. 그는 슬픔의 눈물을 흘리고, 탄식과 번민을 자주 하면서도 늘 기쁨과 사랑으로 가득 차 있다. 흔들림 없는 달관에 이른 동양의 도인들과는 달리 성경의 위대한 인물들은 한결같이 불안과 동요 속에서 격동하는 인간들이었다. 아브라함, 모세, 엘리야, 이사야, 예수, 베드로, 바울은 모두 불안과 동요 속에서 감정의 격동을 느끼는 이들이었다. 역사와 하나님 앞에서 생명의 바다 속에서 그들은 어린이처럼 아파하고 흔들리면서 생명의 기쁨과 사랑,

주체와 전체의 근원과 중심인 하나님의 뜻을 드러내고 실현하려고 하였다.

피와 땀을 흘리며 기도하는 예수, "고민이 되어 죽겠다"는 예수는 흔들림 없는 달관에 이른 도통한 인간과는 거리가 멀다. 예수는 욕쟁이다. 생명을 짓밟고 죽이는 위선자들을 거리낌 없이 '독사의 자식, 여우들, 사탄의 무리들, 거짓말쟁이들, 음란한 세대. 회칠한 무덤, 위선자'라 부르고 적대자들을 향해서 악독과 거짓과 위선이 가득하다고 비판한다. 그는 거침없는 저항의 젊은이다. 그러나 흔들리고 고통스러워하는 예수, 번민하고 슬퍼하고 안타까워하는 예수는 한없이 섬세하고 부드럽고 연약하고 예민한 젊은이다. 십자가의 고난 속에서 "나의 하나님 나의 하나님 어찌하여 나를 버리십니까?"하고 절규하는 예수는 역사의 나락에 떨어진 버림받은 비참한 존재다.

그러나 그는 하나님과 이웃과 역사 앞에서 자아(ego)가 없는 한없이 열린 존재다. 함석헌의 풀이대로 "나의 하나님, 나의 하나님 어찌하여 나를 버리십니까?" 하는 예수의 십자가 절규는 개인의 절규가 아니라 과거와 현재와 미래의 모든 고통 받는 민중의 절규다. 예수의 고난과 죽음 속에 인류 역사의 고난과 죽음, 절망과 분노가 압축되어 있다. 그는 고립된 개인, ego, person으로 살지 않고 역사와 민중 전체를 몸과 맘에 품고 하나님과의 인격적 친밀함 속에서 하나님의 심정과 뜻을 자신의 심정과 뜻으로 살았다. 그는 가난하고 고통받는 민중의 삶과 하나로 살았다. 그는 생명의 근원과 중심에서 하나님의 품 안에서 생각하고 행동했기 때문에 민중의 심정과 처지에서 민중을 살리고 일으켜 세울 수 있었다. 하나님은 모든 생명 모든 인간의 참된 주체이고 전체다. 하나님 안에서 살았던 예수는 민중의 심정과 처지를 자신의 심정과 처지로 느끼고 살 수 있었다. 그에게는 민중이 남이 아니었다. 민중이 그의 몸과 맘속에서 살았고 그는 민중의 몸과 맘속에서 살았다. 함석헌은 예수를 가리켜 "너를 나라고 한 이"라고 하였다. 생명의 참된 주체인 '하나님의 나'는 사사로운 개인의 나가 아니라 나의 나, 너의 나, 그의 나가 하나의 나가 되는 전체의 나였다. 그는 생명의 이러한 나를 알고 그 나를 살았다. 그는 인간의 생명을, 자신의 인성과 몸을 깊이 체험하고 깨달았다.

영장류의 뇌에는 '거울 신경'이 있는데 거울 신경은 인간에게서 특히 발달했다. 거울 신경은 남이 하는 것을 보기만 해도 내가 하는 것처럼 작동한다. 거울 신경은 기계나 프로그램에 대해서는 반응하지 않고 생명에 대해서만 반응한다. 거울 신경에 비친 상대의 '나'는 나와 똑같은 '나'다. 거울 신경은 공감의 뇌 신경이며 인간의 생명은 서로 투영되어 있다. 생명에 대해서 공감하고 교감하는 거울 신경은 남의 생명을 내 속에서 느끼고 경험한다. 내 속에 다른 나가 있고 다른 나 속에 나가 있는 것이다. 거울 신경은 모든 생명의 근원과 주체인 하늘이 생명 속에 열린 것이다. 예수의 생명 체험은 자신의 인성 체험이고 하늘 체험이었다.

깊은 생명 체험을 한 예수는 생명의 아픔 속에서 깊은 고통과 감정을 느끼고 절절하게 표현했지만, 생명의 깊은 내면에는 기쁨과 자유, 사랑과 평화가 있었다. 복음서에는 전혀 상반된 예수의 모습과 언행이 나온다. 마치 두 얼굴의 사나이 같다. 하루에도 일곱 번씩 일흔 번이라도 용서하라는 말에는 분노와 미움의 감정이 없는 것처럼 여겨진다. 원수를 사랑하라고 하고 박해하는 자를 위해 축복하고 기도하라는 예수는 적을 향해 독사의 자식이라고 비난하며 분노하는 예수와는 전혀 다른 예수로 보인다. 눈이 범죄 하면 눈을 빼버리고 손이 범죄 하면 손을 잘라버리라는 가르침은 너무 단호하고 확고해서 흔들림과 불안 속에서 번민하는 예수와는 어울리지 않는다. 미워하면 이미 살인을 저지른 것과 같다고 하고 왼뺨을 때리면 오른뺨도 돌려대라 하고 겉옷을 달라면 속옷도 주라는 예수는 성전을 숙청한 예수가 아닌 것 같다.

예수가 위선자나 정신 분열 환자는 아니다. 야누스 같은 예수의 이중성은 그의 생명 체험과 역사와 민중에 대한 체험이 그만큼 역동적이고 격렬했으며 그의 삶과 생각과 행동이 민중의 삶의 현장에 충실했음을 시사한다. 하나님 안에서의 생명 체험은 기쁨과 자유, 사랑과 정의와 평화인데 불의한 역사 속에서 고통당하는 민중의 현실은 깊은 슬픔과 분노와 번민을 주었다. 태풍이 일어난 바다처럼 생명의 바다는 흔들리고 요동친다. 태풍의 중심은 아무 움직임도 없이 고요한 것처럼 예수가 체험한 생명의 중심에는 기쁨과 사랑, 정의와 평화만 있었다. 흘러넘치는 기쁨과 사랑의 임이신 하나님이 있었다.

5. 기독교에 대한 반성과 서로 배움

1) 불교와 기독교의 서로 배움

인간의 근본적인 불안과 분노는 물질적 제약과 속박 때문에 인간의 생명이 고난받고 죽어야 한다는 운명적 사실에서 생겨난다. 이 근본적인 불안과 분노에서 인간의 폭력이 나온다. 물질적이고 본능적인 욕구를 충족시키는 것으로는 인간의 근본적인 불안과 분노를 극복하고 치유할 수 없다. 물질에 토대를 둔 현대 산업 물질문명의 체계와 물질에 근거한 사회의 권리-의무 관계 안에서는 이런 불안과 분노와 폭력을 극복하고 치유할 수 없다. 아무리 완벽한 민주적인 정치 질서와 체계를 마련하고 정교한 사회 복지 체제를 완성해도 인간의 근원적인 불안과 분노와 폭력을 극복하고 치유할 수 없다. 인간의 근원적인 불안과 분노와 폭력은 생명 자체의 근원과 중심으로 돌아갈 때 극복되고 치유되고 승화될 수 있다. 생명 자체는 물질의 제약과 속박을 초월한 것이고 물질의 제약과 속박에서 해방되고 해탈하여 자유로운 것이기 때문이다. 스스로 하는 생명의 주체와 전체는 물질의 제약과 속박에서 벗어나 기쁘고 신명 나는 사건이며, 서로 살리고 공존하는 사랑이다. 생명의 근원과 중심에는 불안과 분노와 폭력이 없다.

어떻게 생의 근원과 중심에 생의 주체와 전체에 생 그 자체에 이를 것인가? 예수는 역사 속에서 고난받는 민중의 삶 속에서 생명의 근원과 중심에 이르렀다. 가난한 민중의 심정과 처지에서 역사의 중심에서 살았던 예수는 생명의 근원과 중심, 주체와 전체를 하나님으로 체험했다. 하나님은 분노하고 행동하는 생의 주체이며 전체다. 하나님은 모든 사람의 주체 속에서 주체를 살리고 일으켜 세우는 이다. 생명과 역사를 미생과 미완과 미결의 과정에서 고통받는 민중의 주체 안에서 보았기 때문에 생명과 역사의 근원과 중심이, 주체와 전체가 분노하고 사랑하고 행동하는 하나님으로 나타난 것이다.

석가는 중생의 고난을 관찰하고 성찰하고 관조하여 생의 보편적이고 궁극적인 진리에 이르렀다. 물질적 제약과 조건을 초월한 생의 근원에서 생의 중심을 본 것이다. 석가에게 생의 근원과 중심은 불성(佛性)으로 나타났고 불성을 깨달음으로써 석가는 물질의 제약과 속박과 물질적 욕망과 집착을 완전히 떨쳐버린 해탈과 자유의 세계 열반적정(涅槃寂靜) 니르바나에 이르렀다. 생명의 근원과 중심, 주체와 전체, 생 그 자체(眞如)라는 점에서 예수의 하나님(하늘나라)과 석가의 열반은 상통하는 것이다.

예수는 고난받는 민중의 삶과 분노를 주체로 파악하는 데서 시작했고 석가는 생의 근원과 중심에서 궁극적인 깨달음과 해탈의 자리에서 고난받는 민중의 삶과 분노를 구원하려고 했다. 예수는 민중의 고난과 분노를 주체의 자리에서 보았다면 석가는 중생의 고난과 분노를 전체의 자리서 보려고 했다. 예수는 고난받고 분노하는 민중과 함께 기뻐하고 괴로워하며 분노하고 싸우다가 민중과 함께 고난받고 죽었다. 석가는 생명 전체의 자리에서 병들고 고통당하는 중생을 깊이 이해하고 설득하고 깨우쳤다. 그러므로 그는 물질과 몸의 속박과 욕망에서 벗어나 고난과 분노를 초월하여 스스로 즐겁고 자유롭고 평화로운 경지에 이르는 길로 이끌려고 했다.

불교인은 예수에게서 민중의 고난과 분노를 주체로 보고 민중과 함께 고난과 분노를 극복하고 정화해 가는 자세와 열정을 배울 수 있다. 기독교인은 석가에게서 민중의 고난과 분노를 이해하고 이치에 맞게 설득하고 몸과 맘의 욕망과 집착에서 벗어나 생의 자유와 평화에 이르는 수행 방법과 과정을 배울 수 있다. 석가와 예수는 생의 근원과 중심에서 생의 주체와 전체의 자리에서 느끼고 생각하고 가르치고 행동한 분들이다. 석가가 전체의 자리에서 고난받는 주체를 설득하여 스스로 자신의 주체(불성)를 깨닫고 생의 근원과 중심에 이르게 했다면 예수는 주체의 자리에서 함께 고난받고 분노하고 싸움으로써 생의 근원과 중심(하나님 나라)을 고난받는 삶의 현장에서 열려고 하였다. 석가가 스스로 자신의 불성(생명의 본성)을 깨닫고 깨달은 이, 부처가 되어서 중생을 부처가 되는 길로 이끌었다면 예수는 스스로 고난과 죄의 짐을 지고 십자가의 고난과 죽음을 통해서 민중과 함께 서로 주체의 공동체적 사귐으로 나아가는 그리스도(보살)였다.

2) 기독교에 대한 반성과 세계평화의 길

21세기는 동서 정신문화의 합류가 합류하는 시대이며 민중이 나라와 문명의 주인과 주체가 되는 씨올의 시대다. 민주화, 과학기술화, 세계평화가 동시에 이루어지는 씨올·생명·영성의 시대다. 씨올의 시대는 기축시대 성현들의 가르침과 정신을 실현하고 완성할 수 있는 시대다. 석가와 예수가 아무리 위대한 삶과 정신을 드러내 보였다고 해도 그들의 시대보다는 오늘 우리의 시대가 훨씬 더 크고 위대하다.

생명의 역사는 죽은 과거를 되풀이하지 않고 자신의 역사와 삶 속에서 새롭게 창조하고 표현한다. 따라서 석가와 예수의 가르침, 불교와 기독교의 경전을 되풀이하거나 풀이하는 것만으로는 부족하다. 우리는 우리 시대의 사상과 정신과 철학이 필요하다. 동서 전통사상과 문화의 재고정리가 요구된다. 껍데기는 버리고 알맹이는 살려내야 한다. 특히 그 시대의 역사와 삶 속에서 형성된 기독교의 경전은 약점과 장점이 두드러지고 껍데기와 알맹이가 분명히 구별된다. 히브리 기독교 전통에서 구약성경이 말하는 분노와 전투의 신과 신약성경이 말하는 고난과 사랑의 신 사이에 단절과 벽이 느껴진다. 신의 사랑과 분노가 섞여 있는 것 같다. 분노하는 예수와 원수 사랑을 역설하는 예수 사이에 연속성이 없는 것 같다. 복음을 통해 선포된 자유와 평등의 높은 뜻과 유대교와 기독교의 종파적 배타성과 독단 사이에 단절이 크게 느껴진다.

오늘까지도 기독교에는 배타성과 독단의 정신이 지배한다. 이것은 생명의 깊이를 드러내는 기독교 정신의 껍데기인데 이 껍데기가 여전히 기독교와 교회를 지배한다. 개신교를 창시한 종교개혁자 루터와 칼빈은 자신들과 생각이 다른 신학자들을 향해서 "개들이 짖는다."느니 악마의 소굴이라느니 악담을 서슴없이 퍼붓는다. 루터는 생존을 위해 저항하는 농민군들을 무자비하게 살육하라고 선동하기도 했고 칼빈은 자신과 생각이 다른 신학자를 이단자로 몰아서 화형에 처했다. 이들의 독단성과 배타성은 히브리인들의 분노하고 투쟁하는 전통을 계승한 것이다. 아직도 이런 껍데기를 벗겨내지 못한 것은 예수의 복음을 깊이 이해하지 못한 탓이기도 하고 예수의 언행에서 드러난 분노와 욕설을 물려받은 탓이기도 하다. 2천 년이 지나고도 예수의 삶과 복음의 알맹이는 놓치고 껍데기만 붙잡고 있는 오늘 한국기독교의 모습이 딱하기도 하고 초라하기도 하다.

오늘의 한국기독교가 이렇게 된 까닭은 오늘 한국 기독교인들의 잘못과 책임이라고 생각하지만 예수 자신과 2천 년 기독교 역사가 근본적인 문제와 한계를 안고 있다고 생각되기도 한다. 예수의 복음이 아무리 심오하고 생동하고 아름답다고 해도 예수의 삶과 가르침 속에 시대적 한계와 제약이 있었고 오늘의 삶에 비추어볼 때 어떤 약점이 있었다. 동아시아의 유교 불교 도교의 전통에 비추어보면서 예수와 기독교의 전통을 반성해 보자. **첫째** 예수와 기독교 전통에는 생명과 본능, 감정을 닦고 정화하는 수행 전통이 없다. 예수가 밤새워 기도했다고 하고 자주 산에서 기도했다는 기록을 보면 예수 자신은 하나님과 깊은 영적 대화를 하며 자신의 몸과 맘에 신령한 기운을 품고 살았고 신령한 기운을 가지고 기도를 통해서 병자들을 고쳐주기도 했던 것 같다. 그러나 기도를 어떻게 하는 것인지는 알려지지 않았다. 제자들에게 주기도문을 가르쳐 주었지만, 그 기도문은 몸과 맘을 닦는 일에 대해서는 아무 시사도 하지 않는다. 히브리인과 예수는 절박하고 고통스러운 삶의 현장에서 살았기 때문에 명상하거나 수행하는 여유를 갖지 못한 것 같다. 이것은 말과 행동의 종교인 히브리 종교와 기독교가 지닌 결정적인 한계이고 약점이다. 불교와 동양 종교들로부터 몸과 맘을 닦는 명상 수행 전통을 기독교는 배울 필요가 있다.

둘째 예수는 차분히 생각하고 설득력 있게 설명하는 전통을 확립하지 못했다. 예수의 가르침의 방식은 비유와 상징과 이야기뿐이다. 과학적이고 철학적인 논리적이고 개념적인 논증과 설득과 설명이 없다. 예수의 가르침은 배타적이고 선언적이다. "나를 따르라."거나 하나님을 믿고 하나님 나라를 받아들이라고 했을 뿐 스스로 생각하고 이치에 맞게 판단하고 행동하라고 가르치지 못했다. 예수가 제자들에게 스스로 이치에 맞게 깊이 생각하는 것을 가르치지 못했기 때문에 예수가 죽은 다음에 죽은 예수가 하늘에서 구름 타고 올 것이라는 신화적인 기대를 하게 되었고 그런 터무니없는 기대가 오늘까지 많은 기독교인들의 생각을 지배하고 있다. 아무래도 히브리 예수의 전통에서는 긴박하고 절실한 고통의 현장에서 생각하고 말하고 행동했기 때문에 그리스철학이나 불교처럼 차분히 생각하고 명상하고 성찰하는 여유가 부족했던 것 같다. 21세기는 스스로 생각하고 결정하고 행동하는 민주의 시대이고 모든 것을 이치에 따라 합리적으로 생각하고 행동하는 과학의 시대다. 깊이 생각하고 서로 대화하고 설득하고 소통하지 않으면 민주 시대를 살 수 없다.

셋째 달관과 포용의 자세가 예수에게는 부족하다. 유교, 불교, 도교의 전통에 비추어볼 때 예수의 가르침에는 궁극적 해탈과 초월이 뚜렷하지 않다. 히브리 기독교 전통은 역사의 종교이므로 미완과 미생의 고통스러운 삶에 충실했다. 따라서 분노하고 저항하다 보니까 달관과 포용의 정신이 부족해졌다. 한 사람 한 사람이 주인과 주체가 되는 민주 시대이며 온 인류가 하나로 이어지는 지구화 시대인 오늘의 사회는 한 사람도 버리지 않고 주체와 주인으로 받들고 섬겨야 한다. 그러기 위해서는 지극히 겸허한 자세로 그리고 달관과 초연과 포용의 자세로 생각하고 말하고 행동해야 한다. 예수는 잃은 양의 비유를 통해서 구체적인 한 사람에 대한 사랑과 포용을 역설했으나 역사의 대립과 갈등 속에서 분노하고 저항하면서 달관과 포용의 자세를 일관성 있게 보여주지 못했다. 오늘의 시대는 분노 감정에 휘둘리지 않는 맑은 지성과 영성이 요구된다.

3) 분노 감정을 넘어서 자치와 협동의 시대로

오늘의 시대는 분노가 인간과 사회의 생존에 도움이 되지 않는 시대가 되었다. 모든 지식과 생각이 공유되고 온 인류가 하나로 이어지고 한 사람 한 사람이 주인과 주체로서 생각하고 판단하고 말하고 행동하는 시대에는 어떤 경우에도 분노가 도움이 되지 못한다. 물론 불의한 고난의 현실을 모두 침묵하고 외면할 때는 분노하고 저항하는 사람들이 필요하다. 분노와 저항이 사람들의 무딘 감성과 감정과 생각을 깨워주기도 한다. 그러나 민주적이고 과학적이고 세계 평화적인 시대에는 한 사람 한 사람의 인간이 스스로 생각하고 판단하고 행동하지 않으면 아무도 대신 생각하고 대신 판단하고 대신 행동하지 않는다. 자치와 협동의 시대에는 서로 주체로서 스스로 생각하고 행동하며 서로 설득하고 이해하고 협동하는 시대다.

서로 주체로서 자치와 협동을 이루어가는 민주 시대에는 분노가 아니라 대화와 소통, 이해와 설득이 요구된다. 인간 한 사람 한 사람이 나라와 역사와 세계의 씨올로서 무한책임을 지고 헌신하지 않으면 오늘의 인류 문제는 해결되지 않는다. 인류 문제는 나의 문제이고 우리 서로의 문제다. 내가 나에게 우리가 우리 자신에게 화를 내고 분노하는 것은 어리석고 의미 없는 짓이다. 근본적으로 철저히 생각해보면 오늘의 시대에는 인류의 근본 문제를 해결하는 데 분노가 도움이 되지 않는다. 오히려 분노는 문제를 더욱 복잡하게 만들고 분노는 더 큰 분노와 폭력을 가져와서 사회와 인생을 파괴하게 된다. 오늘의 시대는 분노 감정에 대한 근본적인 극복과 해결을 요구한다.

분노가 생명의 지탱과 증진에 도움이 되지 않는다고 생각하면 인간은 분노하지 않게 된다고 한다. 에스키모인 이누이트(Inuit)족은 절대로 분노를 드러내지 않는다고 한다. 누가 화를 내면 '애 같은 행동'이라고 나무란다는 것이다. 이들은 생존의 극한상황에서 분노가 아무 도움도 되지 못하고 생존에 해를 끼치는 것을 깨닫고는 절대로 분노하지 않게 되었다고 한다. 분노가 삶에 도움이 된다고 생각하니까 사람이 분노의 감정을 갖게 된다는 것이다. 오늘 인류는 과학기술의 발달로 생태계가 파괴되고 인류의 생존이 크게 위협을 받고 있다. 생태계와 인류와 사회국가 문명은 근본적인 변화와 위기를 맞고 있다. 근본적인 인류생존의 위기는 분노를 어리석고 유치한 행위로 만들고 있다. 분노가 자신을 해치고 파괴할 뿐 아니라 남을 해치고 파괴하는 어리석고 유치한 행위라는 것을 깨달을 필요가 있다.

인간의 감정은 생명의 표현이기 때문에 무시하거나 억압해서는 극복하고 초월할 수 없다. 분노의 감정을 깊이 이해하고 존중할 필요가 있다. 분노는 불의한 고난과 불공정한 사태에 대해서 생겨나는 생명의 자발적인 표현이다. 생명을 살리고 지키기 위해 분노가 생겨난 것이지만 분노는 거꾸로 생명을 해치고 파괴하기 쉽다. 생명의 근원과 중심의 자리에서 분노가 생명의 본성을 살리고 실현하는 데 도움이 되지 않는다는 것을 깨닫고, 분노의 감정을 정화하고 승화하여 하늘의 맑고 투명한 평화에 이르러야 한다. 탐진치를 멸하고 맑고 투명한 깨달음, 열반의 해탈에 이른 석가에게서 배움으로써 히브리 기독교 전통은 자신의 부족을 채우고 바로 잡을 수 있을 것이다.

4장

용서와 화해의 길

1. 생명과 인간의 자리에서 본 용서와 화해

생명의 차원에서

생명은 물질의 차원에서는 공존하고 상생할 수 없는 원소들이 공존과 상생과 통일을 이루는 새로운 존재의 구조를 이룬 것이다. 물질 세계에서는 서로 공존하고 통합될 수 없는 물질 원소, 요소들이 생명 세계에서는 공존, 상생, 통일을 이룬다. 물질세계에서는 서로 대립하고 배타적인 물질적 요소들이 생명의 몸(유기체)속에서는 서로 용납하고 평화롭게 공존하고 상생한다. 생명은 물질을 초월하여 상생과 공존, 용서와 화해의 현실과 구조를 이룩한 것이다.

생명은 용서와 화해의 구조이고 사건이다. 생명은 본래 자유로운 주체를 가진 것이며 주체는 내적으로 통일된 중심을 가진 것이다. 주체는 내적으로 통일된 초점을 지닌 것이다. 내적으로 통일된 중심으로서 생명은 주체의 깊이와 자유를 심화시킬 뿐 아니라 자기중심을 해체하고 초월하여 새롭고 큰 전체의 통일된 중심에 이르려고 한다.

개체 생명은 또한 전체 생명과 연락하고 소통하며 하나로 이어진 것이다. 생명의 본성과 목적은 주체의 자유로운 깊이에서 전체의 하나 됨에 이르는 것이다. 생명은 주체의 자유와 전체의 하나 됨을 향해서 늘 새롭게 자라고 고양되고 탈바꿈하는 것이다. 생명 세계에서 정의와 평화의 기준은 주체와 전체다.

물질은 자신의 본성을 유지하려는 타성에 젖어 있고 인과율의 법칙에 따라 생성 소멸하는 순환과정의 사슬에 매여 있다. 물질세계는 겉으로는 끊임없이 변하면서 속으로는 변하지 않고 있다. 물질은 물질에 의존해서 존재하고 움직이고 변화한다. 그러나 물질이 스스로 자라고 자신을 초월하여 새로운 세계를 열어 가지는 않는다.

생명은 물질 안에서 물질을 초월한 것이다. 생명은 물질의 세계를 초월하여 새로운 존재(차원)의 세계를 열었으면서 여전히 물질 안에서 물질에 의존하여 존재한다. 몸을 지닌 생명은 몸 안에 존재하며 몸은 물질에 의지해서 존재한다. 몸은 먹어야 산다. 몸 생명은 다른 물질과 생명의 에너지와 영양분을 이용해서 살아간다. 생명은 물질에 의존하는 존재이고 다른 생명체를 잡아먹고 산다. 생명은 살려는 강한 본능과 욕구를 지녔고 생명의 본능과 욕구는 물질에 토대를 두고 물질에 매인 것이다.

생명체들 사이에 먹고 먹히는 먹이사슬 관계가 성립하고 생존을 위한 본능과 욕구와 의지는 생명체들을 갈등과 대립 속으로 몰아넣는다. 내가 살기 위해서 남을 잡아먹고 남을 희생시켜야 한다. 물질에 대한 집착과 욕구, 생존 본능과 의지는 서로를 주체와 전체로 인정할 수 없는 관계로 이끌고 내가 살기 위해서 타자를 잡아먹고 죽이고 희생시키고 이용해야 한다. 물질에 대한 집착과 생존을 위한 본능은 생명의 주체와 전체를 실현하고 용서와 화해의 관계를 이룰 수 없게 한다.

생명의 진화와 인류의 역사는 물질적 본능적 갈등과 분열, 대립과 투쟁 속에서 용서와 화해의 길을 찾아서 주체와 전체를 실현하고 완성하는 생의 본성적 목적을 향해 나아가는 과정이다. 생명 진화와 역사는 갈등과 대립 속에서 용서와 화해를 통해서 생의 본래 목적을 실현해가는 과정이다.

먹음과 먹힘, 의지와 욕망의 충돌이 일어나는 생명의 세계를 현상적으로 단편적으로 보면, 적자생존과 약육강식의 세계다. 그러나 생명의 세계를 깊이에서 전체로 보면 큰 조화 속에서 희생과 공존과 상생이 이루어짐을 볼 수 있다. 동학의 2대 교주 최 해월은 생명 세계의 먹이사슬을 보고 어머니 같은 하늘의 심정에서 "하늘로써 하늘을 먹임"(以天食天)이라고 했고, 유영모는 희생과 상생의 자리에서 "자연은 서로 목숨 바쳐서 서로 죄와 더러움을 대신 갚아주고 씻어줌으로써 융성하게 된다."(自然相贖殷)고 했다.[18] 생명 세계는 자기부정과 초월을 통해 용서와 화해, 공존과 상생의 길로 나아간다.

생명 진화와 인류 역사는 겉보기에 갈등과 대립을 통해 발전한

---

18)   유영모 『다석강의』 현암사 2006. 568쪽. 1955년 4월 29일에 쓴 한시(漢詩)에 나오는 구절이다. '다석일지' 영인본 上. 참조.

것처럼 보이지만 희생과 양보, 용서와 화해를 통해 발전하고 진화하고 진보해 왔다. 포유류와 파충류를 비교해 보자. 파충류인 공룡은 자신의 생존 본능과 욕구에 충실하게 진화 발전했다. 침엽수들의 숲을 먹어 치움으로써 숲을 파괴한 공룡은 큰 몸집과 힘을 자랑하게 되었다. 생존 본능과 욕구에 가장 충실하고 가장 효율적으로 진화 발전한 동물이 파충류의 후손인 뱀이다. 이에 반해 포유류는 약하고 부드러운 길로 희생과 사랑의 길로 진화 발전했다. 자신의 몸속에서 새끼에게 살과 피를 나누어주고 자신의 젖을 먹여 새끼를 기르는 포유류의 모성애가 진화 발전의 원동력이었다. 포유류의 모성애에서 인간의 감성과 지성과 영성이 닦여져 나왔다.

공룡과 숲의 관계는 적대적이고 파괴적인 관계였다. 이에 반해 포유류와 꽃씨 식물의 관계는 상생과 공존의 관계였다. 꽃씨 식물은 아름다운 꽃, 달고 맛난 열매, 기름진 씨알을 포유류에게 주고 포유류는 꽃씨 식물들의 씨앗들을 온 세상에 널리 퍼뜨렸다. 꽃씨 식물과 포유류는 서로 살리며 함께 번성할 수 있었다. 포유류와 꽃씨 식물은 먹고 먹히는 약육강식의 생명 세계에서 서로 용서하고 화해하는 상생 공존의 평화 세계를 열었다.

할머니와 할아버지들, 어머니와 아버지들, 아내와 남편들, 노동자와 농민들을 보면 경쟁과 투쟁보다 희생과 양보의 길을 걸어온 것을 알 수 있다. 희생과 양보를 통해서 용서하고 화해하는 삶을 살아왔기 때문에 인류는 생존하고 번영할 수 있었다. 만일 부모가 자식과 경쟁하고 다퉜다면, 아내와 남편이 서로 경쟁하고 다투기만 했다면, 노동자와 농민이 경쟁하고 다투기만 했다면 인류는 일찍이 멸망했을 것이다.

인간의 차원에서

인간은 생존을 위한 본능적 욕망과 주장을 가진 존재이며 서로의 욕망과 주장 때문에 충돌하고 대립하는 존재다. 그러나 인간은 나와 너와 그에게 두루 통하는 진리를 탐구하는 지성을 가진 존재이며 나와 너와 그를 주체와 전체로 사랑하고 아우르는 초월적 얼(영혼)을 가진 존재다. 인간의 생명에는 본능과 지성과 영성이 있다. 본능은 생존을 위한 욕구와 충동이며 지성은 합리적이고 논리적 탐구이며 영성은 욕망과 충동을 초월한 자유다. 지능은 본능의 욕구를 따르는 꾀이며 지성은 영성을 따르는 이성이다. 본능은 저 자신에게 사로잡힌 것이며 영성은 저 자신에게서 자유로운 것이고 지성(지능)은 본능과 영성 사이에 있는 것이다. 본능은 저밖에 모르는 것이고 영성은 저를 넘어서 너를 너의 자리서 너로 보는 것이고 나와 너를 아우르는 전체의 자리서 너와 나를 주체로 보는 것이다. 본능의 욕구와 주장은 그리고 욕구와 주장을 따르는 꾀는 사람들을 서로 갈등과 투쟁으로 이끌며, 영성과 영성을 따르는 지성은 다투는 사람들을 용서와 화해로 이끈다.

용서는 자신의 욕망과 감정과 권리주장에서 벗어나 남의 생명과 존재를 있는 그대로 존중하고 받아들이는 것이다. 화해는 갈등과 다툼을 풀고 더불어 사는 것을 허락하거나 서로 위해 사는 길로 가는 것이다. 사람의 감각은 사물과 인간의 주체와 전체를 보지 못하고 표면과 부분을 볼 뿐이다. 이성은 다른 모든 존재를 인식과 사유의 대상으로 볼 뿐 주체로 보지 못하고 분석하고 분해하여 부분으로 볼 뿐 전체를 보지 못한다. 그러므로 욕망과 감각과 이성만을 가진 인간들은 서로 주체와 전체를 보지 못하므로 충돌하고 대립할 수밖에 없다. 따라서 중개가 필요하다. 중개는 서로 다투는 적대적 인간들의 대립하고 충돌하는 욕망과 감정, 이해(理解)와 생각, 권리 다툼과 이해(利害)관계를 조정하고 중재하여 용서와 화해에 이르게 하는 것이다. 용서와 화해를 위한 중개의 기준은 정의인데 정의의 기준은 생명의 본성과 목적인 주체와 전체다. 생명(인간)을 주체와 전체로 실현하고 완성하는 것이 정의다. 주체와 전체를 왜곡하고 훼손하는 것이 악이고 불의다.

2. 역사와 사회의 차원에서 본 용서와 화해

물질과 본능에서 영과 신(神)으로 올라가자는 것이다. 생명은 자기부정과 희생을 통해서 초월하고 진화한다. 생명 진화는 물질에서 영으로 올라가는 사다리다. 직선적으로 올라가는 사다리가 아니라 휘돌아가며 소용돌이치며 위아래로 오르내리며 올라가는 사다리다. 물질을 초월하려면 자기부정과 죽음의 희생을 통해 솟아올라 나아가야 한다. 물질, 본능, 폭력의 지배, 전쟁과 폭력의 역사 속에서 인간과 사회는 자기부정과 죽음, 희생과 고난을 통해서 용서와 화해를 통해서 주체와 전체가 일치하는 상생과 공존의 세계를 향해 나아간다.

국가의 차원에서

약육강식의 논리에 따라 약소국들의 희생을 바탕으로 권력과 부를 추구함으로써 제국주의 식민지 전쟁으로 나아가던 19세기에 헤겔은 국가를 특수성과 보편성이 통합된 객관 정신의 실현으로 보고 개인들은 국가에서 비로소 인간의 본성인 합일(Vereinigung), 연대와 공동성을 실현할 수 있다고 보았다. 그러나 이러한 헤겔의 국가론은 관념적이고 이념적인 국가론으로서 불의한 국가의 야만성과 폭력성을 외면한 이상적인 국가론으로 여겨진다. 프롤레타리아의 계급투쟁을 강조한 마르크스에 따르면 국가는 "지배계급이 그 계급적 이해를 지키고 피지배계급을 억눌러 두는 통치기구, 폭력적인 억압기구"였다. 막스 베버도 국가를 폭력(강제력)의 합법적 사용을 독점한 기구로 보았다. 그러나 국가를 폭력을 사용하는 기구로 보는 국가론도 국가를 구성한 인간들과 인간 공동체들의 삶에 내재한 욕구와 갈망, 지향과 목적을 외면한 국가론으로 여겨진다. 겉보기에는 국가가 지배와 착취를 위해서 생겨난 것처럼 보일지 모른다. 그러나 국가는 인간의 정신과 지적 능력이 발달해가고 생활영역이 확장함에 따라 자연스럽게 발전한 사회형태로 볼 수 있다. 인간과 인간 공동체의 필요와 갈망, 지향과 목적을 어떤 형태로든 국가는 반영하는 것이다.

국가는 권력투쟁과 계급투쟁을 거쳐서 형성된 것이면서 구성원들 사이에 불완전하게나마 용서와 화해가 이루어진 현실이다. 노예제 국가의 경우에 주인이 노예를 용서하고 받아들이지 않았다면, 노예가 주인을 용서하고 받아들이지 않았다면 노예제 국가사회는 성립할 수 없었을 것이다. 노예가 자신의 생존을 위해서라도 주인의 억압과 수탈을 감수하고 용납했기 때문에 주인과 노예의 공존이 가능했다.

그러나 이런 계급 국가사회를 정의로운 사회라고 말할 수는 없다. 이런 계급 국가사회에서는 강자와 권력이 곧 정의다. 이것은 거짓된 정의와 평화, 거짓된 용서와 화해다. 지배 세력이 제정한 국가의 법이 정의다. 신분과 능력과 업적에 따라 재산과 지위와 명예를 분배하는 것이 정의다(아리스토텔레스). 민주화된 국가에서는 생(인간)의 주체와 전체를 드러내고 실현하는 게 정의다. 인간의 주체와 나라(세계) 전체를 드러내고 실현하는 것이 정의이고 평화다.

정치는 이해당사자, 정치 세력들 사이의 이해관계를 조정하는 것인가? 서로 다른 계급들과 이해당사자들의 절충과 타협으로 형성된 국가라면 정치는 그들의 이해관계를 조정하는 것이다. 이것은 기득권을 정당화하는 정치다.

대한민국 헌법에서 말하듯 민주공화국(民主共和國)이고 주권이 국민에게 있고 국민에게서 나오고 국민의 존엄과 행복이 국가의 목적이라면 인간 생명의 주체와 전체, 국민민의 주체와 전체를 실현하고 진전시키는 것이 정치의 과제이며 그것이 용서와 화해의 기준이고, 정의의 기준이다.

역사와 사회에서 용서와 화해

억울하고 허망하게 죽은 사람들의 원한은 하늘과 땅에 역사와 사회에, 남은 사람들의 삶과 정신에 사무쳐 있다. 불의한 폭력과 전쟁을 통해서 죽은 사람들의 원혼을 어떻게 달랠 것인가? 원혼들은 어디 있는가? 역사와 사회 속에 그리고 사람들의 의식, 정신, 영혼 속에 달라붙어 있다. 원혼을 달래고 역사와 사회의 상처를, 인간들의 상처를 치유하고 바로 잡아야 한다.

먼저 역사적 진실 규명, 역사에 대한 바른 평가와 해석, 의미부여, 희생자들에 대한 물질적 배상과 명예 회복을 통해서 역사의 불의를 바로 잡아야 한다. 그러나 과거에 대한 탐구와 물질적 배상과 명예 회복만으로는 과거의 불의와 죄악에서 벗어날 수 없다. 원혼들의 원한과 저주에서 벗어나려면, 인간들의 감정, 생각, 영혼의 차원에서 원한 감정과 왜곡된 생각이 바로 잡히고 영혼의 깊은 상처가 치유되어야 한다. 본능(생존 욕구)과 감정과 생각과 영혼의 깊은 차원에서 치유와 갱신이 일어나야 용서와 화해에 이를 수 있다.

무당의 푸닥거리, 굿판은 인간의 본능과 감정을 어루만질 뿐 지성적 생각과 영성적 영혼(얼)의 얽힘과 상처를 풀어주지 못한다. 사회 역사적, 정치 문화적인 노력뿐 아니라 종교 교육적인 노력을 통해서 민(民)이 스스로 자각 하고, 치유하고 바로 서야 한다. 최 해월은 죽은 조상들에게 제사 지내는 향벽설위(向壁設位)에서 지금 살아 있는 나에게 제사 지내는 향아설위(向我設位)로 바꿔야 한다고 말했다. 지금 살아 있는 사람들이 중요하다는 말이다. 나와 우리의 감정과 생각과 영혼을 치유하고 바로 세우는 일이 중요하다. 그래야 생의 참된 주체와 전체에 이르러 진정한 용서와 화해에 이를 수 있다.

전쟁과 폭력, 경쟁에서 가해자, 승자와 피해자,
패자의 용서와 화해

승리한 군주만이 패배한 적을 용서하고 화해(사랑)할 수 있다. 적
을 죽이지 않고 포로와 노예로 삼는 것도 용서와 화해의 방식이다.
국가사회의 경쟁에서 승리한 강자와 패배한 약자 사이의 용서와 화
해, 중재와 조정도 강자 중심으로 이루어진다.

고난받는 패자, 피해자 중심의 종교적 화해

승리한 강자가 주도하는 용서와 화해는 매우 제한적인 것이다. 이
에 반해 이스라엘 역사와 기독교에서 드러난 패배한 피해자의 용서
와 화해는 근본적이고 철저하다. 이스라엘 민족은 강대국 이집트, 아
씨리아, 바빌론, 페르시아, 시리아, 로마의 식민지가 되거나 억압과 수
탈의 대상이 되었다. 이스라엘 종교의 진리는 불의한 역사 속에서 고
난을 겪으면서 닦아낸 것이다. 이사야 53장 고난의 종 이야기는 고난
받는 자의 고난을 통해 용서와 화해, 자각과 구원, 정의와 평화에 이
르는 길을 보여준다.

고난의 종에 비추어 기독교도 예수의 십자가 고난과 죽음에서 용
서와 화해, 자각과 구원, 정의와 평화에 이르는 길을 보여주었다. 여기
서 고난받는 자의 고난은 세상의 죄와 불의를, 인간들의 실상과 정체
를 보여주는 거울이다. 고난의 종, 예수의 고난에서 나와 우리, 세상
을 보고, 용서와 화해의 길로 나아간다.

용서와 화해에 대한 동서양의 철학적 정치 문화적 차이

용서와 화해, 중개를 논할 때 철학적 인식론의 문제를 검토해야 한다. 감각과 이성은 주체와 전체를 인식할 수 없다. 감각은 언제나 표면과 부분을 감지할 뿐, 주체와 전체를 감지할 수 없다. 인식과 사유의 주체인 이성은 모든 사물과 생명과 인간을 대상화, 타자화할 뿐 주체로 파악하지 못하고 인식과 사유의 주체인 이성 저 자신마저 대상화하고 타자화한다. 그리고 이성은 모든 대상을 분해하고 분석함으로써 부분화한다. 따라서 이성도 주체와 전체를 인식하지 못한다.

땅의 물질세계에서 인간들 서로의 주체는 충돌하고 대립한다. 주체와 전체가 일치하는 자리는 하늘(하나님)이다. 하늘은 정의와 평화의 자리이며, 용서와 화해의 근거와 목적이다. 하늘은 주체의 한없는 깊이와 자유 그리고 전체의 하나 됨을 나타낸다. 하늘을 인식하고 하늘에 가까이 가고 하늘과 관계하고 사귀고 소통할 수 있는 것은 영성, 얼이다.

용서와 화해, 중개를 논할 때 동서양의 정치 문화사적 차이 종교 철학적 차이를 검토할 필요가 있다. 정치종교문화의 차이가 용서와 화해, 중개를 이론적으로나 실천적으로 규정하고 제약할 수 있다. 한국의 건국 신화에 따르면 하늘을 열고 나라를 세운다. 한국인은 '한'(하늘, 한님, 큰 하나)을 품은 민족이다. 한국인의 '한'은 하늘, 하나님, 큰 하나를 가리키는 말이면서 한민족을 지칭하는 말이다. 한국인은 하늘을 우러르고 숭배하는 종교문화의 전통을 가지고 있다. '하나'로 되려는 열망을 지니고 있으며, 하나를 느끼지 못하면 갈라지는 경향도 있다. 심정적으로 용서와 화해를 지향하면서도 한번 갈라지면 회복하기 어려운 경향도 있다. 동양에서는 인간의 본성과 하늘의 본성을 일치시킨다. 본성을 갈고 닦음으로써 상생과 평화의 하늘길을 간다.

그리스·로마의 건국 신화에 따르면 하늘을 제거하고 거세하며 전복함으로써 나라를 세운다. 서양에서는 권력투쟁과 계급투쟁을 통해 권리를 확보하고 권리를 지키는 법을 제정하고 권리와 법을 지키는 것을 정의라고 한다. 권리주장과 요구는 갈등과 다툼을 낳는다. 여기서 조정과 중재는 매우 현실적이고 구체적인 의미를 지니며, 제한된 화해에 이른다.

그리스와 히브리 전통의 용서와 화해와 중재

고대 그리스는 엘리트 지배 귀족과 농민 세력의 정치적 동맹으로 폴리스 국가를 형성했다. 이들의 정신과 철학은 에로스와 로고스의 철학이다. 에로스는 본능의 욕구와 결핍, 충동과 갈망을 추구하는 것이며, 로고스는 계산하고, 이치에 따라 설명하는 능력이다. 그리스 역사는 권력투쟁과 계급투쟁을 통해서 전개되었고, 전쟁과 군대의 현실과 상황에서 정치 사회적 경쟁의 현실에서 합리적으로 계산하고 논리적으로 설득하는 로고스적 사유가 발달했다. 전략과 효율을 추구하는 로고스의 사유가 발달했다. 그리스철학은 물질적 본능적 형이상학적 욕구(에로스)와 냉정한 객관적 합리적 계산적 이성의 결합으로 탄생했다. 그리스의 정치에서 용서와 화해는 서로의 욕망과 주장을 합리적으로 조정하여 타협과 절충에 이르는 과정이었다.

떠돌이였던 히브리인들(이스라엘)의 종교 문화적 전통은 강대국과 지배계급의 불의한 억압과 수탈 속에서 고난을 겪는 과정에서 형성되었다. 생명과 정신이 부당하게 억눌리고 수탈당하는 현실은 먹거리와 물질적 재화의 결핍과 사랑과 진리, 정의와 평화의 부재를 절감하는 현실이었다. 이런 고통스러운 결핍의 현실에서 그들은 존재의 충만과 생명의 사랑이 넘치는 하나님을 믿고 기다렸다. 존재와 사랑이 넘치는 것은 생명의 본성이며 목적이다. 물질세계는 엄격하게 인과관계와 법칙이 지배하는 기계적이고 법칙적 세계지만 생명의 세계는 존재와 사랑이 흘러넘치는 세계다. 히브리인들의 하나님은 아쉬움과 부족함에서 세상을 창조한 것이 아니라 존재와 생명, 사랑과 은총의 넘침으로 자신의 존재와 생명, 사랑과 은총을 나누고 싶고 사귀고 싶어서 세상과 인간을 창조했다. 이러한 신의 사랑은 흘러넘치는 사랑, 조건 없이 값없이 주는 아가페 사랑이다. 아가페는 생명과 영혼의 흘러넘침이다. 그리스의 정신과 철학에는 에로스와 로고스가 있을 뿐 아가페는 없다. 예수의 사랑은 아가페 사랑이다. 아가페에 근거한 용서는 아낌없이 제한 없이 베푸는 것이다. 예수는 "하루에 7번씩 70번이라도 용서하라"고 했다.

생명과 사랑이 넘치는 창조자와 불의한 제국이 지배하는 고난(억압과 수탈)의 현실 사이에 질적 간격과 차이가 있다. 이스라엘 종교와 기독교는 불의한 현실 속에서 고난을 겪으면서 정의로운 신이 다스리는 용서와 화해의 나라가 오기를 믿고 기다리는 종교였다.

3. 국가 문명을 넘어선 용서와 화해

국가 문명의 극복, 기축 시대의 정신

국가 문명의 생산력이 발달하고 지배와 정복을 위한 국가들의 전쟁과 폭력이 고조되었을 때 동서양에서 거의 동시에 성현들이 나타나 새로운 정신과 철학을 제시했다. 이 시기를 기축(基軸) 시대라고 한다. 그전까지는 자연에서 영원한 생명과 힘을 찾거나 국가와 국가권력(왕)에서 영원한 생명과 불멸의 가치를 찾으려 했다. 그러나 기축 시대의 성현들은 인간의 내면에서 이성과 영성에서 영원한 생명과 불멸의 가치를 찾았다. 이들은 인간의 주체적 깊이에서 전체 생명과 통하는 보편적 가치와 진리를 발견했다. 이들은 인간을 주체와 전체로 파악한 것이다. 이들의 윤리는 "내가 싫은 것을 남에게 하지 말라"는 황금률(黃金律)로 표현되었다. 인간은 서로 주체이므로 입장을 바꿔서, 상대의 입장과 처지에서 생각하라는 것이다. 용서와 화해는 서로 입장을 바꿔 생각하는 데서 시작된다. 입장을 바꿔 생각하는 것은 윤리 도덕의 가장 높은 경지이면서 가장 낮은 출발점이다.

헌법의 최고 가치: 인간의 존엄과 권리주장

대한민국 헌법이 지키려는 최고 가치는 인간의 존엄이다. 기본권의 바탕이 되는 존엄과 가치는 인간에게 주어진 것이고 타고난 것이면서 스스로 존엄하고 값진 인간이 되고 그런 인간을 창조하고 갱신하고 낳아야 하는 것이다. 인간의 고귀한 생명과 정신은 타고난 것이고 주어진 것이면서 스스로 그런 생명과 정신으로 되고 스스로 그런 생명과 정신을 창조해야 한다는 것이 생명 진화와 역사의 원리이고 진리다.

따라서 서로 남에게 자신의 권리를 주장하기만 하고 남의 권리를 존중하고 지켜주지 않으면 아무도 권리를 존중받고 지킬 수 없다. 권리를 주장하기에 앞서 권리를 존중하고 지키는 의무를 수행해야 한다. 생명(生命)은 말 그대로 명령, 사명(使命)을 받은 것이다. 의무가 권리보다 근원적이다. 의무는 법의 강제에 앞서 존재와 생명과 영혼의 넘침에서 자발적 헌신적으로 기꺼이 수행할 수 있어야 한다. 서로 권리 주장에만 힘쓸 경우, 용서와 화해에 이르기 어렵다. 생의 자발성과 헌신성, 아낌없이 베푸는 아가페와 의무는 용서와 화해의 동인이며 바탕이다.

억압과 수탈의 중개(브로커)체제를 극복한 하나님 나라

로마와 유대 종교의 브로커체제를 타파하고 예수는 하나님과 인간, 인간과 인간이 브로커 없이 직접 소통하고 사귀는 하나님 나라를 실현하려고 했다. 브로커 없는 나라, 사람마다 신과 직접 만나고 사귀며 형제자매로 서로 직접 사귀는 나라다. 당시 로마제국의 브로커체제는 황제와 민중 사이에 부와 권력을 매개하는 체제로서 억압과 수탈의 체제였다. 이것은 민의 주체를 거부하는 체제다. 당시 유대교는 제사장과 성전이 하나님과 민중을 매개하고 민을 수탈하는 브로커체제였다. 바리새파와 율법 학자들은 성경해석을 독점함으로써 성경(진리)과 민중을 매개하고 민중을 소외시켰다. 예수는 종교적 브로커체제를 타파하고 민중을 직접 성경의 진리와 대면케 하려고 했다.

예수는 이런 중개를 거부하고 신과 인간, 인간과 인간이 직접 만나서 용서와 화해에 이르게 한 중개자다. 그는 모든 중개와 중개자를 없애는 중개자였다. 예수의 하나님 나라는 아가페 사랑에 기초해서 조건 없는 용서와 화해를 통해서 주체와 주체가 서로 주체로서 전체의 하나 됨에 이르는 나라였다.

피해자와 가해자의 용서와 화해

고난의 종(이사 53장)과 예수의 십자가는 피해자의 고난에서 하나님(하늘)을 만나도록 초대하며 하나님을 만나서 용서와 화해에 이르게 한다. 고난받는 희생자의 눈에 비친 '나의 모습'을 눈부처(eye Buddha)라고 한다. 고난받는 피해자가 자신과 가해자의 실상을 드러냄으로써 가해자를 용서와 화해의 길로 초대한다.

인도의 불가촉 천민 신학자이며 해방운동가인 존 자야하란(John Jayaharan)은 한국에 와서 '용서하는 달릿 민중'(Forgiving Dalit People)이란 논문을 발표했다.[19] 그에 따르면 불가촉천민인 달릿은 과거에도 용서를 잘했고 지금도 용서를 잘하기 때문에 인도 사회가 평화롭게

---

19) 1997년 5월에 한신대에서 모인 '민중신학과 달릿 신학의 대화'에서 발표한 미간행 논문이다.

유지될 수 있었다. 그에게 달릿 신학과 해방운동의 표어는 "우리는 당신들을 사랑하고 이해하며 서로 용서하고 화해해서 정의롭고 평화롭게 살고 싶은데 왜 당신들은 우리를 이해하고 사랑하려고 하지 않는 것이냐?!"는 것이다. 존은 고난 받는 피해자 중심의 용서와 화해를 매우 강력하게 제시하면서 피해자와 가해자가 서로 주체로서 용서와 화해에 이르러야 함을 역설하고 있다.

대한민국 헌법전문에서 밝혔듯이 삼일운동은 한국의 정신과 정통성을 위한 근거가 된다. 삼일운동은 식민지 백성의 독립운동이다. 삼일독립선언서와 삼일운동은 피해자인 한국 민족이 한국의 독립을 전제로 가해자 일본에게 용서와 화해로 초대하는 선언이고 운동이었다. 삼일운동은 민족과 국가 사이의 갈등과 문제를 넘어서 가해자와 피해자가 서로 주체로서 동아시아와 세계의 평화를 지향하는 운동이었다. 이것은 국가주의의 울타리를 넘어서 국가와 국가의 공존과 평화의 세계를 여는 운동이었다.

용서와 화해는 주체와 주체 사이에 서로 주체로 인정하고 존중하면서 전체 하나 됨에 이름이다. 영화 '밀양'은 피해자의 용서와 가해자의 거부를 통해 용서와 화해의 모순을 보여주었다. 어린 아들의 납치 살해범에 대한 원한과 복수심을 겨우 극복하고 용서하고 화해하기 위해서 교도소를 찾은 피해자 어머니에게 납치 살해범은 예수 믿고 하나님으로부터 용서를 받았기 때문에 어머니의 용서는 필요 없다고 뻔뻔하게 말했다. 납치 살해범의 뻔뻔한 대답에 피해자 어머니는 절망하고 용서와 화해를 할 수 없었다.

4. 서로 주체의 용서와 화해

고난받는 타자 중심의 철학

오늘날 서구철학자 가운데 인간관계와 주체에 관해 가장 깊고 새로운 통찰을 준 철학자로 존경받고 연구되는 사람은 에마누엘 레비나스(Emmanuel Lévinas)다. 그는 고난받는 타자 중심의 철학을 제시했다. 유대인 철학자 레비나스는 5년 동안 독일군 포로 생활을 했던 고난의 경험을 바탕으로 타자의 주체와 존엄을 강조하는 윤리 철학을 제시했다. 레비나스는 인간의 주체가 이성적 관념과 사회적 욕망에 의해 지배되고 포획되는 것을 방지하고, 타자에 의해서 동일화되는 것을 막기 위해서 타자의 타자성을 "무한히 선험적이며, 무한히 이질적이다."라고 주장했다.[20] 레비나스가 존재의 동일성과 전체성을 부정하고 타자의 선험성과 이질성을 강조한 것은 타자의 주체성과 주체의 초월성을 지키기 위한 것이지만 레비나스의 철학은 공동체적 협동과 사귐에 이를 수 없다. 나의 이웃인 타자가 무한히 초월적이고 이질적인 존재로 남아 있는 한 '나'와 가까이 사귈 수도 없고 서로 협동할 수 없기 때문이다.

레비나스의 철학에서는 타자의 초월성이 지나치게 강조되고 '나'의 자리는 지나치게 약화되고 좁아졌다. 그의 철학에는 개인적 이성적 주체의 지배와 국가 사회주의적 권력의 전체주의적 폭력에 대한

---

20) 에마뉘엘 레비나스, 서동욱 역, 『존재에서 존재자로』(서울: 민음사, 2009) 7~8, 148, 160~163, 215쪽 이하 참조.

저항과 부정이 담겨 있다. 2차 세계대전에서 히틀러와 나치스의 국가주의적 폭력을 경험한 레비나스의 철학은 인간 이성의 주체와 국가사회 집단의 전체에 대한 부정과 거부를 담고 있다. 그의 철학과 정신의 바탕을 이루는 탈무드와 히브리 전통은 제국주의적 지배와 폭력에 대한 아픈 경험과 저항 속에서 형성되었다. 이 전통에서 하나님은 영원한 타자로서 제국주의적 집단의 주체와 피압박 민족의 주체를 압도한다. 유대인 철학자 마틴 부버가 '영원한 너'를 중심으로 '나'를 이해하고 규정했듯이 레비나스도 무한히 초월적이고 이질적인 타자를 중심으로 '나'를 이해하고 규정한다. 이것은 매우 소극적이고 편협한 주체이해다. 이런 서구철학에서는 자조(自助)와 협동을 강조하는 공동체와 협동조합의 철학, 상생과 공존에 이르는 서로 주체의 철학이 나오기 어렵다.

서로 주체의 용서와 화해

씨올사상을 정립한 유영모와 함석헌은 레비나스와 마찬가지로 제국주의적 지배와 폭력을 경험했고 히브리 기독교 전통을 깊이 받아들였으면서도 동양과 한국 정신문화를 바탕으로 주체인 '나'를 중심으로 철학을 형성했다. 씨올은 '나와 너와 그' 각각의 스스로 하는 주체로서의 '나'이고 더 나아가서 나와 너와 그를 전체로서 함께 나타내는 '큰 나', '한 나'이다. 주체인 '나'의 깊이에서 전체 하나의 '참 나'를 추구한 유영모 함석헌의 씨올사상은 자유로운 주체를 지켰다는 점에서 레비나스와 일치하지만 '나'의 전체성과 통일성을 강조했다는 점에서 레비나스와 구별되며 레비나스를 능가한다. 또한 레비나스가 '타자의 주체'를 강조하고 나의 주체를 적극적으로 말하지 못한 데 반하여 씨올사상은 나의 주체와 타자의 주체를 서로 주체로서 강조하였다.

동양종교철학에서는 범아일여(梵我一如), 천인합일(天人合一)을 말함으로써 인간의 본성(영혼)과 하늘의 본성(신)이 일치함을 강조했다. 하늘(또는 신)과 인간의 동일성을 강조하는 동양의 일원론적 철학은 유기체적이고 전일적인 생명철학의 토대가 될 수 있다. 그러나 천(天)과 신(神)이 운명적 전체를 나타내고 천과 신에 대한 인간의 순응과 복종을 강조할 경우, 개인의 개성과 자유를 약화시키고 역사와 사회의 변혁을 가로막을 수 있다. 동양의 일원론적 철학도 용서와 화해, 자조와 협동의 공동체에 이르는 서로 주체의 철학에 이르기 어렵다.

용서와 화해는 일방적이어서는 안 된다. 언제나 서로 주체로서 서로 용서하고 서로 화해해야 한다. 씨올사상은 사람을 우주와 자연 생명 진화와 인류 역사의 씨올로 본다. 사람 속에 우주 역사, 생명 진화, 인류 역사가 압축되어 있다는 것이다. 오늘날 이것은 과학적으로 천문물리학, 생물학, 심리학에서 확인하는 사실이다. 사람 속에 생명과 정신의 무궁한 생명과 존엄한 가치가 들어 있다. 사람이 씨올이라는 말은 사람은 서로 주체라는 말이다. 생명의 씨올인 사람은 주체의 깊이에서 전체의 하나 됨에 이르는 존재다. 사람은 서로 자신의 생명과 가치를 실현하고 완성함으로써 서로를 살리고 구원할 존재다.

5. 중도(中道)와 중개(仲介)에 대하여

가온찍기와 줄곧 뚫림: 주체의 깊이와 전체의 하나 됨

민주화, 산업화, 세계화가 동시에 이루어지는 시대에 용서, 화해, 중개는 서로 주체로서 전체의 자리서 이루어져야 한다. 이 시대에 용서와 화해와 중개의 동기와 목적은 서로 주체의 깊이와 자유에서 전체의 하나 됨에 이르는 것이다. 어떻게 주체의 자유와 전체의 하나 됨을 일치시킬 수 있을까?

다석 유영모는 가온찍기와 줄곧 뚫림을 말하였다. 사람의 몸속에 우주의 역사와 생명 진화의 역사가 압축되어 있고 맘속에 인류 역사가 새겨져 있다. 사람의 몸은 우주와 자연 생명 세계의 중심이고 맘은 인류 역사와 사회의 중심이다. 사람의 몸과 맘속에는 영원한 신적 생명의 불씨가 타오르고 있다. 몸과 맘의 중심을 파고들면 서로 주체로서 용서와 화해의 길을 열 수 있다. 유영모는 욕망과 허영, 근심과 망상으로 부푼 맘을 한 점으로 줄이고 그 한 점의 가운데를 찍는 가온찍기를 통해서 위로 하늘(하나님)과 줄곧 뚫리고 옆으로 이웃, 만물과 줄곧 뚫려 있으려고 했다. 이것이 하늘을 열고 가운데 길(中道)을 여는 것이다.

가온 찍기를 통해 줄곧 뚫리면 주체의 깊이와 자유(개성)에서 전체의 하나 됨에 이를 수 있고 서로 주체로서 용서와 화해의 길로 갈 수 있다. 이것이 스스로 가운데를 열고 하나 됨에 이르는 길이다. 남이 중개해서 용서와 화해의 길로 가는 것은 한계가 있다. 가운데 길(中道)

을 열고 가운데 길로 가는 것은 남이 해 주기 전에 각자 스스로 해야 한다. 가운데 길로 가서 용서와 화해의 길을 여는 것이 구원에 이르는 것이다. 가온찍기와 줄곧 뚫림은 스스로 자신의 속의 속에서 가운데 큰 길을 열고 용서와 화해의 길로 가는 것이다.

가운데 길(中道)과 과녁의 가운데를 맞힘(的中)

가운데 길로 가야 서로 죽임과 멸망의 길에서 벗어나 서로 살림과 평화의 길로 갈 수 있다. 가운데 중(中)이란 무엇인가? 먼저 자연 물리 세계의 가운데를 알아보자. 선분과 평면에서 가운데는 중간(中間)이고 입체 공간에서는 중앙(中央)이고 시공간(역사)에서는 앞으로 나아가서 목표와 과녁의 가운데를 맞추는 것(的中)이다.

평면에서는 가운데가 정해지면 다른 곳은 가장자리가 된다. 가운데가 중심, 중앙이 되고 나머지는 주변으로 밀려나고 소외된다. 그러나 입체의 공간 세계로 한 차원 올라가면 새로운 가운데 중앙이 생긴다. 그렇게 되면 평면에 있던 중심 중앙과 지방 변두리는 다 함께 변두리가 되고 새로운 중앙이 생겨난다. 새로운 중앙은 평면에 있는 모든 자리를 통합하고 하나로 모으는 중심이다. 땅의 평면에서 하늘의 입체로 솟아오르면 새로운 중심이 열린다. 하늘의 중심이 땅의 평면에 있는 모든 중심들을 통합하는 참된 중심이다. 참된 중개는 가운데 길을 여는 것이며 가운데 길은 하늘로 솟아오름으로써 서로 다른 쌍방을 통합하는 새로운 중심을 열고 가운데 길로 가는 것이다.

생명 세계와 정신세계에서 가운데 중(中)은 주체의 내적 중심(中

心)을 가리킨다. 모든 생명체는 저마다 주체이고 남이 대신할 수 없는 통일적 초점, 중심을 가진다. 제가 제게 중심이다. 생명과 사회의 관계는 개인과 집단의 주체와 주체의 관계다. 저마다 자기중심을 가진 주체와 집단이 직선과 평면에서 만나면 부딪치고 깨질 수밖에 없다. 어느 한쪽의 중심만 남고 다른 중심은 제거되거나 짓밟히고 만다. 입체공간의 중앙에서 만나는 경우에도 저마다의 중심은 전체 하나의 중앙에 있는 중심 속에 해소되어 사라지고 만다. 시공간 세계에서 과녁과 목표의 중심을 향해 나아가듯이, 저마다 제 중심을 가진 주체와 집단들이 새로운 미래의 공동 이념과 목표 속에서 하나의 중심을 향해 나아갈 때 비로소 저마다 제 중심을 지키고 살리고 실현하면서 전체 하나의 중심에서 만날 수 있다.

서로 다른 주체와 집단이 공존과 상생의 평화 세계에 이르려면 서로 다른 주체와 집단의 중심을 넘어서 서로 하나가 될 수 있는 새롭고 큰 중심에 이르러야 한다. 서로 다른 주체 사이에서 서로의 중심과 경계를 넘어서 솟아올라 앞으로 나아가서 전체 하나 됨의 새로운 중심을 열어야 한다. 솟아올라 앞으로 나아가서 새로운 중심을 여는 것이 하늘을 여는 것이고 새 나라를 세우는 것이다. 서로 살림과 평화의 이념과 목적을 가지고 하나의 중심을 향해 나아갈 때 비로소 서로 저마다 저답게 될 수 있다. 또한 나는 나답게 너는 너답게 되어 보다 높고 더 나아간 자리서 하나 됨에 이를 수 있다.

서로 살림과 평화의 새로운 큰 중심에 이르려면 저마다 저답게 되면서 저를 넘어서, 욕심과 집착, 편견과 감정을 버리고 솟아올라야 하고 낡은 과거의 전통과 이념에서 벗어나 앞으로 나아가야 한다. 다석은 서로 다른 주체와 주체의 사이에서 가운데로 솟아올라 나아가라고 했다. 서로 다른 주체와 주체의 사이에서 가운데로 솟아올라 앞으로 나아가는 것이 가운데 길로 가는 것이다. 솟아오름은 자기의 중심을 넘어서 너와 나의 사이 경계에서 새로운 큰 중심으로 솟아오르는 것이다. 그것은 욕망과 감정, 물질적 이해관계와 권력관계를 뛰어넘어 너와 내가 하나로 되는 깊고 높은 중심에 이름이다. 나아감은 낡은 과거에서 새로운 시대로 나아가는 것이고 낡은 관념과 체제, 인생관과 세계관에서 새로운 가치와 이념과 미래상으로 나아가는 것이다. 새로운 가치와 이념을 향해 서로 살림과 평화공존을 위한 목표와 과녁의 한 가운데를 향해 곧게 나아가야 한다.

중도 통합과 중도 통일을 말하는 사람들은 먼저 참된 가운데와 가운데 길을 찾아서 그 길로 가야 한다. 가운데 길로 가려는 이들은 마땅히 개인과 집단의 중심과 이해관계를 넘어서 솟아올라 새로운 존재와 정신의 지평(하늘)을 열어야 하고 낡은 관념과 감정, 낡은 시대와 가치에서 벗어나 새로운 이념과 정신, 새로운 시대와 목표를 향해 나아갈 수 있어야 한다.

하나님 나라를 이루려고
예수와 교회가 걸어간 길

-예수의 밥상공동체 운동과 교회

5장. 하나님 나라를 이루려고 예수와 교회가 걸어간 길
-예수의 밥상공동체 운동과 교회

예수 운동은 개인의 인격을 토대로 한 윤리·종교 운동이 아니라, 병들고 굶주리고 억눌린 민중의 집단적 고통에 대응하는 공동체 운동이다. 지체장애인과 지적 장애인 등 각종 질병을 앓는 이들에게 온전하고 충만한 삶을 가져다준 예수의 하나님 나라 운동은 생명 회복 운동이다. 굶주린 민중과 함께 나누어 먹으려 했던 이 운동은 밥을 나누어 먹는 밥상공동체 운동이다. 압제 받는 민중에게 섬김의 원칙을 선언한 이 운동은 서로 섬기는 운동이다.

1. 히브리 종교 사상의 특성

성서는 히브리인들 또는 그 후손들의 책이다. '히브리'란 말은 민족을 나타내는 개념이 아니라 하층민을 나타내는 사회적 개념이다.

말하자면 이 단어는 토지를 소유하지 못한 채 떠돌이 생활을 하는 가난한 계층인 용병·노예·부랑자·도적 등을 가리키는 말이었다. 히브리 종교 사상은 이런 사회적 성격을 반영한다. 이를 그리스 사상[21]과 비교하면 그 특징이 분명해진다. 히브리 종교사상과 대비되는 그리스 사상은 노예 또는 노예들의 노동에 크게 의존한 사람들의 사상이다. 따라서 히브리 사상은 억압하고 수탈하는 체제를 타파하고 새로운 나라를 갈망하는 혁신적 사상이고, 그리스 사상은 그들의 국가 체제를 이상적인 형태로 유지하고 보존하려는 보수적인 사상이다[22]

그리스적 세계관에 의하면 우주 세계는 조화 있는 통일체이며 완결된 것이다. 인간도 국가도 우주도 조화와 질서의 관점에서 규정된다.[23] 히브리 사상에는 이런 우주 개념이 없다. 우주나 세계 대신에

---

21) 여기서 그리스 사상은 그리스인들의 사상 가운데 철학을 의미한다. 신화와 문학(호머; 희극 작가·비극 작가)에 나타난 사상은 민중적인 성격을 지닐 수도 있다. 그러나 그리스 사상의 주류를 차지한 것은 지배층의 사상인 그리스 철학, 그 가운데서도 소크라테스 학파의 철학이다. 그리스 철학은 이오니아의 자연 철학→민주적인 전기 소피스트 사상→반민주적인 후기 소피스트 사상→반민주적인 귀족적 소크라테스 학파로 이어진다. E, M, & N, Wood, "소피스트의 知的世界" (康俊彰역), 「西洋古典 古代思想家와 思想史論」上 (高麗大學校 大學院 西洋古代史 硏究室 편역), 法文社, 1982, 67쪽. W.K.C. Guthrie, "플라톤과 平等思想" (趙仁衡역), 앞 책, 485쪽. 이에 반하여 히브리 사상 또는 구약성서의 사상에서는 억압받고 수탈당하는 계층의 사상이 주류를 차지했다는 것은 특이한 점이다.

22) 소크라테스 학파는 고대 도시 국가의 제도와 질서를 회복시키려고 안간힘을 썼으며 보수 반동적 사상을 주장했다. 평민에 대한 멸시, 인간 불평등 사상, 그리고 계급 사회의 조화와 통일(법과 질서)에 대한 일방적 강조가 이 학파의 특징을 이룬다. E.M. & N. Wood, "反民主的 政治理念"(李源根 역). 앞 책 下, 1982, 14~20쪽 참조. 플라톤 사상 체계는 정신/육체·자유인/노예라는 이원론으로 규정되어 있다. 플라톤은 아리스토텔레스와 마찬가지로 노예제를 자연스러운 것이라고 보았다. G. Vlastos, "Platon 思想에 있어서 奴隸制", 「古典古代 희랍史硏究의 諸問題」(地東植 편역), 高麗大學校 出版部, 1983, 231~232쪽. 아리스토텔레스는 주인과 노예의 차이가 인간과 맹수 혹은 영혼과 육체의 차이에 비례하는 것이며 노예제를 자연스러운 것으로 보았다. 같은 책 240~241쪽 참조.

23) 루돌프 볼트만, 「西洋古代宗敎思想史」(허혁 역), 梨大 出版部, 1978, 168쪽 이하.

역사가 중요하다. 세계 창조는 역사의 시작을 나타낼 뿐이다.[24] 히브리적 사고는 철저히 역사적인 사고다. 히브리 사상이 갈등(죄·고통·불의·억압·수탈)과 혁신적 변화(출애굽·메시아니즘)를 반영한다면, 그리스 사상은 조화와 질서를 반영한다.

히브리 사상에서는 교육 개념이 전혀 부각 되지 않고[25] 전적인 변화·회개·결단이 중요하며 운명의 역전이 강조된다. 그러나 그리스 사상에서는 인간의 능력을 개발시켜 사회 체제에 잘 들어맞는 인물로 만드는 교육 개념이 중심적인 위치에 있다.[26] 그리고 그리스인들은 이런 세계관에 걸맞게 순환적인 역사관을 가지고 있다. 이 역사관에 의하면 역사는 근본적으로 과거의 일이 되풀이되는 것이며 결정적인 변혁이나 새로운 일이 일어나지 않는다.[27] 그러나 고통스러운 현실의 타파를 갈망하는 히브리 사상은 약속과 성취라는 직선적인 역사관을 가지고 있다. 이 역사관에 의하면, 역사는 과거의 반복이 아니라 새로운 일이 도래하고 실현되는 것이다. 그것은 하나님 나라의 도래를 기대하는 종말론적 역사관이며,[28] 역사적 해방을 대망하는 미래적인 역사관이다.

이러한 사상적 차이는 사회적 신분의 차이에서 비롯된 것이다. 노예들을 부리며 아쉬울 것 없이 사는 그리스인들이[29] 세상과 사회를

---

24) 앞 책. 18쪽.
25) R. 불트만, 「學問과 實存」(허 혁 역), 성광문화사 1980. 270쪽 이하.
26) R. 불트만, 「西洋古代宗敎思想史」, 174쪽.
27) 그리스적 사유에 의하면 "역사는 영원한 反復이다."토를라이프 보만. 「히브리적 思惟와 그리스적 思惟의 比較」(허 혁역), 분도출판사, 1975, 201쪽.
28) 앞 책, 202쪽.
29) 고대 그리스 세계에는 자유민 1가구당 3~4명의 노예가 있었다는 계산이 나온다. M.

질서와 조화의 관점에서 보고 역사에 새로운 변화가 없다고 본 것은 당연한 일이다. 또한 압제와 수탈 속에서 신음하는 히브리인들이 사회와 인간을 갈등과 혁신적 변화의 관점에서 보고 역사를 해방의 관점에서 본 것도 당연한 일이다.

또 하나 중요한 차이는 그리스 사상이 이원론적이라면, 히브리 사상은 일원론적이라는 것이다. 그리스 사상은 세계를 형상과 질료 즉 정신과 물질의 이중적 관점에서 이해하는데, 어디까지나 정신이 주도적이고 중심적인 위치에 있다(사상 체계에 있어서나 발생론적으로는 그렇지 않다고 하더라도 적어도 가치와 의도에 있어서는). 여기에서 물질과 정신, 육체와 영혼이 구분된다. 물질과 육체는 열등하고 천한 것이며, 정신과 영혼은 우월하고 귀한 것이다. 이런 이원론은 플라톤에게서 가장 분명하게 나타나지만, 물질에 대한 정신의 우위는 그리스 철학에 전반적으로 나타난다.[30]

그러나 히브리 사상에서는 이런 이원론을 찾아볼 수 없다. 물질과 육체를 통해서 정신과 영혼을 보고, 정신과 영혼의 견지에서 물질과 육체를 본다. 어디까지는 육체고 그 이상은 영혼인 것이 아니라, 인간은 전적으로 육체고 전적으로 영혼이다. 인간은 육체와 영혼이 온

L. 휜리, "희랍문명의 基盤 奴隷勞動", 「古典古代 희랍史研究의 諸問題」(地東植 편역), 高麗大學校 出版部, 1983, 255쪽.

30) 영혼이 육체를 지배한다는 원리는 상급자가 하급자 다시 말해 주인이 노예를 지배해야 한다는 원리로 바뀐다. E. M. & N. Wood, "反民主的 政治理念" (李源根역) 「西洋古典 古代思想家와 思想史論」下, 1982, 19쪽. 영혼과 육체의 이원론과 노예제의 관련성에 대해서는 G. Vlastos의 "Platon思想 있어서 奴隷制"(같은 책의 226쪽 이하)를 참조. 고대 유물론을 완성했다고 하는 데모크리토스는 인식론적으로나 가치론적으로는 감각을 부당하게 격하시키고 이성적인 사고만을 높히 평가하는 잘못을 범했다. 그에 의하면 색이나 맛은 진실한 것이 아니다. 東京大學校出版會 엮음, 「철학사강의」(한울 편집부 옮김). 한울, 1983. 124쪽 이하.

전히 통전 된 하나의 생명체다. 바울의 신학에서 몸($\sigma\tilde{\omega}\mu\alpha$)은 단순히 육체만을 나타내지 않고 전인(全人), '나 자신'을 나타내는 말로 사용되는데, 이것은 구약성서와 유대교에서 흔히 블 수 있는 표현 방식이다.[31]

그리스 사상의 이러한 이원론은 그리스 사회의 이원적 구성과 관계가 있다. 육체노동과 물질적 생산 활동은 주로 노예들에게 맡기고, 정신문화와 정치에 종사한 사람들에게 육체노동은 천하고 정신 활동은 귀한 것이라는 생각이 지극히 자연스러운 것이었다.[32] 농사짓지 않고 길쌈하지 않으면서도 먹을 것과 입을 것이 차고 넘쳤던 사람들에게는 육체노동과 그 노동의 결실인 물질이 소중할 리 없었다.

그러나 춥고 배고팠던 히브리인들에게는 먹을 것과 입을 것이 소중했으며 먹고 입고 잘 수 있는 물질적 토대인 땅이 언제나 갈망의 대상이었다. 그리스 철학에서 관념과 정신이 우위를 차지했던 것과는 달리 구약성서에서는 하나님이 언제나 피조물과의 관련성 속에서 나타난다. 하나님은 인간의 육체와 감정을 지닌 것처럼 의인법적으로 서술되고 물질적인 상징 (방패·성·바위 등)으로 표현된다. 히브리 사상에서는 육체노동에 대한 천시를 찾아볼 수 없다. 이스라엘의 족장들과 판관들은 모두 양을 치거나 농사를 짓는 사람들이었다.

하나님도 혼돈과 공허 속에 있는 세상을 하늘과 땅으로, 빛과 어

---

31)   R. 불트만, 「新約聖書神學」 (개정 6판: 허혁 역), 성광문화사. 1976, 187쪽 이하와 192쪽.

32)   E.M.& N. Wood, "反民主的 政治理念", 같은 책 下, 15쪽과 19쪽.
      이 책에 의하면 소크라테스는 노동이 영혼을 타락시킨다고 보았다. 플라톤과 아리스 토텔레스가 육체노동을 경시한 것은 잘 알려져 있다.

둠으로, 육지와 바다로 나누고, 흙을 빚어 인간을 지음으로써 육체노동자처럼 일했으며,[33] 엿새 동안 일한 후에는 휴식을 취했다. 그리고 하나님이 지은 모든 피조물은 아름답고 좋다고 한다. 이처럼 히브리 사상에서는 육체노동과 그 노동의 산물인 물질에 대한 애정과 긍지를 엿볼 수 있다. 그러나 인간의 타락 이후에, 다시 말해서 육체노동과 그 노동의 산물이 억압과 수탈의 대상이 되었을 때, 그 노동은 고통스럽고 저주스러운 것이 되었으며[34] 물질(식량)은 절실한 갈망의 대상이 되었다.[35]

이렇게 히브리인들에게 물질이. [생존을 위해 가장 필수적인] 식량이 지극히 소중한 것이었지만, 히브리인들은 물질주의에 빠지지 않았다. 물질을 소중히 여긴다는 것과 물질주의는 전혀 다르다.[36] 굶주린 사람들에게 물질(밥)은 목숨처럼 소중한 것이므로 나눔의 윤리가 요청되지만, 물질주의는 물질에 대한 이기적인 집착과 독점에 빠진다. 십계명은 억압과 수탈의 체제에서 해방한 출애굽의 하나님만을 섬기도록 요구하며, 어떤 우상이나 물질의 숭배를 거부한다. 이러한 물신(物神) 숭배의 거부는 억압당하고 수탈당하는 백성을 해방한 야훼, 먹을 것이 풍족한 가나안 땅으로 인도한 야훼만을 섬기라는 명령이다.

---

33) 사제파 문서인 P문서에서는 "하나님이 말씀으로 세상을 창조했다."고 함으로써 하나님의 초월적인 창조 능력을 부각시키고 있지만, 창조설화의 전체적인 구조와 내용에 비추어 볼 때 하나님이 마치 육체노동자처럼 천지를 창조했다고 말할 수 있다.

34) 「창세기」 3장 17절 이하, 「출애굽기」 1장 11절 이하, 「출애굽기」 2장 23절 이하 등.

35) 창세기 3장 17절 이하와 「출애굽기」 3장 8절.

36) 안병무, "韓國的 그리스도인像의 模索", 「神學思想」, 52, 韓國神學研究所, 1986, 65쪽.

왕조 시대에 이르러 굶주린 자들에게 먹을 것을 주라는 야훼 신앙과 남이야 어찌 되었든 자신의 물질적 풍요와 번영만을 추구하는 바알 신앙과의 대결이 예언자들(엘리야·엘리사·아모스·호세아)과 왕조 체제 (아합·이세벨·아마지야) 사이에 치열하게 전개된다. 야훼 신앙은 민중을 위한 물질적 정의를 추구하는 신앙인 데 반하여 바알 신앙은 사회 정의는 아랑곳없이 생산력과 풍요·다산을 숭배하는 물질주의적인 기복 신앙이다.[37] 바알은 왕조 체제의 불평등한 구조 속에서 수탈당하는 민중은 아랑곳없이 왕조 체제의 물질적 번영과 축복만을 내려주는 물질주의적 신이다.[38]

그러나 야훼는 땅과 땅의 생산물이 특권층의 독점물이 아니라 모든 사람이 함께 나누어야 할 것임을 선언하는 하나님이다(민수기 26장 52~56절·33장 53절: 레위기 25장 23절: 여호수아 13장 8절 이하: 신명기 3장 28절 참조).

---

37) 바알은 소유자·주(主)·남편을 뜻하는 말로서 비(雨)의 씨(Sperma)를 통해 땅을 비옥하게 하는 신화적 생산력을 나타낸다. 성(sex)과 땅의 생산력을 나타내는 바알 제의에 참여하여 바알 신을 모방함으로써 사람들은 축복의 힘을 얻는다. Gerhard von Rad, 『舊約聖書神學』I (허혁 역), 분도출판사, 1976, 36쪽.
바알 신앙은 가나안 농경 문화의 신앙이고, 야훼 신앙은 출애굽의 신앙, 평등주의적인 이스라엘 부족 동맹의 신앙이다. 이 두 신앙의 대결은 국가 형성 이전은 물론이고 왕조 시대에까지 계속된다(앞 책 60쪽). 아모스는 직접 바알 신앙을 공격하지 않지만 나질인(야훼 신봉자)과 예언자를 불의한 자들과 대립시킨다(아모스 2장 12절). 물질적인 정의를 추구하는 야훼 신앙과 이기적인 바알 신앙적 생활 사이의 대결이 아모스에게서 가장 치열하게 나타난다.

38) 바알은 가나안인·이집트인·아모리인·페니키아인의 문헌에 나타나는 신이다. 바알은 땅의 생산력과 성적인 출산력을 나타낸다. 자연주의적이고 본능주의적인 신앙으로서 바알 신앙은 쉽게 왕국의 번영과 축복을 위한 왕국 신앙으로 될 수 있다. 대표적인 예가 아합왕과 이세벨이 지배했던 시대의 북이스라엘이다. 사회 정의가 결여된, 자연적이고 본능적인 종교는 지배 체제(왕국)와 지배계급의 종교로 되기 쉽다

2. 밥과 하나님 나라

시인 김 지하는 "밥이 하늘입니다. 하늘을 혼자 못 가지듯이 밥은 서로 나누어 먹는 것 ……."[39]이라고 노래함으로써 성서의 진리를 갈파했다. 밥과 하늘 즉 물질과 정신을 이원론적으로 분리하지 않고 통일적으로 파악할 뿐 아니라 밥은 함께 나누어 먹는 것이라는 주장은 성서의 중심 사상을 꿰뚫어 본 것이다.[40]

성서는 하나님 나라의 빛에서 보아야 한다. 구약성서는 하나님 나라의 약속에 관한 책이고, 신약성서는 하나님 나라의 운동에 대해 증언한 책이다. 하나님 나라는 무엇인가? 하나님 나라는 억압적이고 수탈적인 사회 체제나 정치 권력에 대한 대립 개념이다. 인간이 인간을 억압하고 수탈하는 사회 체제에서 오래 신음하던 사람들은 인간의 지배와 통치 아래서는 자유와 평등, 사랑과 평화가 넘치는 사회를 이룰 수 없고, 오직 하나님이 통치할 때만 그런 사회를 이룰 수 있다고 믿고 하나님의 나라와 하나님의 통치를 갈망하게 되었다. 노예·하층 농민·떠돌이로서 밑바닥에서 학대와 굶주림으로 고통당하던 히브리인들이 인간에 의한 통치를 거부하고 하나님의 통치를 갈망하

---

39) 김지하, 「밥」, 분도출판사. 1984³, 69쪽 이하.

40) 그러나 이런 말은 이원론적 사고에 젖어 있는 기존의 그리스도인들에게는 매우 낯설게 들릴 것이다. 특히 "하나님 나라는 먹고 마시는 데 있지 않다."(로마서 14장 17절)는 성서 구절에 익숙한 사람들에게는 더욱 그럴 것이다. 후에 다루겠지만 이 구절은 우상에게 제물로 바쳤던 고기를 그리스도인들이 먹을 수 있느냐 없느냐 하는 문제를 논의하는 과정에서 나온 것이다. 또한 「로마서」를 작성할 당시 (AD50년대)의 바울에게는 예수의 밥상공동체 운동이 별 의미를 갖지 못했으며, 애찬식과 성찬식이 분리되는 과정에 있었다. 그리고 팔레스티나에서 일어난 예수의 민중 운동과 국제적인 선교사 바울의 선교 활동은 삶의 자리가 달랐다. 바울적 삶의 자리에 대해서는 안병무 "예수와 오클로스" 『민중과 한국신학』 한국신학연구소 1982. 87~88쪽 참조.

고 실현하려 했다는 것은 당연한 일이었다. 그리고 이들에게 하나님의 나라가 무엇을 의미하는지도 자명하였다.[41)]

무엇보다도 하나님 나라는 굶주림을 면할 수 있는 나라, 먹을 것이 풍족한 나라였다. 히브리인은 한마디로 땅 없는 무리였다. 이집트에서 종살이하는 이스라엘 백성을 해방하라는 분부를 모세에게 내리면서 하나님은 '젖과 꿀이 흐르는' 가나안땅(출애굽기 3장 8절)을 약속의 땅으로 제시한다. "젖과 꿀이 흐르는 땅"이란 말은 어느 모로 보나 과장된 표현이다. 그러나 이 표현은 굶주림 속에서 강제 부역에 시달리던 이스라엘 백성의 절실한 갈망을 담고 있다. 이들에게 해방의 땅, 약속의 땅은 먹을 것이 풍족한 곳, 맛있는 음식이 차고 넘치는 곳이다. 이것은 지극히 민중적인 갈망이며 민중적인 표현이다.

하나님 나라에 대한 약속의 이야기를 역사적으로 서술한 「창세기」에서 히브리인들의 족장인 아브라함·이삭·야곱·요셉은 약속된 땅을 차지할 날을 대망하며 헤매었다. 이 족장들의 이야기는 주로 기근 때문에 먹을 것을 찾아 이집트나 그랄 땅으로 옮겨 다니는 것과 긴밀히 관련되어 있다.[42)] 이러한 족장들의 희망과 삶은 노예 생활을 하거나 토지 없이 떠도는 히브리인들의 희망과 삶을 그대로 반영한

---

41) Gottwald에 의하면 하층 농민들과 히브리인들이 당시의 지배 체제를 전복하고 자유롭고 평등한 이스라엘 부족 동맹체를 수립했는데, 야훼신앙은 곧 이 부족 동맹체의 이념에 대한 배타적 신념을 반영한다. N. K Gottwald, The Tribes of Yahweh.(Orbis Books), Maryknoll, N.Y., 1979. 493~497쪽. 그리고 앞 책 제10부와 제11부 참조. Gerhard von Rad에 의하면 '이스라엘'은 "하나님이시여 다스리소서!"를 의미한다. Gerhard von Rad, 『창세기』「國際聖書註釋」(Das erste Buch Mose: Genesis. Götingen, 1927) (한국신학연구소 번역실 역) 韓國神學硏究所 1981. 360쪽.

42) 「창세기」 12장 10절 이하와 26장 1절 이하와 41장 이하.

다. 출애굽 사건과 족장들의 이야기에서는 '굶주림'과 먹을 것이 풍족한 '땅'이 중심적 주제였음을 알 수 있다. 출애굽 이후에 약속된 땅에 들어가기 전에 이스라엘 백성이 40년 동안 굶주림 속에서 광야를 배회한 사실은 출애굽과 땅 약속의 기본 동기가 굶주림이라는 것을 말해 준다. 실제로 굶주림은 이스라엘 백성에게 죽음보다 절실한 문제였다. 광야에서 굶주림을 못 이긴 이스라엘 백성은 모세와 아론에게 항의한다.

> 차라리 이집트 땅에서 야훼의 손에 맞아 죽느니만 못하다. 너희는 거기에서 고기 가마 곁에 앉아 빵을 배불리 먹던 우리를 이 광야로 데리고 나와 모조리 굶겨 죽일 작정이냐?(노예 생활이 실제로 배부른 생활이었다고 생각할 수는 없다. 광야에서 굶어 죽게 된 상황에 비해 최소한 생존이 허용되었던 노예 생활을 미화시켰다고 보아야 한다.)
> (출애굽기 16장 3절)

굶주린 이스라엘 백성에게 야훼 하나님은 만나와 메추라기를 밥으로 준다. 굶주린 백성을 실컷 배부르게 먹임으로써 야훼가 그들의 하나님이라는 것이 확인된다(출애굽기 16장 12절). 여기서 중요한 것은 만나와 메추라기가 일용할 양식 그 이상도 이하도 아니었다는 것이다. 오직 그날 먹을 양식만을 거두어들이고 그날의 양식은 그날 다 먹고 다음 날을 위해 남겨 두지 말라고 모세는 명령했다. 이 명령을 어기고 다음 날 아침까지 남겨 둔 경우에는 음식에서 구더기가 끓고 썩은 냄새가 났다(출애굽기 16장 13절 이하).

이 이야기에는 소유의 축적에 대한 강한 거부가 나타나 있다. 소유의 축적은 억압과 수탈의 결과며 빈익빈·부익부 현상을 초래한다. 이 이야기는 이런 현실에 대한 경고며 교훈이다. 또한 이것은 밥 못 먹는 사람이 없게 하려는 하나님의 배려와 밥은 서로 나누어 먹어야 한다는 밥의 정의(正義)를 나타낸다. 땅 약속·출애굽·광야 편력에서 하나님 나라가 '굶주림-밥(땅)-밥(땅)의 정의"에 의해 규정되고 있음을 알 수 있다.[43)

모든 종교에서 제사와 밥은 긴밀하게 관련되어 있다.[44) 구약성서에서도 하나님에게 바치는 모든 제물(번제·희생제·감사제·요제 등의 제물)은 곡식·떡·양·염소·소·비둘기같이 인간의 식량이다. 하나님에게 제물을 바치고 나서 이스라엘의 장로들은 하나님 앞에서 공동으로 제사 음식을 먹는다(출애굽기 18장 12절). 야훼 하나님과 이스라엘 백성이 시나이산에서 계약을 맺고 나서 모세와 사제들과 이스라엘의 장로 70인은 하나님 앞에서 먹고 마셨다.(출애굽기 24장 9절 이하). 이들에게 가장 중요한 축제인 유월절·무교절·추수절·초막절은 모두 먹는 것과 관련되어 있다. 유월절과 무교절은 종살이에서의 해방을 기념하는 축제며, 이 축제 기간에는 제물 고기와 누룩 없는 떡을 먹어야 한다. 추수절과 초막절은 밭곡식과 포도의 추수와 관련된 축제인데, 특히 가난한 자들인 레위인·떠돌이·고아·과부들까지도 함께 즐기도록

---

43) 분배의 정의는 특히 성법전(聖法典)에서 강조된다. 땅의 주인은 하나님이며 하나님이 땅을 주었으므로 땅과 그 소출은 공평하게 나누어 가져야 한다. 굶주린 가난한 사람들의 권리를 옹호하는 율법에 대해서는 徐仁錫 『聖書의 가난한 사람들』 (분도출판사, 1979) 중 115쪽 이하 참조.

44) 김지하. 『밥』 분도출판사 1984³ 69쪽 이하.

규정되어 있다(신명기 16장 11절 14절).

　이처럼 족장들의 이야기와 출애굽 사건과 광야 편력 그리고 제사와 축제를 살펴보면, 밥의 문제가 이스라엘 백성의 삶 속에, 종교적인 관행과 신념 속에 얼마나 뿌리 깊이 새겨져 있는지 알 수 있다. 따라서 이러한 사실은 이들이 갈망한 하나님 나라와 밥의 문제를 떼어 놓고 생각할 수 없다는 것을 알 수 있다. 「시편」. 「예언서」. 「잠언」. 「전도서」. 「욥기」 등에서 밥의 문제를 부각시킬 수 있겠지만, 여기서는 단지 「이사야」 25장 6절 이하를 살펴보기로 하자. 「이사야」에 의하면 야훼는 마지막 날에 시온산에서 모든 사람의 얼굴에 흐르는 눈물을 씻어 주고 죽음을 영원히 없애고 모든 민족에게 푸짐한 잔치를 베풀어 준다.

　　살진 고기를 굽고 술을 잘 익히고 연한 살코기를 볶고 술을 맑게 걸러 잔치를 차려 주시리라.(이사야 25장 6절)

　하나님 나라를 잔치로 묘사한 것은 굶주린 민중에게 가장 적절한 하나님 나라 표상이다.

3. 예수의 밥상공동체 운동

1) 예수가 민중과 함께 일으킨 하나님 나라 운동

예수는 어디서도 하나님 나라를 설명하지 않는다. 그 까닭은 당시의 민중에게 하나님 나라가 무엇인지 자명했기 때문이다. 당시의 민중은 땅을 갈망했던 히브리인들과 같은 처지에 있었다. 로마는 식민지 토지 정책에 의해 특정인에게 사영지(私領地)를 지정해 주어 수탈케 했으며, 왕과 그 밖의 사람들에게 봉토를 주어 식민지를 통치케 했다. 그리고 대도시의 부재지주들에 의해 토지가 장악되었기 때문에 팔레스티나 특히 갈릴리의 농민은 대부분 소작인 아니면 일삯 품꾼이었다.[45] 구약성서의 히브리인들과 마찬가지로 이들에게도 "굶주림 - 밥(땅) - 밥(땅)의 정의"가 가장 절실한 문제였다.

그리고 예수가 하나님 나라에 대해서 직접 설명하지는 않았지만, 그의 말과 행태를 통해서 하나님 나라가 무엇인지 추측해 보는 것은 그리 어렵지 않다. 우선 예수는 하나님 나라가 가난한 자들의 것이며, 지금 굶주린 자들은 배부르게 될 것이라고 선언한다(누가복음 6장 20~21절). 주기도문에서는 하나님 나라가 오는 것과 일용 할 양식이 연결된다.(누가복음 11장 2~3절)

최후의 만찬에서 예수는 "내가 하나님 나라에서 새것을 마실 그 날까지 나는 포도 열매에서 난 것을 다시 마시지 않을 것이다."(마가

---

45)   안병무, "마가복음에서 본 역사의 주체", 『民衆과 韓國神學』(NCC신학 연구위원회 편). 韓國神學硏究所, 1982, 168쪽 이하.

복음 14장 25절)라고 말한다. 이 구절은 진정한 예수의 말로 인정되는데,[46] 여기에서 예수는 하나님 나라에서 먹고 마시는 것을 당연히 전제하고 있다. 그뿐 아니라 예수는 하나님 나라를 설명하지는 않지만, 잔치를 벌임으로써 하나님 나라를 행동으로 이야기한다. 이 모든 것으로 미루어 볼 때, 예수가 선포한 하나님 나라는 굶주림 즉 밥의 문제와 직결되어 있으며 구약성서의 하나님 나라 표상을 그대로 지니고 있다는 것을 알 수 있다. 예수는 마치 모든 사람의 눈에서 눈물을 씻어 주고 모든 사람에게 푸짐한 잔치를 베풀어 주려는 것처럼 살았다. 공관복음서에서는 예수의 심리 상태나 개인적인 특징을 찾아보기 어렵고, 예수는 언제나 하나님 나라(하나님의 뜻) 또는 민중과 관련되어 나타난다. 예수는 사적인 관심이나 이기적인 욕구에 따라 움직이는 일이 없고 언제나 하나님 나라와 민중의 고통스러운 현실에 따라 움직였다.[47]

　　예수의 첫마디는 "하나님 나라가 가까이 왔다."(마가복음 1장 15절)는 것이었다. 그의 비유는 거의 하나님 나라에 관한 비유였으며, 하나님 나라 복음을 널리 전하기 위해서 예수는 한 동네에 오래 머무를 수 없었다. 예수는 모든 도시와 마을을 두루 다니며 가는 곳마다 하나님 나라 복음을 선포한다(마가복음 2장 35절 이하; 마태복음 9장 35절; 누가복음 4장 42~44절). 그의 귀신 축출 행위는 하나님 나라를 알리는 표징이다(마태복음 12장 28절). 그는 제자들을 파견하여 하나님 나라를 선포하게 했다(마태복음 10장 5~8절; 누가복음 9장 1~6절).

---

46)　　R. 불트만, 『共觀福音書傳承史』(허 혁 역), 대한기독교서회, 1978, 334쪽, 註 96.
47)　　예수의 삶에서는 이기적인 자기 중심성을 찾아볼 수 없다.

또한 예수의 주변에는 언제나 굶주린 민중, 병들어 아픈 민중이 있다.[48] 나병 환자·중풍 환자·앉은뱅이·손 오그라든 사람을 고쳐 주기 위해서 예수는 안식일 법도 정결법도 무시한다. 굶주린 민중에게는 밥을 나누어 주었다. 보리떡 다섯 개와 물고기 두 마리로 5천 명을 먹였다는 이야기가 이것을 말해 준다.

그러면 예수의 삶을 지배한 하나님 나라와 민중 현실은 서로 어떤 관계를 가지고 있는가? 앞에서 말했듯이 하나님 나라는 억압과 수탈에 신음하는 민중이 갈망한 나라였다. 예수 시대의 팔레스티나 민중 특히 갈릴리 민중은 혹심한 억압과 수탈을 당하고 있었고 극심한 가난 속에 허덕이고 있었다. 이런 민중의 삶은 극도로 사치스러웠던 특권층의 삶과 매우 대조적이었다.[49] 그리고 온갖 질병이 들끓고 정신병자들이 많았다는 것은 사회 병리학적으로 당시 팔레스티나의 민중이 로마군과 헤롯 왕가와 사제 귀족들로부터 이중·삼중의 압제를 당했음을 시사해 준다. 따라서 예수 당시는 비교적 잠잠했으나 민중 봉기와 민중 소요가 끊임없이 일어났다.[50]

이런 상황에서 예수는 "하나님 나라가 가까이 왔다."고 선언하고, 하나님 나라는 가난한 자들의 것이며 지금 굶주린 사람들은 배부르게 될 것이라고 외쳤던 것이다. 이러한 선언은 사회적으로 혁명적인 의미를 지녔다. 예수의 하나님 나라 선언은 민중 해방선언이며 지배

---

48) 안병무, "마가복음에서 본 역사의 주체", 「民衆과 韓國神學」 (NCC 신학 연구위원회 편). 韓國神學研究所, 1982. 181쪽.

49) 앞 책. 167쪽 이하.
Joachim Jeremias, Jerusakm in the Time of Jesus(trans. by F. H. and   C.H. Cave), Fortress Press, 1981, 95~97쪽.

50) 안병무. 앞 논문. 163쪽.

특권층에 대한 도전이었다.

예수는 병들고 굶주리며 압제당하는 민중을 종교적으로나 정신적으로 위로하려고 하지 않았다. 예수는 질병·굶주림·압제로 인한 민중의 고통을 현실적인 고통으로 받아들이고 이 고통과 씨름했다. 굶주린 자들에게 먹을 것을 주고 병든 자들을 고쳐 주었으며, 압제당하는 자들에게 해방의 복음을 선포했다. 질병과 굶주림 그리고 압제는 가장 물질적이고 구체적인 고통이며, 예수는 이 고통을 하나님 나라와 직결시켰다.

첫째, 예수는 질병의 치유를 하나님 나라의 도래와 직결시켰다. 예수가 하나님의 능력으로 귀신을 쫓아내는 것은 하나님 나라가 이미 도래했음을 알리는 표징이다(마태복음 12장 28절).

둘째, 예수는 하나님 나라를 흔히 잔치로 비유했으며, "먹고 마시기를 즐기는 자"라고 바리새파 사람들로부터 비난받을 정도로 함께 나누어 먹는 일을 생활화했다. 그는 굶주린 자들에게 먹을 것을 주었으며, 부자들이 하나님 나라에 들어가려면 먼저 재산을 팔아 가난한 자들에게 나누어 주라고 요청했다. 이것은 하나님 나라가 굶주림의 문제, 즉 밥을 서로 나누어 먹는 문제에 직결되어 있음을 말해 준다.

셋째, 민중의 압제 받는 현실과 관련하여 예수는 섬기는 사람이 되지 않으면, 하나님 나라에 들어갈 수 없다고 말한다. 가장 힘없고 업신여김을 받던 여자들과 어린아이들을 특별히 존중하고(마가복음 10장 1~12절: 마태복음 18장 1~5절), 가난한 장애인들을 대접하고 섬기라고 예수는 주장했다(누가복음 14장 12~14절). 어린아이처럼 되지 않으면 하나님 나라에 들어갈 수 없다고 말한 까닭도 어린아이는 남을 억누르거나 수탈할 수 없는 존재이기 때문이다(마태복음 18장 1~5절). 억압적인 정치 현실에 대항해서 예수는 다음과 같이 말한다.

> 이 세상의 왕들은 백성 위에 군림하고 권력을 휘두르지만……너희 중에서 제일 높은 사람은 제일 낮은 사람처럼 처신하고 지배하는 사람은 섬기는 사람처럼 처신해야 한다(누가복음 22장 25~27절).

그리고 압제자의 멍에 아래서 신음하는 민중에게 예수는 다음과 같이 말한다.

> 수고하고 무거운 짐 진 사람은 다 내게로 오라. 내가 너희를 편히 쉬게 하리라. 나는 마음이 온유하고 겸손하니 내 멍에를 메고 나를 배우라. (마태복음 11장 28~29절)

압제자들은 마음이 교만하지만, 예수는 마음이 온유하고 겸손하다. 압제자들의 멍에(통치)는 무겁고 고통스럽지만, 예수의 멍에(메시아 통치)는 안식과 해방을 준다. 이 세상의 압제자가 섬김을 받는 자고 권력을 휘두르는 교만한 자라면, 예수는 섬기는 자며 겸손하고 온유한 자다. 예수는 자신이 섬김을 받으러 온 게 아니라 섬기러 왔다고 선언한다(마가복음 10장 45절; 누가복음 22장 27절). 이렇게 섬김을 하나님 나라와 직결시킴으로써 예수는 압제 받는 민중의 고통을 하나님 나라와

직결시켰다.[51]

이렇게 보면 예수를 하나의 종교적 인물이나 정신적 인격으로만 이해하려는 것은 잘못이다. 예수 사건을 역사적이고 사회적인 운동으로 파악하는 것이 오히려 공관복음서에 잘 들어맞는다. 예수의 운동은 개인적 인격을 토대로 한 윤리적·종교적 운동이 아니라, 병들고 굶주리고 억눌린 민중의 집단적 고통에 대응하는 집단적·공동체적 운동이다. 장애인·정신병자 등 각종 질병을 앓는 자들에게 온전하고 충만한 삶을 가져다준 예수의 하나님 나라 운동은 생명 회복 운동이고, 굶주린 민중과 함께 나누어 먹으려 했던 이 운동은 밥을 나누어 먹는 밥상공동체 운동이며, 압제 받는 민중에게 섬김의 원칙을 선언한 이 운동은 서로 섬기는 운동이다. 예수의 하나님 나라 운동을 역사적이고 사회적인 운동으로 파악함으로써 하나님 나라를 미래적인 것으로만 보는 미래적 종말론이나 이미 실현이 완료된 것으로만 보는 현재적 종말론은 거부된다. 하나님 나라는 예수와 민중 사이에서 지금 실현되고 있다.[52]

2) 밥상공동체 운동

예수의 하나님 나라 운동을 한마디로 표현하자면 밥상공동체 운

---

51) 이런 의미에서 예수의 하나님 나라 복음은 결코 민중의 아편이 아니다. 그리고 석가가 민중의 고통을 공(空)으로 보고 잘못된 집착을 끊으면 모든 고통이 없어진다고 한 것은 민중의 고통을 정신적·심리적으로 해결한 것이다. 이런 석가의 태도 는 민중의 고통을 현실적으로 보고 이 고통과 씨름했던 예수의 태도와 크게 다르다.

52) 안병무, "民衆의 敎會", 「神學思想」 53, 韓國神學硏究所, 1986, 414쪽 참조.

동이라고 할 수 있다. 밥상공동체란 말은[53] 오늘의 그리스도인들에게 생소한 것이다. 예수가 어떤 지역에서도 밥상공동체를 창설하지 않았기 때문에 예수의 밥상공동체 운동을 확인하기 위해서는 성서에 대한 새로운 해석과 접근이 필요하다. 복음서에 나타난 예수 사건들을 새로운 눈으로 해석해 보자.

죄인들과의 밥상교제　　　　「마가복음」 2장 16절 병행

예수의 적대자들은 예수가 먹기를 탐하고 술 마시기를 좋아하는 자며, 세리와 죄인의 친구라고 비난했다(마가복음 2장 16절; 마태복음 11장 19절; 누가복음 7장 34절). 이런 비난은 역사적 예수의 특징을 단적으로 드러낸다. 공관복음서는 예수가 음식을 먹는 장면을 많이 보도하고 있다. 「마가복음」의 경우만 예로 들더라도 2장 15절·23절과 6장 30절 이하와 7장 2절과 8장 10절 이하 그리고 14장 3절·8절이 있다. "요한의 제자들과 바리새파 사람들은 단식하는데 왜 단식하지 않느냐?"는 물음에 대해 예수는 "잔칫집에 온 신랑 친구들이 신랑과 함께 있는데 어떻게 단식할 수 있느냐?"고 되묻는다. 예수의 적대자들이 예수를 가리켜 "먹기를 탐하고 술 마시기를 좋아하는 자"라고 비난한 것이나, 예수가 자신을 "잔칫집 신랑"으로 비유한 것은 예수 운동의 두드러진 특징이 잔치를 벌이는 것 즉 밥상공동체 운동이었음

---

53)　김지하, 앞 책, 73쪽. 밥상공동체란 말은 김지하가 가장 먼저 사용했다. 서구 성서학자들도 예수가 죄인들과 함께 식사하면서 사귀었다고 해서 Tischgemeinschaft란 말을 썼다. 이 말을 흔히 식탁교제란 말로 번역했는데, 밥상교제 또는 밥상공동체란 말로 옮겨야 예수 사건에 더 적합할 것이다.

을 말해 준다.

예수는 소외되고 억눌린 사람들과 잔치를 벌이는 것처럼 살았다. 랍비인 예수가 죄인이라고 지탄받는 사람들과 밥을 먹으며 어울린다는 것은 그 당시로는 혁명적인 일이었다. 그것은 종교적이고 사회적인 장벽과 정치적인 장벽을 뛰어넘는 일이었다. 왜냐하면 세리들은 민족적인 원수의 앞잡이들이었고, 죄인들은 율법을 지킬 수 없는 가난한 민중이었기 때문이다.[54] 세관에 앉은 레위와 같은 하급 세리들은 특권층이 아니었을 뿐 아니라 사회적으로도 완전히 매도당하는 비참한 존재였다.[55]

당시 팔레스티나의 민중은 로마와 예루살렘 성전 체제로부터 이중적 수탈을 당했다. G. 픽슬레이에 의하면 로마의 수탈은 비교적 간접적이고 주변적이었으며, 예루살렘 성전을 중심으로 한 수탈 체제가 유대인들의 삶을 지배했다.[56] 사제 특권층은 로마세력과 야합했으나, 바리새파를 포함한 대다수의 유대인은 반로마적 성향을 띠고 있었다. 성전 체제의 이념적 대변자들인 바리새파 사람들에 의하면, 세리는 민족 반역자로서 체제 밖에 있었다. 예수는 성전 체제의 핵심

---

54) 율법을 지키지 않는 이방인도 죄인으로 간주 되었다.

55) 세리의 생활 수준은 다양했다. 「마가복음」에 의하면 레위는 만찬에 사람들을 초대할 만한 여유를 가지고 있었다. 그러나 하급 세리는 결코 특권층은 아니었으며 당시의 정치적 상황이나 민족주의적인 경향을 감안하면 매우 비참한 존재들이었다. 안병무, "예수와 오클로스", 「民衆과 韓國神學」 (NCC신학연구원회 편), 韓國神學研究所, 1982, 94쪽.

56) 픽슬레이에 의하면 로마의 노예제적 생산 양식과 예루살렘 성전을 중심한 공납제적 준(準)아시아적 생산 양식이 예수 당시의 팔제스티나를 지배했는데, 중심적인 모순을 이룬 것은 준아시아적 생산 양식이었다. 예수는 전략적으로 로마군이 아니라 예루살렘 체제를 일차적인 타도의 대상으로 삼았다는 점에서 젤롯당과 달랐다고 한다. G. 픽슬레이, 『하나님의 나라』 (정호진 역), 韓國神學研究所, 1986("예수의 전략"에 관한 장 참조).

인 예루살렘 성전과 이 체제를 정당화하는 바리새파적 율법 해석을 일차적 공격 목표로 삼았다.

민중의 고통스러운 현실을 온몸과 온 맘으로 받아들였던 예수는 민족적으로나 사회적으로 불행하고 고통스러운 처지에 있었던 세리들을 쉽게 받아들일 수 있었다. 당시의 상황에서 세리와 밥을 먹으며 어울린다는 것은 정치적이고 민족적인 장벽을 넘어선 화해의 행위다. 민족·정치적으로 친구-원수 관계를 예수는 깨뜨렸다. 여기서 고통받는 자들에 대한 예수의 무조건적인 개방성을 엿볼 수 있다. 이런 예수의 태도는 정치적으로나 종교적으로 지극히 폐쇄적이었던 바리새파적 유대교와 매우 대조적이다. 그러나 이런 개방성이 특권 지배층을 그대로 용인하는 개방성은 아니다. 이것은 특권층이 민중에게로 돌아와 민중과 화해하기를 기다리는 개방성이다.

먹고 살기 어려운 민중들은 복잡한 안식일 법이나 까다로운 정결법을 도저히 지킬 수 없었다. 따라서 가난한 민중들은 거의 모두 죄인 취급을 받아야 했다.[57] 안식일 법과 정결법을 무시하고 이런 죄인들과 함께 밥을 먹으며 어울린 것은 성전 체제에 대한 근본적인 도전이었다. 당시의 사회 체제 (성전 체제)에서 배척된 죄인들과 함께 밥을 먹고 어울리는 것이 그 체제에 대한 도전이 되기 때문에 그 체제를 대변하는 바리새파 사람들이 예수의 이런 행태를 심각하게 문제로 삼았던 것이다. 예수가 소위 죄인이라고 불리는 사람들과 밥을 나누어 먹고 잔치를 벌인 것은 종교적 권위를 빌어서 지배하고 수탈하는

---

57) 가난한 자들과 병자들은 죄인으로 간주 되었다. 안병무, "예수와 오클로스", 앞 책, 92쪽 이하.

예루살렘 체제를 거부한 것이다. 예수는 밥만을 이들과 나누어 먹은 것이 아니다. 몸과 마음까지 하나가 되어 삶을 함께 나눈 것이다. 사회적이고 종교적인 두터운 벽을 깨뜨리고 삶 전체, 존재 자체를 함께 나누었지만, 그것은 "밥과 술을 함께 먹고 마셨다."는 말로 표현되었다. '밥을 함께 나누어 먹는 것'은 버림받고 소외된 인간들에 대한 사랑과 연대를 나타내는 구체적인 행동이며 상징이다. 예수의 이런 밥상교제는 예수 운동의 본질을 드러내는 것이다.

나눔의 기적	누가복음 6장 30~44절

이 본문 바로 앞에는 헤롯 왕이 생일잔치 끝에 세례자 요한을 죽인다는 이야기가 나온다. 짐승 가죽으로 옷을 해 입고 빈 들에서 메뚜기와 석청을 먹으며 회개하라고 외쳤던 세례자 요한, 근엄하고 강직하고 금욕적인 세례자 요한이 부패하고 타락한 헤롯 왕과 고관들이 흥청망청 먹고 즐기는 잔치 자리에서 목이 잘렸다는 것은 너무나 어처구니없는 이야기다.

요한은 하나님 나라가 가까이 왔다고 외치며 회개하라고 부르짖었던 사람이다. 역사가 요세푸스에 의하면 그는 민중을 선동했다는 정치적인 이유로 처형당했다.[58] 어쨌든 복음서에 의하면 요한은 민중의 지지를 받았고, 헤롯 왕의 비행을 비판했던 사람이다. 예수도 그에게 세례를 받았는데, 그에게 세례를 받은 것은 그의 하나님 나라

---

58)   Josephus, Bellum Judaicum 2, 259쪽.
       安炳茂, "마가복음에서 본 역사의 주체", 앞 책, 160쪽.

운동에 동조했다는 말이다. 세례자 요한이 시작한 하나님 나라 운동은 헤롯 왕이나 로마 총독이 다스리는 나라에서는 살 수 없어서 새로운 나라인 하나님이 다스리는 나라를 실현하기 위해서 민중과 더불어 일으킨 민중 운동이다.

세례자 요한의 충격적인 죽음에 대한 소식을 듣고 예수는 한적한 곳으로 왔는데, 민중들이 여러 동네로부터 쫓아왔다. 예수는 많은 군중을[59] 보고 측은히 여겨[60] 병을 고쳐 추고 굶주린 그들에게 밥을 나누어 주었다. 굶주린 군중이 한적한 곳에서 예수와 함께 보리떡 다섯 개와 물고기 두 마리를 가지고 나누어 먹은 이야기는 헤롯 왕이 고관들과 함께 흥청망청 먹고 마시며 여인의 춤을 구경하는 이야기와는 지극히 대조적이다. 예수가 세리나 죄인들과 가진 잔치나 굶주린 민중과 함께 밥을 나누어 먹은 이야기는 당시 상류 귀족들의 잔치와는 너무도 대조적이다. 아우구스투스 황제에 의해 로마 제국이 평정되어 전쟁이 그치자 귀족들은 할 일이 없어져서 서로 잔치를 벌이고 호사스럽게 놀고먹는 게 일이었다. 하루에 여러 차례 잔칫집을 찾아다니려면 대식가가 되어야 했고, 또 아무리 대식가라고 하더라도 밥통과 창자가 한정되어 있기 때문에 밖에 나가서 입에 일부러 손을

---

59) 김창락에 의하면 이 무리는 올바른 정치 지도자를 갖지 못했기 때문에 살 길을 잃고 방황하는 자들이며 일자리가 없어 살길을 찾아 헤메는 群像이다.
金昌洛, 福音의 受惠者로서의 가난한 사람들", 「신학사상」 53, 韓國神學硏究所, 1986, 379쪽.

60) "측은히 여기다"라는 그리스어 "스플랑크니조마이"(σπλαγχνίζομαι)는 창자란 말에서 파생된 동사다. 히브리어 "라하밈"도 창자란 말인데 사랑과 동정을 의미한다. 우리 말에도 애(창자)를 끊는 슬픔이란 말이 있다. 이것은 밥을 삭이는 창자가 사랑과 동정 또는 슬픔과 같은 고귀한 정신 작용을 일으키는 자리임을 나타낸다. 태고적부터 인류가 사용해 온 이 언어는 "밥=창자=정신" 작용의 일원성을 반영한다.

넣어 먹은 것을 토해내고는 다시 먹곤 했다. 그야말로 가진 자들, 할 일 없는 자들의 사교와 유흥을 위한 잔치였다. 보리떡 다섯 개와 물고기 두 마리로 5천 명이 함께 먹은 이야기는 우리에게 전혀 다른 현실, 전혀 다른 잔치를 보여준다.

이 이야기는 보통 보리떡 다섯 개와 물고기 두 마리가 기적적으로 늘어나서 5천 명이나 되는 많은 사람이 배불리 먹었다는 기적이란 측면에서 주로 생각되었다. 그러나 보리떡 다섯 개와 물고기 두 마리가 예수의 손에서 자꾸 늘어나서 많은 사람이 배불리 먹은 일이 실제로 일어났다고 하더라도 2천 년 전에 일어난 그 일이 오늘의 우리와 무슨 관계가 있겠는가? 우리 집 쌀독에서 쌀이 자꾸 생겨나고 고기나 과일이 바구니 속에서 자꾸 생겨난다면 모르지만, 그렇지 않다면 우리하고는 아무 관계도 없는 이야기다. 그리고 전승 과정에서 이 이야기에 나오는 숫자들이 자주 변경되고 있기 때문에(5천 명-4천 명; 떡 다섯 개와 물고기 두 마리-떡 일곱 개와 물고기 몇 마리; 열두 광주리-일곱 바구니 등) 증식(增殖) 기적이란 성격은 학자들에 의해 부인된다.[61] 구약성서에 있는 엘리야와 엘리사의 급식 기적들은 단순히 증식이란 관점에서 주로 서술되고 있다. 엘리야와 엘리사의 급식 기적은 개인적으로 [과부에게] 또는 굶주림의 동기 없이 [백 명의 무리에게] 일어났다.[62]

---

61)   J. Gnilka, 『마르코 복음』 I, 「國際聖書註釋」, 韓國神學研究所, 1985, 334쪽.

62)   엘리야가 사렙다 과부에게 베푼 기적도 나눔의 동기를 내포하고 있지만 가뭄 기간에 밀가루와 기름이 계속 생겨났다는 증식 기적에 핵심이 있다(열왕기 상 17장 8절 이하). 엘리사가 과부에게 베푼 급식 기적은 철저히 증식의 기적이다(열왕기 하 4장 1절 이하). 이 기적들은 가난한 사람에게 베푼 것이지만 집단적인 사건이 아니라 개인적으로 일어난 사건이다. 「열왕기 하」 4장 42절 이하에 의하면 바알살리사란 지역에서 어떤 사람이 맏물로 만든 보리떡 스무 개와 햇곡식 이삭을 엘리사에게 가져 왔는데, 엘리사가 이것을 가지고 백 명이나 되는 사람이 나누어 먹게 했다. 여기에는

이에 반하여 예수의 급식 사건에서는 증식 기적이란 측면을 배제하면 굶주린 민중의 공동 식사란 측면이 부각 된다.[63] 「마가복음」 6장 35절은 식사의 필요성을 말해 준다.

날이 저물어 가므로……

「마가복음」 6장 39~40절은 민중이 풀밭에서 공동으로 식사한 모습을 나타낸다.

예수께서 제자들에게 명령하여 사람들을 떼지어 푸른 풀밭 위에 앉게 하셨습니다. 그들은 백 명씩 혹은 오십 명씩 떼로 줄지어 앉았습니다.

이 이야기의 기적적인 성격을 제거하고 합리적으로 설명하면 다 되는 것은 아니다. 이미 자유주의적 성서학자는 "예수가 자신이 지닌 적은 양식을 기꺼이 나누어 주자 다른 사람들도 주머니에서 그들의 음식을 꺼내어 모두 배부르게 먹었던 것"이라고 설명한다.[64] 이 설명은 사실에 접근하는 것이기는 하지만, 이 이야기가 지닌 본래의 감격을 충분히 설명해 주지는 못한다. 이 이야기는 배고픈 민중들이 집단

굶주림의 동기가 없고 외부에서 가져온 햇곡식이 사용되었다는 점에서 백 명의 무리는 증식 기적의 대상에 불과하다.

63) 공관복음서에 나오는 급식 설화의 역사적 배경은 예수가 굶주린 민중과 나누었던 기쁜 식사다. 비슷한 결론을 내리는 J. Gnilka, 앞 책. 335쪽 참조.
64) Gnilka, 앞 책, 336~337쪽, 註 53.

적으로 음식을 나누어 먹으면서 경험한 깊은 해방 경험을 담고 있으며, 함께 나눔으로써 얻어진 공동체적 연대성과 풍부한 삶의 감격을 담고 있다.

지극히 적은 음식을 가지고 5천 명이 먹고도 열두 광주리나 남았다는 표현은 굶주린 민중이 예수와 함께 미리 맛본 해방의 기쁨과 넉넉함을 나타낸다. 민중이 예수와 더불어 소유와 삶을 함께 나누면서 경험한 정의·평화·기쁨에 대한 감격을 기적적인 이야기로 표현한 것이다. 이것은 보리떡 다섯 개와 물고기 두 마리가 물질적으로 자꾸 늘어났다는 그런 기적이 아니라 부족한 음식이나 보잘것없는 음식을 많은 사람이 풍족하게 나누어 먹었다는 나눔의 기적이다.

이 이야기를 나눔의 기적으로 봄으로써 모세와 예수를 구별할 수 있다. 모세는 광야에서 굶주린 백성에게 만나와 메추라기를 주었다. 주는 자는 모세(또는 하나님)고, 받는 자는 굶주린 백성이다. 만나와 메추라기는 하늘에서 주어진 것일 뿐 결코 나눔의 사건은 아니었다. 그러나 예수의 사건에서는 주는 자로서의 예수가 중요하지 않다. 예수가 내놓은 것은 보리떡 다섯 개와 물고기 두 마리뿐이다. 그러나 일어난 사건은 5천 명이 먹고도 열두 광주리나 남은 엄청난 사건이다. 예수는 단순히 주는 자가 아니다. 예수는 굶주린 민중에 대한 깊은 동정심에서 급식 사건을 일으켰다(마가복음 8장 2~3절). 민중의 굶주림과 이 굶주림에 대한 예수의 동정심이 이 사건을 일으킨 동기다. 이 이야기를 지배하는 것은 초인적인 기적 능력이 아니라 인간적인 굶주림과 인간적인 동정심 그리고 서로 나누어 먹은 집단적인 감격이다. 예수는 나눔의 사건을 일으키는 자며, 나눔의 기적 그 자체다.

나눔의 기적이 우리에게 말해 주는 교훈은 무엇인가? 자꾸 욕심을 내서 자기 창고에 쌓아 놓으려는 사람의 삶과 마음은 언제나 궁핍 속에 있다. 창고는 가득 채워질지 모르지만, 욕심을 부리는 한 만족할 수 없다. 만족할 줄 모르고 끝없이 욕심부리는 한 그 공동체는 궁핍할 수밖에 없다. 예수 당시나 지금이나 한쪽에서는 창고에 가득 찬 식량이 썩고 있고, 다른 쪽에서는 사람들이 굶어 죽고 있는 게 우리의 현실이 아닌가? 세계에서 하루에도 수만 명이 굶어 죽고 있는 것은 이 세계에 식량이 모자라서 그런 것이 아니다. 전 세계인구가 충분히 먹고 남을 식량이 있으면서도 많은 사람이 굶어 죽고 있다.

예수 당시에도 헤롯 왕을 비롯한 고관들은 흥청망청 호사스럽게 놀고먹었는데, 민중은 굶주렸다. 그제나 이제나 풍요 속에서 굶주리는 것이 현실이다. 그런데 성서 본문의 이야기는 정반대의 사실을 말해 준다. 보잘것없는 음식을 가지고 5천 명이 넘는 사람들이 나누어 먹고도 남은 부스러기가 열두 광주리나 된다고 했다. 이것은 액면 그대로 사실적인 서술로 볼 수는 없다. 이 이야기는 비록 적은 물질이라도 함께 나누면 그 공동체는 풍부해지며, 나누면 나눌수록 사랑과 유대는 깊어지고 삶은 풍성해진다는 나눔의 기적을 은유적으로 그러나 웅변적으로 말해 준다. 이 이야기는 예수가 민중과 더불어 일으킨 밥상공동체 운동을 가장 적절하게 나타낸다.

부자와 밥상공동체 운동　　　　마가복음 10장 17절 이하

공관복음서에는 부자와 가난한 자 사이의 사회적 갈등이 뚜렷하게 반영되어 있다. 「누가복음」 6장 20절 이하'는 가난한 자들에게 행복을 선언하고, 부자들에게 화를 선언한다. 호화로운 생활을 하는 부자와 굶주림 속에서 비참하게 연명해 가는 거지 라자로 사이에는 깊은 심연이 가로 놓여 있다(누가복음 16장 19절 이하). 공관복음서는 예수의 복음과 운동이 가난한 자들의 편에서 있음을 분명히 밝힌다. 복음은 가난한 자들에게 전파된다(누가복음 4장 18절: 마태복음 11장 5절)는 것을 예수는 거듭 밝힌다. 하나님 나라는 가난한 자들의 것이다(누가복음 6장 2절).

일차적으로 예수의 밥상공동체 운동은 굶주린 민중의 나눔 운동이지만 부자들과 무관한 것이 아니다. 예수는 항상 부자들에게 재물을 가난한 자들과 나누도록 촉구한다. 부자가 영원한 생명을 얻는 조건 또는 하나님 나라에 들어가는 조건은 재산을 모두 팔아서 가난한 사람들에게 나누어 주고 밥상공동체 운동에 참여하는 것이다. 이것은 부자 청년 이야기에서 분명히 밝혀진다. 예수는 부자 청년에게 구원을 얻으려면 가난한 자들에게 재산을 팔아 나누어 주고 자기를 따르라고 한다(마가복음 10장 17절 이하). 예수가 자기를 따르라고 한 것은 결국 밥상공동체 운동에 참여하라는 것이다. 또 삭개오가 자기 재산의 반을 팔아 가난한 사람들에게 나누어 주겠다고 했을 때 예수는 "오늘 이 집은 구원을 얻었다."(누가복음 19장 1절 이하)고 말했다. 부자가 구원을 얻거나 하나님 나라에 들어가는 일은 이처럼 가난한 자들과 재물을 나누는 것에 직결되어 있다.

예수는 부자들에게 가난한 자들과 부를 나눌 것을 촉구한다. 가난한 자들에게 나누어 주는 것이 하늘에 보화를 쌓는 것이다(누가복

음 12장 33절). 예수는 결코 가난 자체를 이상화하거나 찬양하지 않는
다.[65] 가난하기 때문에 굶주리고 헐벗고 목마른 사람들은 그 고통으
로부터 벗어나야 한다. 지금 굶주린 사람들은 배부르게 되어야 한다
(누가복음 6장 21절). 따라서 부자들은 청빈(가난 자체)을 추구해야 하는 게
아니라 가난한 자들과 나누어야 한다. 이러한 예수의 가르침은 그리
스 철학의 견유학파적 가르침과 확연히 구별된다. 견유학파의 전통
에서는 소유에 대한 멸시나 소유의 포기는 중요하지만, 가난한 사람
들에게 나누어 주는 일은 중요하지 않다.[66] 예수는 소유에 대한 집착
을 경계하지만, 소유 자체를 멸시하지는 않는다. 소유의 포기를 권유
하지만, 소유의 포기는 가난해지기 위한 것이 아니라 가난한 자들에
게 나누어 주기 위한 것이다.[67]

　　예수의 밥상공동체 운동은 부자들에게도 하나님 나라의 잔치
에 참여하도록 초대한다. 부자들이 하나님 나라의 잔치 즉 밥상공동
체 운동에 참여한다는 것은 자신들의 부를 함께 나눈다는 것을 의
미한다. 따라서 이런 초대는 부자들에 대한 근본적인 도전이기도 하
다. 예수의 잔치 비유는 이런 시각에서만 이해될 수 있다. 어떤 사람
이 성대한 잔치(또는 결혼 잔치)를 베풀어 놓고 사람들을 초대했는데, 초
대받은 사람들은 한결같이 납득할 수 없는 핑계를 내세워 초대를 거

---

65)　해방신학자 구티에레즈에 따르면 가난은 창피스러운 것이며 하나님의 뜻에 위배되
　　는 것이다. 구스타보 구티에레즈, 『해방신학』(成稔 역), 분도출판사, 1977, 367쪽.
　　그러나 예수는 가난을 미화하지 않았지만, 가난을 창피한 것으로는 생각하지 않았다
　　고 생각된다. 산상설교에서 예수는 가난한 사람이 행복하다고 하지 않았던가! 예수
　　는 가난을 미화하지 않았으나 가난한 사람은 존중하고 높였다.

66)　J. Gnilka, 『마르코복음』 II, 韓國神學硏究所, 1986, 123~124쪽. Wolfgang
　　Stegemann, Das Evangelium und die Armen, München, Kaiser, 1981, 45쪽.

67)　앞 글 참조.

절한다. 그들이 내세우는 핑계거리는 모두 밭일·장사·신혼 생활과 같은 일상적인 일이다. '모든' 사람들이 일상적인 일 때문에 잔치에의 초대를 거부한다는 것은 납득할 수 없는 일이다. 초청받은 사람들이 초청하는 종들을 붙잡아 폭행하고 죽였다는 것은 더욱 납득할 수 없다.

그러나 이 잔치를 하나님 나라 잔치 즉 밥상공동체 운동으로 보고 초대받은 자들을 부자들로 보면, 이 잔치 비유는 이해될 수 있다. 이 잔치에의 초대는 부자들의 부유한 생활에 대한 도전이다. 이 초대 앞에 부자들은 그들의 생활에 대해 결단해야 한다. 이 초대에 응해 자신들의 부를 향유하는 생활을 청산하거나, 자신들의 생활을 지키기 위해 그 초대를 거절해야 한다. 예수의 밥상공동체 운동에 대한 부자들의 반응은 세 가지로 나타난다.

첫째, 부자들은 잔치 비유나 부자 청년의 이야기처럼 거부 반응을 보인다. 그들은 재산이 아까워서, 풍족하고 안락한 생활에 대한 집착 때문에 밥상공동체 운동을 거부한다. 아마 이런 경우가 대부분일 것이다.

둘째, 부자들은 삭개오처럼 재산의 일부를 가난한 자들에게 나누어 주고 밥상공동체 운동에 부분적으로 참여한다.

셋째, 부자들은 헤롯 왕과 대사제들처럼 밥상공동체 운동을 적대하고 박해한다. 결국 그들은 예수를 죽인다.

최후의 만찬

예수의 마지막 만찬에서 성만찬이 제정되는데, 이 만찬은 유월절 만찬이다. 유월절은 이스라엘 백성의 해방을 기념하는 절기다. 유월절에는 양을 잡는데, 이 양은 이스라엘 백성의 생명과 해방을 위한 희생 제물이다. 최후의 만찬에서 예수의 죽음은 희생양의 죽음으로 쉽게 생각될 수 있으므로, 예수의 죽음은 대속적인 죽음으로 규정되었다. 그러나 최후의 만찬에서 예수의 죽음은 대속적인 죽음으로만 생각되지 않는다. 오히려 그의 죽음은 밥상공동체와 관련되어 이해된다. 예수의 몸은 함께 나누어 먹는 밥이며, 예수의 피는 함께 나누어 마시는 포도주다. 이것은 예수가 죽음으로써 밥상공동체의 의미가 약화되거나 밥상공동체 운동이 소멸한 것이 아니라, 예수의 존재 자체가 밥상공동체(운동)로 육화(肉化)된 것을 의미한다.

예수의 죽음은 그의 삶과 운동으로부터 이해해야 한다. 예수는 예수 운동의 결과로 죽었으며, 죽음으로써 그의 운동으로 육화되었다. 예수는 함께 나누는 삶을 살았다. 그의 죽음은 나눔의 극치다. 그는 나누다 나누다 결국 자신의 살과 피까지 함께 나눈 것이다. 그의 죽음은 밥상공동체 운동의 철저한 실현이다. 최후의 만찬은 예수가 죽더라도 밥상공동체(교회)는 남으며 예수는 밥상공동체로 부활한다는 것을 말해 준다.

부활한 예수는 사상이나 정신 속에서 만날 수 있는 게 아니라, 구체적인 삶 속에서 밥을 나누어 먹는 자리에서 만날 수 있다. 가장 물질적이고 일상적인 밥을 나누어 먹는 자리에서 부활한 그리스도를 만날 수 있다는 것은 성서가 아니면 찾아볼 수 없는 가르침이다. 엠마오로 가는 두 제자는 함께 밥을 나누어 먹을 때 비로소 부활한 예수를 알아보았다(누가복음 24장 13절 이하). 부활한 예수는 흔히 밥을 함께 먹는 자리에 나타나 함께 음식을 먹는다.[68] 부활한 예수와의 친교도 함께 먹는 것으로 표현된다.

> 보라, 내가 문밖에 서서 문을 두드리고 있다. 누구든지 내 음성을 듣고 문을 열면 내가 그에게 들어가 그와 함께 먹고 그도 나와 함께 먹을 것이다. (요한계시록 3장 20절)

최후의 만찬에서 제정된 성만찬은 밥상공동체 운동의 확증이며, 이 운동을 영원히 뒷받침하기 위해 제정된 것이다. 성만찬에서 하나님(부활한 그리스도)과 밥이 통일적으로 결합된다. 이 결합은 하늘(하나님 나라)과 땅(현실)의 결합이며 하늘과 땅을 갈라놓는 불의한 체제에 대한 혁명을 상징한다.

공관복음서와 「고린도전서」의 성만찬 제정에 관한 말은 모두 하나님 나라의 도래와 관련되어 있다. 따라서 성만찬의 밥과 포도주는 지금 이 땅에 실현되고 있는 하나님 나라의 표징이다. 최후의 만찬에서 예수는 하나님 나라에서 제자들과 함께 마실 때까지 다시는 포도주를 마시지 않겠다고 말한다. 예수에게 있어서 밥과 포도주는 하나

---

68) 「누가복음」 24장 30절 이하: 「누가복음」 24장 40절 이하; 「마가복음」 16장 14절; 「요한복음」 21장 9절 이 하; 「사도행전」 10장 39~41절. 이 본문들은 이차적인 본문들이지만 초기 교회의 부활 신앙을 이해하는 데 중요하다.

님 나라의 완성과 결부되어 있다.

3) 밥상공동체 운동은 하나님의 해방운동이다

「창세기」 3장에 의하면, 아담은 '하나님처럼 되기 위해서' '선악을 알게 하는 열매'를 따먹고 타락했다. 여기서 선·악은 도덕적 개념이 아니라 일반적으로 좋고 나쁜 것을 의미한다. 하나님처럼 되기 위해서 선악과를 먹었다는 것은 좋고 나쁨에 대한 모든 가치 판단의 기준을 자기 자신에게 두었다는 것이며, 이기적인 자기중심적 존재로 되었다는 것을 의미한다. 인간의 근원적인 죄는 이기적인 자기 중심성이다.

밥상공동체 운동은 인간을 이기적인 자기 중심성에서 해방하여 참된 화해의 공동체를 이루는 운동이다. 이것은 단순히 밥을 함께 먹는 운동이 아니라, 자기 중심성에서 해방하여 진정한 일치의 기쁨을 주는 운동이다. 이기적인 자기 중심성에 사로잡혀 있는 한 고통과 슬픔은 개인적인 고통과 슬픔으로 그치고, 좌절과 무기력에 빠질 수밖에 없다. 예수의 밥상공동체 운동에서 민중은 자기 중심성에서 벗어나 그들의 고통과 슬픔이 '우리 전체'의 집단적인 고통과 슬픔임을 깨닫고, 개인적인 좌절과 무기력에서 벗어나 역사 변혁의 주체로서 그리고 새 시대의 주인으로서 주체적인 힘과 기쁨을 얻을 수 있다.

민중을 포함하여 모든 사람이 이기적인 자기 중심성을 지니고 있다. 그러나 사회 정치적으로는 이기적인 자기 중심성을 통해 가해자와 피해자가 상대적으로 구별되어야 한다. 수탈하고 억압하는 부자와 특권층은 이기적 자기 중심성을 통한 가해자며, 수탈당하고 억압당하는 민중은 부자와 특권층의 이기적 자기 중심성에 의한 피해자다. 예수의 밥상공동체 운동은 가해자인 부자와 특권층을 그들의 이기적인 자기 중심성에서 해방시켜 피해자인 민중과 화해하게 하는 화해 운동이다.

그러면 예수의 밥상공동체 운동은 민중의 자기 해방 운동이나 가해자와 피해자의 화해 운동으로 그치는 것인가? 아니다. 이 운동은 민중의 자기 해방을 억압하고 가해자와 피해자의 화해를 거부하는 반민주적인 사회 체제와 반민중적인 특권층과 로마군에 저항하는 민중 해방 운동이다.[69] 이 운동은 민중의 사회적·역사적 주체성을 회복하는 운동이며, 억압하고 수탈하는 사회 체제를 근원적으로 혁신하는 나눔과 섬김의 공동체 운동이다.

예수 운동은 전략적으로 하나의 정치 체제를 수립하려고 하지 않았다. 그것은 인간 존재의 근원적인 해방과 사회 체제의 원칙적인 혁신을 추구했던 영구적인 혁명 운동이다. 그런 의미에서 이것은 인간의 인위적인 노력만으로 달성될 수 없고, 인간의 근원적인 회개(자기 비움)를 필요로 하는 하나님의 해방운동이다. 이러한 예수 운동에서 사람들은 참된 화해와 해방을 맛보고 하나님의 임재(臨在)를 경험한다. 성서의 하나님은 참된 화해와 해방에서 만날 수 있고 경험할 수 있다.

---

69)   빌라도 총독과 로마군에 의해서 예수가 십자가에서 처형되었음을 생각하라.

4. 밥상공동체로서의 교회

예수의 삶과 죽음과 부활을 밥상공동체 운동이란 시각에서 살펴보았다. 이제 초대 교회를 밥상공동체란 시각에서 살펴보기로 하자. 예루살렘의 초대 교회는 원시 공산 사회적인 생활을 했던 것으로 보인다. 「사도행전」 2장 44절 이하와 4장 34절 이하에 초대 교회의 생활이 묘사되어 있다.

> 믿는 사람은 모두 함께 지내며 그들의 모든 것을 공동 소유로 내어놓고 재산과 물건을 팔아서 모든 사람에게 필요한 만큼 나누어주었다. 그리고 한마음이 되어 날마다 열심히 성전에 모였으며 집집마다 돌아가며 같이 빵을 나누고 순수한 마음으로 기쁘게 음식을 함께 먹으며 하나님을 찬양하였다. (사도행전 2장 44절 이하) 그들 가운데 가난한 사람은 하나도 없었다. 땅이나 집을 가진 사람들이 그것을 팔아서 그 돈을 사도들 앞에 가져다 놓고 저마다 쓸 만큼 나누어 받았기 때문이다. (사도행전 4장 34절~35절)

초대 교회의 이러한 공동생활은 갑자기 이루어진 것이 아니다. 이것은 예수의 밥상공동체 운동의 연장이며 완성이다.

초대 교회 생활의 **첫째** 특징은 "집집마다 돌아가며 같이 빵을 나누고 순수한 마음으로 기쁘게 음식을 함께 먹었다."는 데 있다. 이것은 예수 운동이 지닌 일관된 특징이다. 초대 교회 운동은 예수가 죽은 이후의 예수 운동이다.

초대 교회 생활의 **둘째** 특징은 "그들 가운데 가난한 사람은 하나도 없었다."는 점이다. 이 사실에서 예수 운동이 가난으로부터의 해방을 목표로 삼았으며, 예수 운동의 결과 이 해방이 이루어졌다는 것을 알 수 있다.

초대 교회가 처음에 모범적인 밥상공동체를 실현했으나, 이 공동체는 오래 유지될 수 없었다. 그 까닭은 이 공동체가 주로 소비적인 공동생활에 주력하고 생산적인 공동생활을 하지 않았기 때문이다. 공동생활의 물질적 토대인 공동 생산이 없었기 때문에 이 공동생활은 지속될 수 없었다. 이 공동생활이 유지될 수 없었던 또 다른 이유는 초대 교회 공동체의 개방성에 있었다. 예수의 밥상공동체 운동은 일정한 장소에 정착하지 않고 끊임없이 움직이는 운동적 성격이 강했으나, 초대 교회는 일정한 장소와 일정한 구성원들을 토대로 한 지역 공동체적 성격이 강했다. 만일 초대 교회가 쿰란 공동체처럼 폐쇄적이고 은둔적인 공동체였다면, 원시 공산 사회적 밥상공동체를 유지하는 데 유리했을 것이다. 그러나 엄격한 사유 재산 제도를 지닌 불평등한 사회 속에서 개방적인 교회 공동체가 원시 공산 사회적인 평등한 생활을 계속한다는 것은 현실적으로 불가능한 일이었다.

이미 AD 50년대에 쓰인 「고린도전서」에는 밥상 공동체적인 식사가 부자들은 취하도록 배불리 먹고 가난한 자들은 배를 곯는 식사로 변질되었다. 바울의 교회 공동체들은 예수의 밥상공동체 운동에서 멀어져 있었다. 사회적 신분(주인과 노예)의 차이와 빈부의 차이를 그대로 두고 교회에서 식사만 함께 하는 것은 예수의 밥상공동체 운동과는 거리가 먼 것이었다. 교회에서 하는 공동 식사마저도 부자들은 음식을 많이 가져와서 배불리 먹고, 가난한 자들은 굶주려야 했다. 그리하여 부자들은 배불리 먹고 취한 상태에서, 가난한 자들은 굶주린 상태에서 성찬식에 참여했다.[70] 바울은 이에 대한 해결책으로서 공동 식사(애찬)와 성찬식을 엄격히 분리했다.[71] 이리하여 애찬과 성찬식이 분리되었으며 결국 성찬식만 남게 되었다. 예수의 밥상공동체 운동은 종교의식인 성찬식으로 형식화되고 말았다.

예수의 밥상공동체 운동이 종교적인 의식으로 형식화된 데 대해 저항한 것이 「요한복음」이다. 「요한복음」의 마지막 만찬에는 성찬식을 제정하는 말이 없다. 그 대신 마지막 만찬에 앞서 예수는 제자들의 발을 씻어 줌으로써 사랑의 실천을 위한 모범을 보여준다. 마지막 만찬 직후에 예수는 서로 사랑하라는 새 계명을 주면서 사랑을 실천할 때 비로소 예수의 제자임을 세상 사람들에게 입증할 수 있다고 말한다(요한복음 13장 34~35절).

「요한복음」 6장에서 보리떡 다섯 개와 작은 물고기 두 마리로 5천 명을 먹인 이야기 다음에 예수는 "내 살은 참된 양식이요, 내피는 참된 음료"(요한복음 6장 55절)라고 말한다.

> 내 살을 먹고 내 피를 마시는 사람은 내 안에서 살고 나도 그 안에서 산다. (요한복음 6장 56절)

예수 운동을 성례전 속에 화석화시키는 경향에 대하여 「요한복

---

70)   「고린도전서」 11장 21절.
71)   「고린도전서」 11장 33~34절.

음」은 성찬식에 참여하는 사람들을 다시 예수의 현장으로 이끌어 낸다. 예수의 살과 피를 먹고 마신다는 것은 종교적 의식 행위가 아니라, 나와 예수가 하나로 되는 것이고 예수의 삶을 오늘의 현실 속에 되살리는 것이며 예수와 함께 민중 현장에서 밥상공동체 운동을 일으키는 것이다. 「요한복음」은 탈성례전화하여 다시 예수의 삶의 자리로 그리고 민중 현장으로 돌아가려 한다.[72]

5. 교회란 무엇인가?

1) 밥상공동체의 굴절 과정

인간의 자기 중심성이 극복되지 않고 억압과 수탈의 사회 구조가 타파되지 않는 한 밥상공동체 운동은 굴절될 수밖에 없다. 이미 「베드로 후서」 2장 13절 이하와 「유다서」 12절은 흥청거리며 먹고 마시는 탐욕스러운 자들이 교회의 공동체 식사에 참여하고 있음을 말해 준다. 이런 식사는 민중의 진정한 화해와 해방과는 아무 관계도 없다. 예수의 밥상공동체에서는 공동 식사와 해방 경험(정의·평화·기쁨)

---

72)　「요한복음」은 영지주의적 언어를 사용하지만, 영지주의적 이원론을 극복했다. "말씀(λόγος)이 육신 (σάρξ)이 되었다."(1장 14절) "내 살을 먹어라."(6장 55절)와 같은 말은 영지주의에서는 도저히 용납될 수 없었으며, 이 말들은 이원론적 분리를 완전히 극복한 것이다. 목말라하고 눈물 흘리고 피곤해 하는 예수의 인간다운 모습을 「요한복음」은 그려 준다. 따라서 「요한복음」이 영지주의적이라고 보는 것은 잘못이다. 오히려 영지주의적 분위기에서, 종교적 의식에서 탈피하여 인간적인 예수의 삶과 현장으로 나갔다고 보아야 한다.

이 서로 결합 되어 있는데, 이런 식사에서는 이 두 가지가 분리되어 있다. 이런 상황에서 「로마서」 14장 17절("하나님의 나라는 먹고 마시는 일이 아니라 성령을 통해서 누리는 정의와 평화와 기쁨")이 쓰였다. 다시 물질과 정신의 이원론에 빠졌다는 것을 알 수 있다.

밥상공동체로서의 교회는 내적으로는 인간의 자기 중심성에 의해, 외적으로는 불평등한 사회 체제에 의해 이중적인 제약과 위협을 받았다. 그뿐 아니라 팔레스티나라는 사회 문화적 상황을 벗어나 국제적 헬레니즘 세계로 침투하기 위해 바울은 예수의 밥상공동체 운동을 어느 정도 정신화·추상화·현실화할 수밖에 없었다.

그러나 예수의 밥상공동체 운동의 영향이 사라진 것은 결코 아니었다. 로마의 박해를 받는 동안 교회는 주로 가난한 자들의 공동체였으며, 콘스탄티누스 대제에 의해 국교로 공인된 후에는 국가 대신에 가난한 자들에게 양식을 나누어 주는 일을 했다. 당시에 교회는 가난한 자들을 돕고 받아들이는 거의 유일한 기관이었다. 로마 제국이 몰락해 가고 있던 이 시기에 무산 계층이 현저히 증가했는데, 교회는 구빈원(diakonien)을 세워 무산 계층을 위해 식량을 체계적으로 마련했다. 설교만이 아니라 이런 교회의 역할이 고대 교회의 확장에 크게 기여했다.[73]

감독 제도가 확립된 이후에 교황 심플리키우스(Simplicius)는 465

---

73) 설교를 통해서만 교회가 확장되었다고 보아서는 안 된다. 교회에 적대적이었던 율리아누스 대제(4세기)도 교회가 확대되는 중요한 원인이 교회의 자선 활동에 있다고 보았다. A.V. Dopsch, "教會生活의 動向"(趙南振 역) 『西洋中世思想史論』(池東植 외 편역), 韓國神學硏究所, 1981, 43쪽.

년부터 교회 수입의 1/4을 가난한 자들에게 쓰도록 규정했다.[74] 교회는 그레고리우스 교황 시대(590~604년)에 이르기까지 빈민층을 보호하기 위해 고리대금 행위에 반대하여 귀족들의 저항을 무릅쓰고 열렬히 투쟁하였다. 제3차 오를레앙 종교 회의(538년)에서는 성직자는 물론 모든 집사들에 이르기까지 고리 대금업을 못 하도록 포고령을 내렸으며, 또한 착취하는 사업도 금지했다. 그 후 7세기의 교회법도 고리대금 행위를 금지했다. 고대와 중세에 가장 중요한 수탈 방식의 하나였던 고리대금 행위를 금지하는 교회법을 제정함으로써 교회의 영향력은 날로 신장해 갔다. 새로 건립된 게르만 국가들도 교회법을 추종하여 시민법을 제정하게 되었다.[75]

6~7세기에 이르기까지 교회는 가난한 자들에게 지대한 관심과 노력을 기울였다. 오늘의 교회보다도 훨씬 민중적이고 가난한 자들에게 가까운 교회였다. 그러나 점차 교회가 부를 축적하고, 주교는 봉건 영주와 같은 존재가 됨으로써 결국 반민중적인 교회로 되고 말았다.

2) 교회의 세 가지 형태와 과제

예수의 밥상공동체 운동과 오늘의 교회는 너무 대조적이기 때문에 연속성을 찾아보기 어렵다. 그러므로 오늘 교회의 정체성(identity)에 대한 문제가 심각하게 제기되지 않을 수 없다. 교회의 본래 자리

---

74)   앞 책, 44쪽.
75)   앞 책, 53~55쪽. 특히 귀족들이 교회의 이런 요구에 반대했다(55쪽).

는 어디고, 교회의 본래 모습은 무엇일까? 도대체 교회란 무엇인가? 한마디로 교회는 "예수의 하나님 나라 복음을 믿고 예수 그리스도의 삶과 죽음과 부활을 통해 성취된 하나님 나라를 선포하며 예수의 하나님 나라 운동 즉 밥상공동체 운동에 참여하는 공동체"다. 교회의 원형은 예수의 밥상공동체 운동이다. 그렇다면 교회를 세 형태로 나눌 수 있다.

첫째, 예수의 이름을 부르지도 않고 알지도 못하는 익명의 교회가 있다. 오늘 민중 현장에서 가난한 노동자들이 일으키는 민중 운동 내지는 민중 사건에서, 그리고 가진 것 없는 자들이 밥과 삶을 함께 나누는 데서 예수의 밥상공동체 운동을 가장 잘 확인할 수 있다. 하루 10시간 이상의 중노동에 시달리면서 쥐꼬리만한 월급을 타서 병든 부모와 어린 동생들을 위해 아낌없이 내놓는 가진 것 없는 노동자들의 삶은 어떤 설교보다도 하나님 나라 복음을 잘 증언한다. 전태일은 버스를 타지 않고 먼 길을 걸어서 출퇴근하면서 절약한 돈으로 굶주린 어린 여공들에게 풀빵을 사줄 정도로 감동적인 삶을 살았다. 병신춤을 추는 공옥진의 말에 의하면, 병신 거지들은 구걸해 온 음식을 다리 밑에서 함께 나누어 먹으면서 춤을 추었다. 거지인 최귀동 할아버지는 구걸할 능력이 없는 거지들에게 구걸해 온 음식을 나누어 주었다고 한다. 정신도 성치 않은 거지 할아버지의 행동을 보고 오웅진 신부는 충청북도에 행려병자의 집 "꽃동네"를 세우게 되었다고 한다. 가진 것 없는 자들만이 참된 나눔을 실현할 수 있다. 눌리고 빼앗긴 민중이 함께 나누면서 자신들의 권리와 몫을 찾기 위해 몸부림치는 데서, 새로운 나라를 건설하기 위해 꿈틀거리는 데서 예수의 밥상공동체 운동을 볼 수 있다. 민중 운동은 함께 먹고살자는 밥상공동체 운동이다. 민중은 예수를 모르면서 예수 운동에 참여한다. 이 민중의 삶과 꿈틀거림에서 그리스도의 현존과 교회의 참모습을 보아야 한다.

둘째, 밥상공동체 운동의 실현을 위해 민중 선교를 추구하는 민중 교회와 민중 선교 기관들에서 참된 교회의 모습을 찾을 수 있다. 이것은 그럴듯한 교회 건물이나 제도를 갖춘 교회가 아니라 민중 운동적인 교회다. 교회당이나 교회 제도가 불완전 하기 때문에 덜 교회적인 것이 아니라, 운동적인 성격을 지녔기 때문에 예수의 밥상공동체 운동에 더 가깝고 더 교회적이다. 이것은 작은 교회며 가난한 교회며 박해받는 교회다. 민중 교회 운동은 예수 운동과 기존 교회 사이의 벽을 허물려는 시도다. 그러므로 둘째 형태의 교회 운동이 그리스도교의 생사를 가름하는 척도가 될 것이다.

셋째, 기존의 제도적인 교회가 있다. 이 나라에서 그리스도교는 양적으로 급격히 팽창했다. 민주화와 산업화가 동시에 이루어지던 1970~80년대에 가톨릭교인 수는 100만에서 200만으로 늘어났다. 개신교도 놀랄 만큼 비대해졌다. 도시나 마을마다 교회의 십자가는 차고 넘칠 정도로 흔해졌다. 그리스도교인 수는 천만 명을 헤아린다. 군대·경찰서·교도소까지 교회의 입김이 깊이 스며 있다. 그리스도교가 국교가 아닌가 착각할 정도다. 그러나 양적으로 비대해진 교회들은 사회의 빛과 소금이 되기는커녕 사회의 암적인 존재로 타락할 조짐마저 보인다. 생활고에 허덕이는 노동자·농민들은 아랑곳없이 호화스럽고 거대한 교회당 건물 짓기에 바쁘다. 심지어 헌금으로 부동

산에 투자하고 사채놀이하는 교회까지 있다고 한다. 기업가 정신에 따라 운영되는 보수적인 교회들은 이 나라의 부패와 몰락을 조장하고 있다. 이런 교회를 이 땅의 민중은 어떤 눈으로 볼까?[76] 도시 교회들은 대부분 부자 교회들이며 민중이 접근할 수 없는 교회들이다. 기성 교회와 가난한 민중 사이에는 두터운 벽이 가로놓여 있다. 이러한 상태가 계속되면 한국 교회는 민중의 적으로 지탄받게 되고 민주화와 남북통일을 지향하는 민족사의 앞길에 장애가 될지도 모른다.

공룡처럼 비대해진 한국 교회의 존망은 눌리고 빼앗기는 민중과 함께 교회의 부와 인적 자원을 나눌 수 있는가에 달려 있다. 오늘 한국 교회는 예수의 이름은 부르지만, 예수와 등진 교회가 되었다. 예수의 밥상공동체 운동과 한국 기성 교회는 거의 관련이 없다. 오늘의 한국 기성 교회는 예수 앞에서 결단해야 한다. 부자 청년처럼 재산이 아까와 민중 운동이나 민중 선교를 외면하면, 이러한 교회는 하나님 나라를 유업으로 받지 못하고 죽어서 잔해만이 역사의 유물로 남을 것이다. 반대로 삭개오처럼 재산의 반을 나누어 민중 운동과 민중 선교를 지원하면, 그 교회는 생명을 얻을 수 있을 것이다. 지금도 역사 속에서 민중과 함께 예수가 일으키는 밥상공동체 운동에 한국 교회는 적극적으로 참여해야 한다.

한국 교회의 또 다른 과제는 남북 분단을 극복하는 것이다. 십자가의 복음이 진정 화해와 해방의 복음이라면, 그것은 가장 고통스럽

---

76) 필자가 직접 교도소에서 만난 사람들 가운데는 교회를 사업체로 보는 사람들이 있었다. 장로들이 자본금을 대고 목사가 교회를 경영하는 것이라고 그들은 굳게 믿고 있었다.

고 깊은 남북 분단을 극복하는 복음이어야 한다. 십자가는 교회당 지붕 위에 있지 않고, 가장 적대적이고 가장 고통스러운 남북 분단의 자리에 서 있다. 남북의 진정한 화해와 해방을 위해 한국 교회는 앞장서야 한다. 그럴 때 비로소 한국 교회는 예수 그리스도의 참된 교회가 될 수 있으며 민족사적으로 밥상공동체를 실현할 수 있을 것이다.

하나님 나라를 향해
예수와 가난한 자들이 걸어간 길
−예수의 하나님 나라 운동과 가난한 자들의 신학

6장. 하나님 나라를 향해 예수와 가난한 자들이 걸어간 길
-예수의 하나님 나라 운동과 가난한 자들의 신학

　　부자들과 권력자들은 자신들의 체제를 유지하고 강화하려는데, 가난한 자들은 주어진 체제를 깨고 새로운 세상을 만들려 한다. 정의와 평화로 가는 역사의 변혁은 결코 부자들에 의해 이루어지지 않는다. 가난의 현실은 부자들에 의해 극복되지 않는다. 그 극복은 먼저 가난한 자들에게서 시작된다. 물질적인 풍요와 안락에 잠긴 부자들은 잔뜩 움켜쥐고 하나님의 해방을 외면한다. 그러나 단절과 소외의 아픔을 몸으로 느끼는 가난한 자들은 하나님의 해방을 고대하며 빈손으로 하나님의 도움을 간청한다.

1. 가난한 민중의 갈망과 예수의 하나님 나라

1) 민중의 갈망

출애굽 이후 예수 시대에 이르기까지 천여 년 동안의 이스라엘 역사는 그야말로 고난으로 이어진 역사였다. 다윗 왕조 수립이라는 막간극을 제외하면, 주변 강대국의 침략과 지배가 그칠 날이 없었다. 다윗 왕조는 이스라엘 민중의 고통과 염원을 바닥에 깔고 등장했다. 그러나 솔로몬 시대에 이르면 노골적으로 민중의 염원을 배반하고 주변 강대국과 마찬가지로 억압과 수탈의 제국주의 체제로 변하고 말았다.

출애굽의 원경험과 자유·평등·평화의 이스라엘 부족공동체를 수립한 원경험을 바탕으로 이스라엘 민중은 천여 년 동안 주위의 군사적 제국주의의 억압과 수탈, 자국 왕권의 불의와 폭력을 몸으로 견디면서 더욱이 BC 722년과 BC 586년에 민족 국가가 멸망하고 포로로 접혀 가면서도 역사적 해방에 대한 갈망과 신앙을 버리지 않았다. 이 민중적 갈망과 신앙이 족장 전승·출애굽 전승·율법 전승·예언자 전승·시편 전승·묵시 문학 전승에 담겨 예수 시대의 갈릴리 민중에게까지 전해졌다. 그리고 천여 년 동안 이스라엘 민중이 몸으로 겪은 사무친 설움과 원한이 여전히 예수 시대의 갈릴리 민중의 삶을 지배하였다.

예수 시대의 갈릴리 민중은 이중적인 억압과 수탈을 당하고 있었다. 예수 당시에 유대 지방은 로마 총독이 직접 지배하고 있었으나,

갈릴리 지방은 분봉왕 헤롯 안티파스가 통치하고 있었다. 그러나 헤롯 안티파스의 아버지 헤롯 대왕 이전부터 헤롯 왕가는 로마 제국의 충실한 종복으로 처신하였다. 특히 헤롯 안티파스는 로마인에게 노예처럼 아첨하였으며, 자기 백성에 대해서는 폭군이었다.[77] 헤롯 왕가가 통치하고 있을 때인 BC 40년에 바데(바데 족속)가 침입하자 민중들 대부분이 이를 해방으로 느꼈다는 것은 로마 제국을 등에 업은 헤롯 왕가의 통치가 얼마나 반민중적이었는지를 말해 준다.[78]

시리아의 충독 퀴리니우스(Quirinius)가 세금 징수를 위해 AD 6년에 인구 조사를 했을 때, [아직 갈릴리 지방에 해당된 것은 아닌데도] 갈릴리 사람인 유다를 중심으로 갈릴리 지방의 많은 사람이 반란을 일으켰다. 이들은 젤롯당(헬라어 Zelos는 질투하는 자·대항하는 자·열성자라는 뜻이 있다)이라고 불렸으며, 대부분 갈릴리 사람들이기 때문에 갈릴리 사람들이라고 불리기도 했다.[79] 이런 사실들로 미루어 보면 예수 시대에 이르기까지 로마 제국이 갈릴리 민중을 직접 또는 간접으로 수탈하고 억압했음을 알 수 있다.

그리고 예루살렘 성전을 중심으로 한 사제 귀족과 지주 계층 그리고 헤롯 왕가가 갈릴리 민중을 억압하고 수탈했다. 사제 귀족의 종교적 수탈과 헤롯 왕가의 착취는 그들의 한없이 사치스럽고 낭비적인 생활에서 엿볼 수 있다. 그들은 금화 백만 데나리온의 지참금 가운데 10%를 향수·장신구·보석 같은 사치품의 구입에 썼고, 대사제

---

77)   안토니우스 H.J.군네벡, 『이스라엘 歷史』(문희석 역), 한국신학연구소, 1980⁴. 29쪽.
78)   앞 책, 281쪽.
79)   앞 책, 292쪽.

의 가운값이 1~2만 데나리온에 이르렀다.[80] (당시 하루 품삯이 1데나리온이었음을 생각해 보자). 갈릴리 지방은 비옥한 곡창 지대였고 여기서 가장 좋은 품질의 곡물이 산출되었다.[81] 그러나 갈릴리 농민들은 거의 소작인이었으므로[82] 소작료·세금 때문에 가장 살기 어려웠고 가장 불만이 많았다.

로마의 군사·문화적 침략과 경제적 수탈, 예루살렘의 왕족 및 귀족의 억압과 수탈은 팔레스티나 민중의 삶을 극도로 피폐 시켰으므로, 민중은 이를 데 없이 빈곤한 삶을 살았을 뿐 아니라 공관복음서에서 알 수 있듯이 정신병을 비롯해서 온갖 질병이 들끓고 있었다. 천여 년 동안 이민족의 압제와 수탈에서 벗어나려는 오랜 역사적 갈망, 로마 제국·헤롯 왕가·성전 귀족·부재지주들의 복합적인 억압과 착취의 질곡에서 벗어나려는 민중의 갈망이 예수 시대의 민중의 삶 속에 깊이 사무쳐 있었다.

2) 예수 운동의 내용

예수의 운동은 이런 민중적 갈망의 승화된 표출이었으며, 이 갈망에 대한 응답이었다. 먼저 이 갈망에 관련된 다른 형태의 운동들을 간략히 언급해 보자.

---

80)   Joachim Jeremias, Jerusatem in the Time of Jesus, Philadelphia, Fortress Press, 19814. 95~97쪽.

81)   앞 책, 292쪽.

82)   M. Hengel, Judentum und Hellenismus (WUNT, 10) Tübingen, 19732. 329~330쪽. S. W. Baron, A Social and Religious History of the Jews I. New York, 1958. 278쪽.

엣세네파는 마카비 전쟁 때 독립 전쟁에 참여했던 하시딤파의 후예들이다. 하시딤파의 일부는 후에 하스몬 왕조·대사제의 부정과 불의에 항거하여 하스몬 왕조와 손을 끊었다. 이들이 엣세네파를 형성했으며, 엣세네파는 종말론적 희망을 품고 종교적 순수성을 지키기 위해 예루살렘 성전을 떠나서 그들만의 공동체를 수립했다(예루살렘 성전과 하스몬 왕가로부터 손을 떼지 않고 체제 안에 잔류한 사람들이 바리새파다).[83] 이들의 삶은 철저했고 존경할 만했으나 소종파주의에 빠졌고, 민중적 갈망에 응한다기보다 일부 사제들의 종교·정신적 순수성을 지키는 데 집착했다.[84]

바리새파는 예수 당시에 사회 체제의 주도 세력으로서 국민 교육과 계몽에 힘썼다. 회개 운동으로 시작한 바리새파는 유대인의 범죄가 보상되고 그 민족이 완전히 율법의 길로 돌아오게 될 때 하나님의 개입을 통해 모든 외국 통치가 종식될 것으로 기대했다. 따라서 바리새파는 율법에 담긴 하나님의 뜻이 일상생활 속에서 정확히 어떤 것인지를 해명하는 데 몰두했다. 그들은 종교 전통의 대변자와 율법 교사로서 국민 사이에서 폭넓은 지지와 명망을 얻었으나, 엄격한 율법주의자들로서 윤리·종교적 정결을 엄격히 민중에게 강요함으로써 사회 정치적으로 소외된 민중을 종교적으로 더욱 소외시키는 구실을 했다. 당시에는 종교와 정치가 일치되어 있었다. 사제들과 바리새파가 의회(산헤드린)를 장악하고 있었으므로, 율법은 사회·종교 체제의 이데올로기였다. 사회 체제의 지배 이데올로기였던 율법의 대변자

---

83)   W. 푀르스터, 『신구약 中間史』 (문회석 역). 컨콜디아사, 1980. 81쪽.
84)   앞 책, 82쪽 이하.

로서 바리새파는 결국 반민중적 구실을 했다.

외세에 대해 바리새파 사람들이 적극적 항쟁을 일으킬 수 있는 논리적 결론에 도달하지 못했던 데 반하여,[85] 젤롯당은 적극적인 항쟁으로 나아갔다. 젤롯당은 하나님의 뜻이 무조건 실현되어야 한다는 점에서는 바리새파와 일치했다. 그러나 그들은 지금의 통치자(로마인들) 때문에 하나님의 뜻이 민중 속에서 실현되지 않을 때 무엇을 해야 하느냐란 물음에 대해서는 바리새파와 의견이 달랐다. 젤롯당은 외세의 통치를 실천적으로 거부하고 하나님의 통치에 온전히 복종하면 하나님의 개입으로 메시야 시대가 도래할 것으로 믿었다.[86] 종교적인 견지에서 젤롯당은 극우적인 민족·전통주의적 입장에 있었다. 그리고 갈릴리의 가난한 민중은 사회 경제적으로 이 젤롯당 운동의 주류를 이루었다.[87] 이들은 정치·종교적 열광주의에 빠져 타협적인 온건파들을 대부분 처단하고 처절한 항쟁을 했으나, 결국 현실에 대한 정치적 안목을 잃고 장렬하고 참혹한 최후를 맞았다.[88]

예수에 앞서 하나님 나라 운동을 일으켰던 세례자 요한은 문명 생활을 떠나 금욕적인 생활을 하면서 바리새파 사람·사두개파 사람·군인·세리에게 준엄한 도덕적 회개를 요청하였다(누가복음 3장 10절). 예수와 마찬가지로 하나님 나라 운동을 일으켰으나, 요한은 지식인·지도층 인사 (바리새파·사두개파)·군인·헤롯 왕을 겨냥하여 심판을 선언

---

85) 앞 책, 128~129쪽.
86) 앞 책, 131쪽.
87) 안병무, "마가복음에서 본 역사의 주체", 『民衆과 韓國神學』 한국신학연구소, 1982, 175쪽.
88) 안토니우스 H.J. 군네벡, 앞 책, 294~295쪽. 296~297쪽.

하면서 심판을 면할 조건으로서 회개를 촉구하였다(마태복음 3장 4절).

그러면 예수 운동의 내용은 어떠했으며 그 특징은 무엇인가?

첫째, 예수는 민중과 하나가 되어 민중과 함께 살았다. 앞에서 언급한 대로 공관복음서에는 예수의 개인적인 자의식·심리 묘사·성격·외모·사적 욕구에 대한 진술을 거의 찾아볼 수 없다. 그의 삶은 하나님 나라, 하나님의 뜻, 민중에 의해 움직였고 규정되었다. 언제나 하나님 나라와 민중의 갈망에 따라 움직였으므로 그의 사욕이나 야심을 찾아볼 수 없다.

둘째, 그의 삶은 함께 나누는 삶이었다. 그는 소외된 사람들과 밥상공동체를 이루었다(마가복음 2장 11절 이하와 3장 31~35절). 그는 소위 죄인들과 함께 식사하면서 음식뿐 아니라 생각과 삶을 나누었다. 보리떡 기적 사건도 수천 명의 민중과 예수의 밥상공동체 사건을 나타내는 것으로 보인다(마가복음 6장 30절 이하와 8장 1절). 예수의 십자가 죽음도 나눔의 삶이 극치에 이른 사건으로 볼 수 있다. 나누다 보니 결국 자기 자신의 생명까지도 나누어 주게 된 것이다. 실제로 초대교회는 예수의 죽음을 이렇게 이해한다. 애찬식과 성만찬 예식은 예수가 생전에 실현한 밥상공동체를 이어받은 것이며, 예수의 십자가 죽음을 밥상공동체의 맥락에서 이해한 것이다(마가복음 14장 12절 이하: 이런 해석에 대해서는 "예수의 밥상공동체 운동과 교회"를 참조). 이 밥상공동체는 초대교회의 원시 공산 사회적 삶으로 이어진다(사도행전 2장 43절).

셋째, 예수의 삶은 섬기는 삶이었다. 당시의 집권자나 세력가가 백성을 강제로 지배하고 권력으로 내리눌렀지만, "너희는 섬기는 사람이 되어야 한다."고 예수는 말했다(마가복음 10장 41절 이하). 또한 예수는 높은 자리를 구하는 제자들에게 어린이의 삶을 제시하고(마가복음 9장 33절 이하: 마태복음 18장 1~5절: 누가복음 9장 46~48절: 마태복음 18장 1절 이하), 제자들의 발을 씻겨 주었다(요한복음 13장 1절 이하). 예수가 무력하게 수난을 당하고 죽는 모습도 섬기는 삶의 연장으로 볼 수 있다. 그가 강력한 지배자나 왕적 통치자가 되려고 하지 않고, 그런 권력자 앞에서 무력하게 잡히어 고난받고 죽은 것은 섬기는 삶의 원칙에서 나온 불가피한 귀결이다. 만일 그가 패권을 다투는 사람이었다면, 당연히 무장 투쟁을 벌여서 승부를 겨루어야 했을 것이다. 그런 눈으로 보면 예수의 무력한 수난과 죽음은 수치스럽고 보잘것없는 일이었다.

넷째, 그의 삶은 하나님 나라와 관련되어 있었다. 병 고치는 일도, 귀신 쫓는 일도 모두 하나님 나라의 도래와 관련되어 있었으며, 모든 가르침도 하나님 나라에 관한 것이었다(그의 제자들도 하나님 나라의 도래를 선포하는 데 주력했다). 다시 말하면 그의 삶은 하나님 나라 운동이었다. 그에게 있어서 하나님 나라는 미래의 어느 시기에 실현될 것도 아니고, 현재 이미 실현이 완료된 것도 아니었다. 그의 하나님 나라는 그와 민중의 삶 속에서 지금 실현되고 있으며, 장차 완전히 실현될 나라였다(누가복음 17장 21절).

다섯째, 그의 삶은 가난한 민중의 갈망에 대한 구체적 응답이었다. 배고픈 민중에게 보리떡을 나누어 줌으로써 민중의 물질적인 욕구에 응했으며, 병자와 장애인들을 고쳐 줌으로써 그들의 신체적 갈망에 응했다.

예수는 이러한 나눔과 치유와 섬김의 하나님 나라 운동을 통해 잠들어 있는 민중의 힘을 일깨웠다. 민중이 개인적인 고통과 슬픔에

잠겨 있는 한 민중은 무력하다. 민중이 자기 자신의 아픔을 자기 개인의 아픔으로만 알고 있을 때, 민중은 아무런 창조적 힘, 사회와 역사를 변혁하는 힘을 발휘하지 못한다. 민중이 개인적인 자기 안에 갇혀 있는 한 민중은 비굴하고 소심하고 야비할 수도 있다. 그러나 민중이 사회적이고 역사적인 억압과 수탈의 굴레로 인한 체념과 좌절에서 벗어나, 개인적인 욕구와 좌절의 늪에서 벗어나 집단적인 '우리'를 경험하면, 역사와 사회 변혁을 위한 영원한 힘을 얻을 수 있다.[89] 예수의 하나님 나라 운동은 개인의 삶 속에 갇혀 있는 민중이 자신의 운명적인 삶에서 벗어나 서로 만날 수 있도록 이끌었다. 그리하여 이들이 하나님 나라 운동의 주체가 되게 했다.

예수의 운동은 민중과 하나가 되었다는 점에서 율법 교사로서 율법에 따라 민중을 계몽하고 교화하려 했던 바리새파와는 다르고, 농촌 마을과 도시에서 민중과 함께 민중 운동을 일으켰다는 점에서 엣세네파와도 다르다. 나눔과 섬김의 공동체 운동을 일으킴으로써 평화로운 민중 운동을 일으켰다는 점에서 그리고 세리를 용납했다는 점에서 세리를 원수로 여기고 무장 항쟁을 일으켰던 젤롯당과 구별된다. 떠돌이 생활을 했던 예수의 주변에 여자·어린이·장애인들이 몰렸다는 것은 예수가 군사 전략을 고려하지 않았음을 말해 준다. 예수의 가르침도 군사 전략을 시사하지 않는다.[90] 그리고 소외된

---

89)   안병무, "民衆 예수", 「神學思想」 55(1986 겨울), 한국신학연구소, 934·936·940쪽 참조.

90)   예수의 가르침에는 로마군에 대한 언급이 없다. 수난사를 제외하면 예수의 활동이 로마군과 충돌했다는 언급도 없다. 이처럼 예수의 가르침과 활동이 젤롯당과 분명히 구별되지만, 예수가 젤롯당을 비난한 적은 없다. 오히려 젤롯당원 시몬이 예수의 열두제자 가운데 포함되어 있다(마가복음 3장 18절).

민중들과 함께 먹고 마시며 하나님 나라의 기쁜 소식을 전했다는 점에서 도덕적 회개를 촉구하며 금욕생활을 했던 세례자 요한과도 다르다.

사회·종교적 억압과 수탈의 체제 아래서 신음하는 민중에게 또 그런 억압과 수탈의 체제를 향해 예수가 "하나님 나라의 도래"를 선언한 것은 낡은 세계의 종말과 더불어 개벽의 때를 알린 것이다. 이것은 "갈릴리의 민중에게 최대의 돌출구를 주는 일이며, 동시에 헤롯 왕·로마·예루살렘 세력권에는 선전 포고와도 같은"[91] 것이다. 그러나 이런 예수의 하나님 나라 운동은 사회 체제와 같은 지평에서 충돌하지는 않았다. 당시의 사회 체제를 지탱한 물리적 강제력인 로마군과의 직접적인 충돌이나 로마군에 대한 직접적인 언급이 없다는 사실이 이것을 말해 줄다. 그리고 현재의 체제를 타파하고 새로운 체제를 수립하겠다는 구체적인 구상을 찾아볼 수 없다.

그러나 예수의 운동은 순수한 정신 운동이거나 내면적인 종교운동은 아니었다. 그것은 민중의 물질적이고 신체적인 갈망의 승화된 표출이고 그 갈망에 대한 응답이었다. 그것은 나눔과 치유와 섬김의 공동체적인 삶을 실현함으로써 민중이 주체가 되는 하나님 나라를 실현하는 운동이고 그 나라의 궁극적 실현을 대망하는 운동이었다. 그것은 사회 경제적 억압과 수탈의 굴레 속에 얽매여 있던 민중의 힘을 폭발시킨 운동이며 사회와 역사의 근본적인 변혁을 지향하는 운동이었다. 그것은 일회적인 체제 혁명이 아니라 역사와 사회의 영구

---

91) 안병무, "마가복음에서 본 역사의 주체", 『民衆과 韓國神學』 한국신학연구소. 1982, 103, 177쪽.

적인 혁신 운동이었다. 그것은 단적인 체제 부정이 아니라 체제 안에서 체제의 근본을 뒤흔드는 운동이었다(마태복음 17장 24절; 마가복음 12장 13절: 성전 세를 내고 가이사에게 세금을 바쳤다면 더욱 그렇게 생각할 수밖에 없다). 그것은 체제보다 깊은 자리에서 시작하여 체제에 부딪쳐 갔다. 그것은 체제의 근원적이고 원리적 혁신이다.

나눔과 섬김의 삶은 억압의 지배 체제와 수탈의 경제 구조를 거부한 삶이었다. 억압과 수탈의 사회가 가능한 것은 인간의 자기중심적 욕구(억압과 수탈의 삶을 강요하는)와 강제적인 사회 구조 때문이다. 나눔과 섬김의 삶은 인간의 자기중심적 욕구를 극복한 것이고, 억압과 수탈의 강제적인 사회 구조를 거부한 것이다. 예수가 일으킨 나눔과 섬김의 삶은 소종파의 폐쇄적 공동체가 아니라 새로운 나라의 실현을 위한 민중 운동이었다.

3) 가난한 민중이 하나님 나라의 주인

예수는 "가난한 사람들이 하나님 나라의 주인"이라고 선언했다(누가복음 6장 21절). 그리고 예수는 대사제들이나 백성의 원로들보다 "세리와 창녀들이 ……먼저 하나님 나라에 들어가고 있다."(마태복음 21장 31~32절)고 말하였다. 이런 발언들은 당시의 기득권자들이나 부자들에게 그리고 억눌리고 수탈당하고 죄인으로 낙인찍힌 민중에게 혁명적인 것이었다. 가난한 민중이 주체였던 예수의 하나님 나라 운동을 이해하는 데 가장 중요하고 핵심적인 말은 「누가복음」 6장 21절 "가난한 사람들아, 너희는 행복하다. 하나님 나라가 너희의 것이다."[92)]이다.

이 말의 의미를 신학적으로 해명함으로써 가난한 자들의 신학을 모색해 보자.

첫째, 우선 예수의 민중 운동을 이해하는 데 열쇠가 되는 이 말을 해석할 때 배제해야 할 관점이 있다. 먼저 가난을 이상화하는 관점이 다. 예수는 "가난한 사람들"을 말했는데, "사람들"을 빼고 "가난한"을 명사화시켜 '가난'을 이상으로 추구하는 이들이 있다. 이것은 수도원이나 견유학파의 이상(청빈)이다. '가난한 사람들'은 사회 구조적 존재이며 역사적 상황의 존재인데, 가난을 이상화시키는 사람들은 구체적인 사회사적 상황으로부터 가난을 추상화시킴으로써 결국 종교·도덕적 금욕주의에 빠진다. 그리하여 민중의 가난한 삶에서 떠나게 된다.[93)] 예수의 가난한 사람들은 결코 가난을 추구하거나 찬미하지 않는다.

다음에 '가난'을 정신화시켜 인간의 정신적 개방성, 개방적 태도로 이해하는 관점이다. 이것은 예수의 "가난한 사람들"에서 "가난한"이란 말을 빼고 이 구절을 개방적인 정신적 태도라는 관점에서 해석하

---

92) 「마태복음」과 「누가복음」은 예수의 일차적 청중을 제자들로 설정했다. 이 경우 제자들을 12 제자로 한정시키면 안 될 것이다. 본래 예수의 청중은 가난한 자들이었다. 제자들도 가난한 자들이었다. 이에 대해서는 안병무 "가난한 자" 『한국문화와 기독교윤리』 文學과 知性社 1986. 316쪽 (註 38), 317쪽 참조. 「마태복음」 5장 3절의 "마음이 가난한 사람"보다 「누가복음」 6장 21절의 "가난한 사람"이 더 본래적이다. 이에 대해서는 에두아르트 슈바이쩌 『마태복음』(「國際聖書註釋」. 29, 한국신학연구소, 1982) 91~92쪽 참조.

93) 수도승과 견유학파의 청빈도 사회적 상황을 전제하거나 그 상황과 관련될 수 있다. Wolfgang Stegemann, Das Evangetium und die Armen, Kaiser Traktate Chr. Kaiser München, 1981, 7쪽. 그러나 가난한 자들의 사회적 상황에 대한 그들의 태도는 소극적이고 은둔적이기 쉽다.

는 것이다. 이런 관점 역시 예수의 가난한 민중과는 아무 관계가 없다.

둘째, 예수는 어디서도 가난을 이상화한 일이 없다. 그리고 「누가복음」 6장 21절에서 예수는 결코 '정신적 개방성'과 같은 것을 말하려고 한 것이 아니다. "가난한 자들이 하나님 나라의 주인"이라고 한 것은 예수가 일으킨 하나님 나라 운동의 중심에 가난한 자들이 있음을 말한 것이다. 예수의 주위에는 가난한 자들이 몰려들었고 이들이 예수를 따랐는데, 예수는 이들이 새 시대(하나님 나라)의 주역이며 이들에게서 새 시대가 시작될 것을 밝힌 것이다. 예수의 하나님 나라 운동은 가난한 자들을 위한 가난한 자들의 운동이었다.[94]

하나님 나라 복음이 가난한 자들과 직결되어 있음을 예수는 다른 구절에서도 분명히 밝힌다. 「누가복음」에 의하면 예수는 공적 활동을 시작하면서 자신의 사명이 가난한 자들에게 복음을 전하는 것임을 선언했다(누가복음 4장 18절). 그리고 감옥에 갇힌 세례자 요한이 사람을 보내어 예수가 메시아인지 묻자 예수는 "……가난한 자들에게 복음이 전해진다."는 말로 대답을 대신했다(마태복음 11장 5절). 이처럼 예수의 복음은 가난한 자들과 분리될 수 없다. 그러나 후대의 교회가 복음을 가난한 자들과 분리시켰을 때, 복음은 추상적이고 관념적인 보편주의적 복음, 개인의 삶만을 문제 삼는 개인주의적 복음으로 전락했다. 보편주의적 복음이나 개인주의적 복음은 예수의 복음이 아니다. 예수의 복음에서 가난한 자들을 제거하면 복음의 사회

---

94) 예수 주변의 가난한 사람들에 대해 보통 ptochos란 말이 사용되는데, 이것은 남에게 생계를 의존할 수밖에 없는 극빈자들을 가리키는 말이었다. W. Stegemann의 앞 책 8, 12, 18쪽 참조.

성과 역사성은 상실된다.[95]

셋째, '가난한 자들'과 하나님 나라 복음 사이의 관계를 바로 이해하기 위해서는 가난한 자들이 사회 구조적 존재라는 것을 밝혀야 한다. 가난한 자들은 부자들에 대한 상대적 개념이다. 부자들이 없다면 가난한 자들도 없다. 모두 가난하다면 '가난한 사람'이란 말이 필요 없을 것이다.[96] 가난한 자들은 부자들에 의해 가난한 자들로 되었으며, 가난한 자들과 부자들 사이에는 사회 제도적인 벽이 놓여 있다. 부자는 이기적 욕구를 충족시키고 자신의 부를 유지하기 위해 부자와 가난한 자 사이에 있는 사회 체제의 벽을 강화하려고 안간힘을 쓰고, 가난한 자들은 억압과 수탈로 인해 신음하고 부르짖으며 몸부림친다.

가난한 자와 부자 사이에 장벽이 세워지는 바로 여기가 하나님 나라 복음이 선포되는 현장이다. 하나님 나라 복음은 가난한 자들에게 "너희가 하나님 나라의 주인"이라고 선언하며, 자기들을 위해 사회 체제의 벽을 더욱 두텁게 쌓는 부자들에게 "너희는 불행하다. 너희는 이미 받을 위로를 다 받았다."고 선언한다. 복음서에서는 가난한 자들이 소외되고 부자들이 주인인 사회 체제의 변혁, 가난한 자들과 부자들과의 관계 역전이 시사되어 있다. 후렴처럼 나오는 첫째와 꼴찌의 역전에 관한 말, 하나님 나라에 대한 세리와 창녀의 우

---

95) 서남동은 가난한 사람들을 복음의 하부 구조라고 한다. 서남동, 「民衆神學의 探究」, 한길사, 1983, 357쪽.
96) 물론 절대 빈곤은 상대 빈곤과 구별된다. 절대적 빈곤은 기술 과학과 경제 발전으로 어느 정도 극복될 수 있다. 상대적 빈곤은 사회 구조의 문제다. 불평등한 사회 구조 속에서는 기술 과학과 경제 발전으로 상대적 빈곤이 극복되지 않는다.

선권, 가난한 자와 부자의 운명의 역전(누가복음 6장 20절 이하: 누가복음 16장 19절 이하: 부자와 나자로), 가난한 자들, 억눌린 자들의 해방과 희망의 선포(누가복음 4장 18절), 고생하며 무거운 짐을 지고 허덕이는 사람의 초대(마태복음 11장 28절), 특히 「누가복음」에는 가난한 자와 부자의 역전이 분명히 시사되고 있다.

> 지금 굶주린 사람들은 배부르게 될 것이고, 지금 우는 사람들은 웃게 될 것이다. 지금 배불리 먹고 지내는 사람은 굶주릴 날이 올 것이고, 지금 웃고 지내는 사람들은 슬퍼하며 울 날이 올 것이다. (누가복음 6장 21, 25절)

여기에는 '현재'와 '미래'의 대조가 분명히 나타난다. 현재의 상황과 미래의 상황은 역전된다. 그리고 부자와 가난한 자의 처지가 뒤바뀐다. 이것은 역사적이고 사회적인 구체적 상황의 변혁이다. 그러나 이 변혁은 미래에만 맡겨져 있는 게 아니다. 이미 현재에서 가난한 사람들은 하나님 나라의 주인이다(누가복음 6장 20절; 마태복음 5장 3절). 이것은 가난한 사람들이 하나님 나라의 주인이 되는 일이 지금 일어나고 있음을 말해 준다.

"가난한 사람들이 복이 있다."는 말은 가난 자체를 정당화하고 미화시키는 게 아니며, 가난한 자들이 피안의 저 세상에서 보상을 받을 것이라는 종교적 위로도 아니다. 그것은 지금 예수를 통해 일어나고 있는 하나님 나라 운동, 즉 가난한 민중이 역사·사회의 질곡을 벗어나서 주체가 되는 나라를 실현하는 운동, 가난한 자들과 부자들 사이의 벽을 허물고 새로운 공동체를 창조하는 운동을 반영한다.

그 말은 가난한 자들과 부자들 사이의 중립적이고 관념적인 화해가 아니라, 가난한 자들이 일으키는 혁신적인 변혁을 반영한다. 역사 변혁과 사회 혁신의 주도권이 가난한 자들에게 있음을 선언한 것이다. "가난한 자들이 복이 있다."는 하나님의 복음은 억압과 수탈 속에서 무기력한 민중들을 동력화시키는 힘이요, 혁명적 힘을 분출케 하는 누룩이다.

2. 가난한 자들의 신학

1) 가난은 죄다?

예수의 하나님 나라 운동과 가난한 자들의 현실은 신학적으로 어떤 의미가 있는가? 가난한 자들의 문제를 신학적 개념으로 해명해 보자.

가난은 죄의 현실이며 결과다. 창조 설화에 의하면, 죄는 인간이, 자신을 신격화시키고 자신을 선·악 판단의 기준으로 삼음으로써, 자신의 본분을 저버리고 하나님과의 관계와 이웃과의 관계를 깨뜨린 것이다.[97] 관계의 파괴와 단절을 뜻하는 죄는 가난의 현실에서 가장

---

97) 「창세기」 3장에 의하면 아담과 하와는 하나님처럼 되기 위해서 선·악을 알게 하는 선악과를 먹고 타락했다. 하나님처럼 된다는 것은 자기중심적 존재가 된다는 것이며, 선·악은 윤리적 개념이 아니라 좋고 나쁜 것을 나타낸다. 결국 선악과를 먹었다는 것은 모든 것을 자기 위주로 판단하게 되었다는 것을 뜻한다.

분명하게 나타난다. 모든 인간이 각기 자신을 신격화하고 선·악 판단의 표준으로 삼음으로써 수탈자와 수탈당하는 자 즉 부자와 가난한 자의 현실이 생겨났다. 가난의 현실은 부의 현실의 다른 한 면이다. 이런 의미에서 가난은 인간의 보편적인 죄의 결과다. 그러나 가난은 일차적으로 가난한 자들의 죄가 아니라 부자들의 죄이며 가난을 강요하는 사회 구조의 죄다. 죄의 현실로서 가난은 새 가지 단절을 반영한다.

첫째, 가난은 창조자 하나님으로부터의 단절이다. 이 단절은 하나님이 창조한 피조세계의 아름답고 풍부한 재화로부터의 단절이다. 가난은 하나님이 창조를 통해 인간에게 준 선물을 박탈당한 것이며, 하나님이 인간에게 준 생명에 대한 위협이자 침해다. 가난은 하나님의 풍부한 피조세계(자연)로부터 인간을 차단시킨다. 가난의 현실은 소수의 사람들이 하나님의 창조물을 창조자의 뜻에 반하여 독점한 결과다. 그것은 창조물에 대한 하나님의 권리를 침해한 것이다. 창조세계의 부를 소수의 사람들이 사적(私的)으로 독점함으로써 창조 세계의 기쁨과 선(善)은 파괴되고, 창조 질서 속에 악과 혼란이 생겨났다. 창조 세계의 사적인 독점은 하나님의 창조목적과 의도를 거스르는 범죄다. 왜냐하면 하나님은 인간과 모든 생물이 풍부한 삶을 누리도록 세상을 창조했기 때문이다.

가난의 현실은 두 가지 방식으로 창조자 하나님과의 단절을 말해준다. 부자들은 하나님의 창조 세계를 사적으로 독점함으로써 창조세계에 대한 하나님의 주권을 침해하고 창조자의 목적과 의도를 거부할 뿐 아니라, 실천적으로 창조자 하나님의 존재를 부인한다. 그리하여 그들은 가난한 자들보다 먼저 창조자 하나님과 단절되어 있다. 가난한 자들은 본의 아니게 창조자 하나님의 선한 뜻과 은혜로부터 단절되어 있다. 부자들로 인해 가난한 사람들은 창조자 하나님이 인간을 위해 창조한 선물을 누리지 못한다.

둘째, 가난은 인간과 인간 사이의 단절을 반영한다. 거지 나자로의 설화가 보여주듯이 가난한 자들과 부자들 사이에는 건널 수 없는 심연이 놓여 있다. 빼앗은 자와 빼앗긴 자 사이에 증오와 원망이 서려 있고, 냉정한 거부와 무관심이 지배한다. 부자와 가난한 자가 개인적으로 서로 빼앗고 빼앗기지는 않는다고 하더라도 창조자 하나님을 사이에 놓고 보면, 그 점이 분명해진다. 결과적으로 부자는 하나님이 가난한 자에게 본래 부여했던 몫을 빼앗는다. 이로써 하나님의 사랑과 평화는 인간들 사이에서 사라지고, 증오와 다툼이 생겨나고, 기쁨과 활기는 없어지고, 슬픔과 무기력이 지배하며, 관계는 단절되고, 공동체적 유대는 끊어진다.

셋째, 가난은 인간이 본래의 자기 자신으로부터 단절되어 있음을 나타낸다. 하나님은 인간이 자유롭고 주체적인 노동을 통해 창조 세계를 변혁하고 관리하도록 인간을 창조하였다.[98] 부자들은 놀고먹는 유한계급이 됨으로써 노동을 멀리하며, 창조 세계를 관리하고 변혁할 인간 본연의 본분을 저버린다. 가난한 자들은 자유롭고 주체적인 노동을 하지 못하고 타인에 의해 강요된 노동을 하게 되고, 그들

---

98) 「창세기」 2장 27~28절. 이 구절의 해석에 대해서는 G. 브라켈만, "노동 문제에 대한 신학적 고찰"「神學思想」 23, 한국신학연구소, 1978. 617쪽 참조. 그리고 「창세기」 1장 26절을 노동과 관련지어 해석하는 것에 대해서는 J.M. 로흐만, "기독교와 마르크스주의의 노동관"「神學思想」 23, 한국신학연구소, 1978. 642쪽 참조.

의 노동은 자유롭고 창조적인 임무 수행이 아니라 예속된 고통스러운 노고다. 이처럼 부자와 가난한 자는 모두 창조에 의해 부여된 본분을 벗어나 있다. 이것은 인간의 자기 소외다. 왜냐하면 부자나 가난한 자는 하나님의 창조에 의해 주어진 자유롭고 주체적이며 창조적인 인간의 본래적 존재를 상실했기 때문이다. 이런 세 가지 단절로서의 가난은 개인적 문제가 아니라 사회 구조적인 현실로서 인간을 단절과 소외 속에 가두어 놓는다.

2) 가난한 자들을 통한 하나님의 해방

이런 단절과 소외로부터 어떻게 벗어날 수 있는가? 가난의 단절과 소외에서 구원하고 해방하는 일을 하나님은 가난한 자들을 통해 시작한다. 실제로 인류 역사의 실질적 담지자(擔持者)는 가난한 자들이다. 왕과 귀족, 군대와 성직자, 학자와 관료를 먹여 주고 입혀 주며 그들에게 집을 지어 준 이는 가난한 민중이다. 만리장성·피라밋·불국사·경복궁을 짓고 산에서 금을 캐어 금관을 만든 이도 밑바닥에서 억압받고 수탈당한 가난한 민중이다. 밑바닥에서 인류 역사의 무거운 짐을 지고 신음하는 가난한 자들의 몸부림과 꿈틀거림에 의해 인류 역사는 해방의 길을 걸어왔다. 왕조의 흥망성쇠와 왕조 체제의 변혁을 가져오는 중심적인 힘은 해방에 대한 가난한 자들의 갈망과 몸부림이었다.

부자들과 권력자들은 자신들의 체제를 유지하고 강화하려 하는데, 가난한 자들은 주어진 체제를 깨고 새로운 세상을 실현하려 한다. 역사의 변혁은 결코 부자들에 의해 이루어지지 않는다. 가난(그리고 가난의 다른 한 면인 부)의 현실은, 다시 말해서 세 가지 단절과 소외의 현실은 결코 부자들에 의해 극복되지 않는다. 그 극복은 먼저 가난한 자들에게서 시작된다. 물질적인 풍요와 안락에 잠긴 부자들은 잔뜩 움켜쥐고 하나님의 해방을 외면한다. 그러나 단절과 소외의 아픔을 몸으로 느끼는 가난한 자들은 하나님의 해방을 고대하며 빈손으로 하나님의 도움을 간청한다. 비록 가난한 자들이 하나님의 이름을 입으로 부르든 부르지 않든 그들의 혼은 고통과 신음 속에서 하나님의 해방을 갈망하며 그들의 삶 속에 맺힌 한을 통해 하나님에게 부르짖는다.

하나님은 그들의 고난과 갈망 속에 현존하며, 하나님은 그들의 몸부림을 통해 해방의 역사를 이끌어 간다. 하나님은 가난한 자들의 고통과 몸부림을 통해 자신의 역사 경륜을 실현하고, 이들의 역사를 해방의 역사로 만들어 인류의 궁극적 목적으로 이끈다. 역사 변혁의 수레바퀴는 가난한 자들을 통해 굴러간다. 이렇게 하나님의 역사 경륜에 있어서 가난한 자를 선택하는 데에는 두 가지 이유가 있다. 부자들은 하나님의 창조물을 사적으로 독점함으로써 하나님과 가난한 자 사이를 단절시키고 있다. 하나님은 자신의 창조 의지와 목적을 실현하기 위해 부자들의 독점을 깨뜨리고, 가난한 자들과 만나 가난한 자들에게서 창조의 선한 뜻을 실현하려 한다.

그리고 하나님은 사랑이므로[99] 가난한 자들의 고난에 대해 무한

---

99) 구약·신약성서에서 하나님의 가창 두드러진 속성은 사랑이다. 구약성서에서는 헤세드(תֶסֶד) 신약성서에서는 아가페(αγάπη)로 표현된다. 하나님을 사랑으로 규정하는 것에 대해서는 「요한 1서」 4장 8절 참조.

한 통애(痛愛)를 느낀다. 가난한 자들의 고난에 대한 하나님의 통애는 하나님과 가난한 자들을 연결시키며, 하나님으로 하여금 가난한 자들을 편애하게 한다. 하나님은 가난한 자들의 고난에 대한 통애 속에서 부자들에 대해서 의로운 분노를 갖는다. 이렇게 가난한 자들을 택하여 하나님은 해방의 역사를 이끌어 간다.

하나님은 가난한 자들의 갈망과 몸부림 속에서, 그들의 절규와 고난 속에서 사랑을 통해 그들과 굳게 하나로 연합되어 있다. 하나님은 가난한 자들에게 희망과 빛을 주며, 그들이 해방에 이르도록 힘을 준다. 통애하는 창조자로서 하나님은 가난한 자들의 생존을 위한 근거이며, 삶에 대한 용기와 의욕의 원천이고, 해방을 위한 힘이다. 하나님의 창조적 힘이 절망적인 상황 속에서 가난한 자들의 삶을 유지할 수 있는 저력을 이룬다. 하나님의 창조적 힘과 통애는 가난한 자들의 해방 운동을 뒷받침하고 가능케 하며 현실화한다. 가난한 자들의 절규와 고통 속에서 하나님은 함께 절규하고 함께 아파하며 그들의 절규와 아픔이 허무와 죽음의 세력에 의해 공허한 메아리로 되지 않도록 한다.[100]

통애하는 창조자 하나님은 가난한 자들의 고난을 의미 있는 고난으로 만든다. 하나님은 가난한 자들의 고난을 하나님 자신의 고난으로 삼음으로써 인류 역사의 목적과 연결시킨다. 그리하여 가난한

---

[100]　예수가 십자가에서 "나의 하나님, 나의 하나님 어찌하여 나를 버리셨습니까?"(마가복음 15장 34절)라고 절규한 것은 가난한 민중의 고통과 죽음을 담은 절규일 뿐 아니라, 가난한 자들의 고통에 대한 하나님 자신의 절규이기도 하다. 예수의 삶과 죽음과 부활은 가난한 자들의 고통스러운 절규와 하나님의 통애하는 절규가 맞물려 돌아간 인류 해방의 드라마다.

자들의 고난은 무의미한 고난이 아니라, 인류의 역사적 목적을 실현하기 위한 산고(産苦)요 인류 해방을 위한 진통이다. 해방의 역사는 가난한 자들의 고난 없이 성취될 수 없다. 가난한 자들의 고난을 통해서만 인류 역사는 해방의 역사로 된다. 하나님의 통애하는 영을 통해서 가난한 자들의 고난은 가난한 자 개인의 고난이 아니라, 우리 모두의 고난, 가난한 자들의 집단적 고난으로 된다. 하나님의 통애를 통해서, 성령의 연대를 통해서 가난한 자들의 고난은 개인적인 고난으로 머물지 않고 가난한 자들의 집단적인 고난, 나아가서 인류 전체의 고난이 된다.

현실적으로 가난한 자들의 고난은 사회 구조를 통해 집단적으로 주어진 것임에도 불구하고 인간의 자기중심적인 죄성 때문에 가난한 자들은 자신들의 고난을 개인적인 고난으로, 심지어 운명적인 고난으로 이해한다. 인간의 근원적인 죄는 가난한 자를 자기중심적인 존재로, 운명적인 무력한 존재로, 희망 없는 존재로 만든다. 그러나 하나님의 통애와 성령의 연대를 통해 가난한 자는 공동체적인 존재, 적극적인 존재, 해방의 주체로 된다. 가난한 자들은 하나님의 사랑 안에서 (그들이 그 사랑을 분명히 의식하든 의식하지 않든) 자신들의 공동적 운명과 상황을 자각하고 그들의 해방을 위해 공동체적으로 움직인다. 하나님의 역사 경륜에 따라 가난한 자들의 해방을 위해 가난한 자들이 선택되고 가난한 자들의 해방을 통해 부자들을 포함한 온 인류의 해방이 이룩된다.

3) 십자가의 그리스도

하나님은 인간적 삶의 창조적 근원이며 인간 해방의 근원적 동력이다. 인간은 이러한 하나님의 존재를 직접 보고 인식할 수 없다. 하나님의 존재는 물적 존재가 아니므로 눈으로 직접 관찰할 수 없고, 인간의 인식과 경험의 지평을 넘어서는 존재이므로 사변적인 추론과 성찰을 통해 인식될 수 없다. 그러나 하나님이 자신을 인간에게 알림으로써 인간은 하나님의 존재를 경험적인 지평 속에서 경험하고 깨달을 수 있다.[101] 그러면 하나님은 어떻게 자신을 인간에게 알리는가? 하나님은 인간을 위한 그의 행위를 통해서만 자신을 알린다. 그 행위는 인간에 대한 끊임없는 사랑의 행위며, 인간과 더불어 있기 위한 행위다. 그러면 인간에 대한 사랑의 행위, 인간과 더불어 있기 위한 행위는 어떤 형태로 나타나는가? 그 행위는 고통받는 가난한 민중과 함께 아파하며 가난한 민중을 그 고통에서 해방하는 하나님의 행위로 나타난다. 이런 하나님의 행위와 모습이 나사렛 예수에게서 전형적으로 나타난다.

나사렛 예수는 하나님과 가난한 민중의 깊은 결속을 반영하고 확증한다. 나사렛 예수의 삶과 죽음과 부활은 고통받는 가난한 자들을 위한 하나님의 활동과 고통받는 가난한 자들의 모습을 분명히 나타낸다. 나사렛 예수의 고난과 죽음만을 말하는 신학은 하나님에 대해서도, 고통받는 가난한 자들에 대해서도 올바로 말할 수 없다. 가난

---

101) K.Barth, Kirchliche Dogmatik II/l, Evangelischer Verlag A.G. Zollikon-Zürich, 1948. 67쪽 이하.

한 민중과 온전히 동행한 예수의 삶은 고난과 죽음을 내포하고 있을 뿐 아니라 부활도 이미 함축하고 있다. 예수의 삶은 이미 민중과 예수가 함께 일으킨 운동이 현실에서 부딪쳐야 할 좌절과 함께, 그 좌절을 뚫고 일어설 민중의 부활을 내포한다.

예수가 아무런 무장 없이 민중과 더불어 나눔과 섬김의 운동을 일으킴으로써 수탈과 지배의 체제에 도전한 것 자체가 예루살렘의 권력자들과 로마 군대에 의해 좌절당할 수밖에 없는 것이었다. 그러나 예수와 민중의 영원한 합일, 나눔과 섬김의 예수 운동에서 가난한 민중이 도달한 진정한 해방 경험은 결코 물리적 힘에 의해 말살될 수 없는 영원한 것이었다.

예수를 중심으로 하여 이루어진 가난한 민중의 나눔과 섬김의 삶에서, 자기중심적인 탐욕과 지배욕에서 벗어나 사랑과 평화의 일치를 이룬 가난한 민중의 연대성에서 가난한 자들은 하나님의 해방 행위를 경험할 수 있었다. 예수가 가난한 민중과 함께 하나님 나라 운동을 일으키다가 당한 고난과 죽음에서 가난한 자들과 함께 고통당하며 죽는 하나님을 볼 수 있다. 예수의 부활은 민중의 고난과 죽음을 뚫고 가난한 민중을 살리는 하나님의 해방 사건이다.

또한 예수의 삶과 죽음과 부활은 그대로 가난한 민중의 삶과 죽음과 부활을 보여준다. 예수는 결코 사적(私的) 삶을 살지 않고 언제나 가난한 민중과 함께 하는 삶을 살았다. 그의 삶은 가난한 민중과 더불어 기쁨과 슬픔을 함께 하는 삶이었고, 가난한 민중의 삶 깊은 곳에 파고들어 민중다운 삶의 가장 깊은 원류와 만나 민중과 완전히 동화되고 완전히 합일되었다. 예수와 함께한 운동적 삶에서 가난한 민중은 가장 근본적인 해방을 경험하고 가장 깊은 기쁨을 맛보았다. 예수의 고난과 죽음은 가난한 민중이 억압과 수탈 체제 속에서 당하는 고난과 죽음을 그대로 반영한다. 그의 삶은 좌절과 실패로 얼룩진 그러나 그 좌절과 실패를 딛고 일어서는 민중사를 압축적으로 반영한다.

예수의 부활은 가난한 민중의 삶이 고난과 죽음에서 끝나지 않고 새로운 미래로 해방된다는 것을 나타낸다. 예수의 부활은 좌절과 죽음을 딛고 일어서는 민중의 강인한 힘, 고난과 죽음 속에 잠긴 가난한 민중의 빛이다. 이런 맥락에서 십자가에 달린 그리스도의 고통과 죽음은 가난한 자들의 고통과 죽음이며, 이들의 고통과 죽음 속에서 이들과 하나 된 하나님의 고통과 죽음이다. 십자가의 그리스도는 가난한 민중의 처지와 운명을 나타내는 거울이며 가난한 민중에 대한 통애와 연대성 속에서 그들과 결합 되어 있는 하나님의 고통과 사랑을 나타내는 거울이다.

십자가의 그리스도는 인간을 해방한다. 먼저 그리스도는 하나님의 통애와 연대를 통해 가난한 민중을 해방한다. 말없이 고난받고 힘없이 죽어가는 그리스도는 가난한 민중과 완전히 하나가 됨으로써 가난한 민중과 더불어 하나님의 사랑의 능력을 통해 하나님 나라의 미래로 부활한다. 그리스도의 십자가는 가난한 민중과의 합일, 하나님의 통애를 통한 가난한 민중과의 근원적인 일치며, 그리스도의 부활은 가난한 민중의 근원적 해방이다.

십자가의 그리스도에 대한 신앙은 고난과 죽음 앞에서 좌절한 민중--자기중심적 욕망과 두려움 속에서 분열되고 소외된 가난한 민중—이 그들의 고통과 죽음에 동참하는 하나님의 통애와 연대를 통해 근원적인 합일에 이르고, 사랑과 평화의 일치에 이르게 한다. 따라서 십자가는 가난한 민중이 공동체적인 주체성에 이르는 통로다. 그러므로 십자가의 복음은 가난한 민중의 복음이다.

또한 십자가의 그리스도에 대한 신앙은 부자들을 해방한다. 부자들은 하나님의 창조 세계를 사적으로 독점하고 가난한 자들의 창조적 권리를 유린함으로써, 하나님으로부터 소외되고 가난한 이웃들로부터 소외되고 자신의 창조적 본분을[102] 저버림으로써 자기 자신으로부터 소외되었다. 십자가의 그리스도는 하나님의 통애와 가난한 자들의 고난을 통해 부자들을 하나님과의 화해로, 가난한 자와의 화해로, 그리고 자기 자신과의 화해로 부른다. 그리스도의 고통과 죽음을 통해 부르는 이 부름에 어떻게 응답하는가에 따라 부자들이 진정한 해방을 받는가 아니면 영원한 소외와 멸망에 빠지는가가 결정된다. 그들이 이러한 신적 통애를 통한 부름, 고난과 죽음 속에서 외치는 그리스도의 부름, 빼앗기고 상처 입은 가난한 자들의 부름을 외면하면, 하나님과 인간의 평화로운 공존을 실천하기 위해 하나님이 펼치는 해방의 역사에서 밀려날 뿐 아니라 하나님의 해방 역사에 대한 장애물로서 결국 심판받고 깨어질 것이다.

십자가의 그리스도는 죄의 현실 속에 사로잡혀 있는 인간들을 해방한다. 여기서 전통적인 인의론(認義論)[103]을 되새길 필요가 있다.

---

102) 하나님을 중심으로 하여 이웃과의 연대 속에서 살라는 본분.
103) 전통적인 認義論에 대해서는 K.Barth Kirchliche Dogmatik IV/1. (Evangelischer Verlag A.G., Zürich, 1953) 573쪽 이하 참조.

첫째, '인의론'은 "인의(의롭다는 인정)가 인간의 밖에서 주어짐"을 말한다. 자기중심적 인간 존재 안에서는 모든 것이 자기중심적으로 규정되기 때문에 인의가 주어질 수 없다. 이것은 '자신 안에 굽어든 인간들'로 구성되고, 인간의 자기중심적 삶을 정당화하고 강요하는 억압과 수탈의 사회 체제에 대해서도 타당하다. 억압·수탈의 사회 체제는 체제 안에서 인의(정당화)가 주어질 수 없다. 그 체제 밖에서 즉 그 체제의 변혁을 통해서만 인의가 주어질 수 있다.

둘째, 인의론은 '믿음만으로' 그리고 '은혜만으로'를 강조하는데, 이것은 인간들의 신분이나 업적에 상관하지 않는 평등성을 뜻한다. 결국 "은혜만으로"라는 구호가 추상적으로 잘못 적용되면, 사회 구조적 불평등을 호도하고 부자의 자기 정당화에 이용될 수 있다. 그러나 화해론 속에서 창조론과 관련하여 이해하면 인의론은 사회 구조적 불평등과 차별의 근거를 빼앗고 부자와 가난한 자의 화해, 즉 부자의 나눔을 촉구하게 된다.

셋째, 인의론은 인간이 죄인이며 인간 세상이 죄의 현실임을 고백함으로써 인간 자신의 무장해제, 자기 개방에 이른다. 그것은 인간과 하나님 사이의 벽을 허무는 것이며, 인간과 인간 사이의 벽을 허무는 것이다.

십자가의 그리스도는 하나님 나라를 향한 민중 운동의 제물로 자신을 바쳤다. 그의 죽음은 민중의 자기중심적 삶의 죽음이며, 그의 부활은 민중의 함께 나누는 삶의 부활이다. 그리스도의 십자가는 자기 포기와 목숨 바침이며 자기 초월이다. 오늘 십자가의 자기 초월이 교회에서 일어나지 않고 가난한 자들의 삶에서 일어나는 것은 그리스도와 가난한 자들의 연대성과 연속성을 말해 준다.[104] 십자가의 초월은 자신에 대한 집착을 끊고 민중 현장의 부름에 자신을 내맡기는 것이다. 이런 십자가 사건을 통해 하나님의 해방 능력이 작용한다. 하나님 나라 도래의 역사 그 한복판에 그리스도의 십자가가 있다. 하나님은 좌절하고 실패한 민중 운동의 선도자 그리스도를 하나님 나라 도래의 길과 통로로 삼았다. 십자가의 그리스도는 하나님 나라의 능력으로 부활했다. 부활의 그리스도는 가난의 현실 즉 인간의 자기 중심성과 사회의 구조악을 깨는 하나님 나라의 능력이다.

십자가의 그리스도는 가난한 자의 상징이다. 지위와 명예, 권력과 부 그 어느 것과도 거리가 멀었던 그의 삶은 결국 모든 인간과 단절된 채 벌거벗은 모습으로 십자가에 달려 죽는 것으로 끝났다. 수치와 모욕, 고립과 무력 속에서 입고 있던 의복마저 빼앗기고 십자가에 매달린 그리스도는 가난한 자의 운명을 상징한다. 그러나 상징으로 그치지 않고 십자가의 그리스도는 부활하여 고통받는 가난한 자들 사이에 현존한다. 고통받는 가난한 자들의 삶에서 십자가의 그리스도를 보고 증언해야 한다. 십자가의 그리스도는 가난한 자들의 고통과 좌절을 감수하지 않고 그들의 운명적인 고통과 좌절에 대해 절규하면서 항거한다. 불의한 권력자들과 부자들이 민중 운동을 좌절시키는 부조리한 역사적 현실에 대해 그리고 이런 현실을 방치하는 하나님에 대해 십자가의 그리스도는 항거한다.

---

104)   안병무, "民衆 예수", 「神學思想」 55, 한국신학연구소, 1986, 924쪽.

나의 하나님, 나의 하나님 어찌하여 나를 버리십니까? (마가복음 15장 34절)

하나님의 깊은 고통을 반영하는 이 절규는 예수 개인의 운명이 아니라 예수가 민중과 함께 일으킨 하나님 나라 운동의 운명, 가난한 민중이 겪는 좌절과 죽음의 운명에 관련되어야 한다. 이렇게 절규하는 십자가의 그리스도는 해방을 갈망하며 몸부림치는 가난한 민중의 해방 운동을 상징하며, 바로 그러한 가난한 민중의 해방 운동 속에 현존한다. 이런 그리스도를 증언하고 선포하는 것이 가난한 민중뿐 아니라 부자에게도 기쁜 소식이다. 그러나 그것은 먼저 가난한 자들에게 선포되는 복음이다.

4) 나눔과 섬김

예수의 하나님 나라 운동은 나눔과 섬김의 운동이다. 이것은 소외된 인간, 단절된 인간관계, 깨어진 공동체를 치유하는 운동이다. 이것은 가난(죄)의 현실을 넘어 창조자 하나님, 사랑의 하나님에게 돌아가는 운동이다. 예수는 가난한 자들과 더불어 밥상 공동체적 삶을 살면서 부자들에게 가난한 자들과 재산을 나누도록 촉구했다. 그는 부자들이 가난한 자들과 재산을 나눌 때, 비로소 하나님 나라에 들어갈 수 있고 영생 (구원)을 얻을 수 있다고 말했다(삭개오와 젊은 부자 청년 이야기). 예수 운동은 결코 가난 자체를 미화하지도 않지만, 그렇다고 부자가 되려는 것도 아니다. 예수 운동은 수탈과 지배의 현실을 거부하고 서로 나눔으로써 부자와 가난한 자의 참된 화해를 이루고 가난을 극복하려 했다.

나눔과 섬김은 무엇인가? 나눔은 우선 가난한 자들끼리의 나눔이다. 부자들보다는 가난한 자들이 훨씬 잘 나눈다. 부자들의 담이 더 높고 부자들의 빗장이 더 무겁다. 가난한 자들의 마음과 삶이 더 열려 있다. 콩 한 쪽도 나누어 먹는다는 속담처럼 가난한 사람들은 서로 나누는 삶이 자연스럽게 체질화되어 있다. 왜냐하면 없는 사람들에게 밥은 목숨처럼 소중한 것이고, 여분의 식량이 있으면서도 굶는 사람을 외면하는 것은 일종의 살인 행위임을 너무나 잘 알기 때문이다.

가난한 자들의 삶 속에서 서로 나누는 예들을 일일이 들 필요는 없다. 친근한 예로 새마을 열차에서는 제 것과 남의 것이 분명하고 서로 주고받는 게 없다. 그러나 3등 완행열차에서는 네것 내것을 그다지 가리지 않는다. 김밥과 계란을 혼자 먹는 일이 드물고, 이런저런 이야기로 떠들썩하게 한데 어우러진다. 그러나 나눔은 가난한 자들끼리의 나눔만을 뜻하지 않는다. 그것은 하나님이 준 정당한 몫을 찾기 위한 투쟁이기도 하다. 이 투쟁을 통해 가난한 자들과 부자들은 하나님의 창조 질서에 의해 주어진 본래의 자리로 돌아가게 된다.

섬김은 우선 타인을 위한 삶을 뜻한다. 섬김에는 투쟁적인 요소가 있다. 섬김은 가난한 자들을 위한 섬김을 가로막는 것들과의 투쟁이다. 가난한 자들을 위한 섬김은 그들의 삶 속에 뛰어드는 것이며, 그들의 멍에를 깨고 사슬을 끊는 것이다. 이런 섬김을 저지하는 악의 세력과 맞서 싸우는 것이 섬김의 행위다. 가난한 사람들이 하나님 나라의 주인이라고 선언한 예수의 운동은 오늘도 가난한 자들에게서 일어날 수 있고 또 일어나고 있다. 가난한 노동자와 빈민이 모두 하나님 신앙을 가지고 하나님 나라 운동을 한다는 것은 아니다. 그러나 그들의 고통을 통해 그리고 해방을 향한 갈망과 몸부림을 통해 (그들에게 하나님 신앙이 있든지 없든지) 이미 하나님 나라 운동에 참여하고 있다. 그들의 몸부림과 절규는 알게 모르게 하나님의 창조 의도와 창조목적을 실현하는 일과 통한다.

가진 것 없는 그들만이 그들의 소유와 삶을 나눌 수 있으며 그런 나눔을 갈망한다. 물론 그들도 나누기 위해서는 개인주의적인 삶(죄)을 극복해야 한다. 예수 운동에서 그랬듯이 오늘 가난한 자들도 그들만의 나눔으로 그치지 않고, 그들이 빼앗긴 것, 지금 빼앗기고 있는 것을 함께 나눌 수 있도록 부자들과 그들을 비호 하는 권력층에게 요구해야 한다. 이들의 정당한 권리 주장을 억압하는 사회 체제는 변혁되어야 하며 가난한 자들에 대한 부자들의 폭력을 제압할 수 있도록 가난한 자들의 힘이 성장해야 한다.

가난한 자들의 힘은 개인주의적 사고에서 비롯된 좌절과 체념에서 벗어나 서로의 아픔을 함께 나누는 데서 그리고 새로운 나라를 위해 함께 투쟁하는 데서 생겨난다. 단절과 소외의 현실, 그 현실의 질곡을 깨뜨리고 생명과 힘의 원천인 하나님에게 가까이 갈수록 가난한 자들의 생명과 힘은 풍부해지고 강해진다. 이런 힘의 성장 과정을 통해 하나님의 창조목적은 실현되어 간다. 하나님 나라의 궁극적 성취는 하나님의 미래에 있지만, 나눔과 섬김의 삶이 이루어지는 데서 불의한 체제를 부수려고 몸부림치는 데서 하나님 나라는 실현되고 있다.

오늘의 길을 묻다

7장. 오늘의 길을 묻다

창작과 비평 특별좌담 김용옥, 박맹수, 백낙청, '다시 동학을 찾아 오늘의 길을 묻다' 논평[105]

창비의 백낙청, 철학자 김용옥, 원광대 총장 박맹수가 동학을 중심으로 보편적인 철학적 대화를 진지하게 나눈 것에 공감하고 경의를 표한다. 근현대 한국의 창의적인 사상인 동학을 깊이 이해하고 동학사상이 오늘 어떤 의미와 가치를 가지고 있는가를 논의하고 밝혀준 한국의 대표적 지성인 세 분께 고맙다. 한국사상을 공부하는 사람으로서 나는 이 좌담의 중요한 주제들에 대하여 내 생각을 밝힘으로써 이들의 좌담에 참여하려 한다. 이 좌담에서는 6개의 주제가 논의되고 있다.

---

105) 계간 「창작과 비평」 2021년 가을호에 실린 김용옥, 박맹수, 백낙청의 특별좌담에 대한 논평이다.

1. 동양의 민본사상과 서양의 민주주의

논점 정리

서양의 민주주의는 실체가 없다. 동양에는 서양의 민주사상 보다 지고한 민본사상이 있다. 세종은 민의 글인 한글을 창제하고 다양한 인재를 출신에 관계없이 적재적소에 쓴 지도자로서 민본을 구현한 위대한 왕이다. 군주가 이끄는 수직적 민본주의가 동학에 와서 비로소 수평적 민본주의로 바뀌었다.

논평

한국과 동아시아의 전통사상에는 민본과 민생 사상이 있지만, 민주 사상은 없다. 민본과 민생 사상은 왕도(王道) 정치의 틀 안에서 생겨난 것이다. 민본사상을 최고로 강조한 맹자는 민심이 천심이라면서 민심, 천심, 천명을 거스른 왕조는 뒤집어엎어도 좋다고 하였다. 그러나 그가 말한 역성혁명(易姓革命)은 불의하고 무능한 왕조가 정의롭고 유능한 왕조로 바뀌는 것에 지나지 않는다. 맹자도 민을 정치(통치)의 주체로는 생각하지 못했다. 민생과 민본을 실현하는 정치의 주체는 어디까지나 왕이었다.

20세기 중국의 유명한 정치사상가 양계초는 민을 주체로 보지 못하고 민을 가축처럼 먹여 기르는 것이라며 맹자의 민본사상을 신랄하게 비판하였다. 민주적인 이념과 원리에 이르지 못했다는 점에서 동양의 민본, 민생 사상은 왕조 시대의 낡은 사상에 지나지 않는다. 그러나 동학은 민본과 민생을 넘어서 시천주, 사인여천, 인내천을 말함으로써 민을 중심에 놓을 뿐 아니라 주체로 보는 관념과 원리에 이르렀다. 그러나 동학도 왕도정치의 이념과 현실에서 벗어나지 못했고 민주를 실현하는 원칙과 제도를 생각하지 못했다. 동학의 지도자들이 외세 특히 일제의 침략을 경계했지만, 민이 일제의 침략을 막아내는 구체적이고 현실적인 방안을 생각하지도 마련하지도 못했다.

백낙청, 박맹수, 김용옥은 서양의 민주주의를 비판하면서 동양의 민본사상을 높이 내세웠다. 서양에서도 민주 이념과 제도가 완전히 실현된 적이 없다는 말은 옳다. 그러나 서양에서 민주 이념과 제도를 실현하려고 줄기차게 노력해 온 것은 사실이다. 민주주의(데모크라시)란 말이 처음 생겨난 희랍에서도 노예제가 엄존했고 귀족과 평민, 유산계급과 무산계급의 신분 차이가 온존했지만, 민주 이념과 제도를 실현하려는 노력과 분투가 있었다. 미케네 왕조가 멸망하고 왕조가 없는 시대가 300여 년 지속되는 혼란과 혼돈 속에서 귀족과 농민 계층이 동맹을 맺고 도시국가가 형성되었다. 아테네 도시국가는 민회가 구성되고 대화와 토론을 통해서 안건을 의결하고 추첨제나 투표를 통해서 권력자들을 선출했다. 이로써 희랍인들은 왕조 국가에서는 경험할 수 없는 민주정치를 실현하고 경험할 수 있었다.

희랍문화와 함께 서양문명의 토대와 기둥을 이룬 히브리 기독교 신앙 전통도 왕권에 저항하고 왕권의 속박에서 해방하는 민주 정신과 이념을 지니고 있다. 수메르 메소포타미아 국가의 속박에서 벗어나 새로운 땅에서 새로운 나라를 이루려는 꿈을 가지고 떠돌이 생활을 했던 아브라함과 그의 후손들도 왕권을 부정하고 왕권에 저항하는 확고한 민주적 신앙전통을 확립하였다. 아브라함의 후손들이 이집트 제국의 종살이에서 해방된 출애굽 사건을 경험하고, 바빌론 제국의 포로들로서 유대인 사제들이 히브리 성경(구약성경)을 편집, 정립하고 로마제국의 식민지 백성으로서 예수가 하나님 나라 운동을 벌인 것도 왕권의 지배와 속박에 저항하는 민본, 민생, 민주의 정신적 전통을 드러낸 것이다.

아브라함의 후손인 이스라엘 백성이 이집트의 종살이에서 해방된 후 가나안 땅에서 부족 연맹체를 구성하고 이스라엘이란 나라를 이루었을 때도 왕권에 저항하는 강력한 신념과 의지가 살아 있었다. 인간 왕들을 부정하고 오직 하나님만이 왕이라고 믿었던 이들은 200년 동안 왕 없는 나라를 유지하였다. 성경학자 폰 라트에 따르면 '이스라엘'은 '신이여 다스리소서!'를 뜻하는 말이다. 이스라엘 민족이 어쩔 수 없이 인간 왕들을 세우게 되었을 때도 왕권을 견제하고 비판하는 예언자들이 끊임없이 나와서 왕권에 저항하는 강력한 민주 전통을 유지하였다. 인간 왕을 부정하고 신이 다스리는 나라를 세운다는 것은 예수의 하나님 나라 운동에서 드러나듯이 신의 정의와 평화, 사랑과 진리 속에서 민이 서로 주체로서 자치와 협동의 나라를 세운다는 것을 의미한다.

김용옥은 한글을 창제하고 과학기술과 문화를 발전시키고 인재들을 잘 활용한 세종을 민본과 민생의 이념을 잘 구현한 위대한 지도자로 제시한다. 세종이 문화적 천재이고 위대한 왕인 것은 분명하다. 그러나 세종은 왕도정치의 한계를 벗어나지 못했다. 1420년에 세종이 처음으로 확정한 부민고소금지법의 목적은 조선왕조 사회에서 상하존비(上下尊卑)의 위계질서를 엄격히 지키는 데 있었다. 세종에게 가장 중요한 것은 조선왕조를 지키고 보존하는 것이었다. 어린 임금 단종이 강력한 신하들에게 둘러싸여 왕조가 위태롭게 되었다고 생각한 수양대군이 피바람을 일으키며 단종을 몰아내고 자신이 왕이 된 것도 조선왕조를 지키겠다는 명분과 신념이 있었기 때문에 가능한 일이었다.

세종이 이룩했던 과학기술과 문화의 빛나는 업적과 사업은 그의 후손들에 의해 계승되지 못했고 무너지고 말았다. 세종이 한글을 창제함으로써 위대한 문자혁명을 일으켰지만, 한글이 민중에 의해서 널리 쓰이지도 못했고 경전들을 주체적이고 창의적이고 혁신적으로 해석하는 문화혁명이 일어나지도 못했다. 민중이 한글을 주체적으로 읽고 씀으로써 자아를 확립하고 새로운 사회를 열어가는 문화혁명이 일어난 것은 19세기 후반에 성경이 한글로 번역되고 민중이 한글 성경을 적극적이고 주체적으로 읽고 표현하기 시작했을 때였다.

세종이 한글을 창제한 것보다 70년쯤 후에 서양에서 마틴 루터는 종교개혁을 일으켰고 라틴어 성경을 독일어로 번역함으로써 지식인들과 민중이 성경을 주체적이고 창의적으로 자유롭고 다양하게 해석하는 문화혁명과 사회혁명이 일어날 수 있었다. 루터는 황제의 정치 권력과 유착된 로마 교황청의 종교 권력에 저항함으로써 종교 개혁과 사회혁신을 일으킬 수 있었다. 루터의 종교개혁은 여러 가지 불완전하고 철저하지 못한 것이었지만, 유럽 사회의 정치사회 개혁을 위한 물꼬를 텄다는 점에서 중요한 정신사적 의미를 지니고 있다.

서양의 정치사에서는 왕권과 지배권력에 대한 저항과 투쟁의 역사가 오랜 세월 이어져 왔다. 중세 이후 근현대 서양의 정치사는 반신적이고 반기독교적 원칙을 확립했으며 권력과 권익의 쟁취를 위한 투쟁의 역사로 일관했다. 이들이 쟁취한 권리들이 법제화되었고 권리와 법이 정의로 여겨졌다. 따라서 서양의 언어에서 권리(rights), 법(rights), 정의(righteousness는 같은 말이다. 권리에서 시작하여 권리로 끝난다는 점에서 서양인들의 민주주의가 천박하고 불완전한 것은 사실이다. 나의 권리만을 내세우고 나의 권리에 집착하는 민주주의는 갈등과 대립에서 벗어날 길이 없다. 생명은 권리보다 훨씬 깊고 높고 큰 것이다. 민주주의가 인간 생명의 근원적 깊이와 높이에 이르지 못하면 자유와 평등, 자치와 협동의 온전한 민주주의에 이를 수 없다.

2. 수운, 서양문명과 치열하게 대결하다

논점 정리

수운은 서양 천주교의 유일신 신앙과 그 배경이 되는 플라톤 이래의 이원론 철학을 넘어설 뿐 아니라 유교 불교 도교의 수명이 다했다고 보고 새로운 무극대도를 찾아 나섰다. 수운이 구도(求道)의 과정에서 서학(천주교)과 대결하고 서학을 극복한 것은 세계사적 사건이다. 수운은 천주실의의 기독교 신관이 지닌 문제점을 파악하고 극복했다. 천주학은 인간 평등에 대한 제도적 노력을 하지 않고 제국주의 침략의 앞잡이 노릇을 했다. 천주학의 수직적 구조를 파악한 수운은 인간 평등을 위해서 인간과 신의 평등을 선언하였다.

논평

수운이 서학(서양 종교와 문명)과의 대결과 극복을 통해서 새로운 무극대도를 발견했다는 주장은 비판적인 검토가 필요하다. 그가 동양의 전통적인 종교사상인 유불도를 뛰어넘은 새로운 종교사상을 체험하고 제시한 것은 큰 의미를 가진다. 그러나 수운이 만난 서학, 천주교가 서양의 진정한 정신문화를 대표하는지는 의심스럽다. 수운이 만난 천주교는 서양의 제국주의적 침략과 함께 들어온 종교다. 그리고 천주교의 예배(미사)는 매우 형식적이고 의식적(儀式的)이어서 생명과 영의 약동과 감동을 맛보기 어렵다. 조선의 실학자들과 수운이 접한 천주실의의 신학은 아리스토텔레스의 형이상학적 존재론에 근거를 둔 토마스 아퀴나스의 철학적 신학을 반영한 것이다.

수운이 만났던 천주교와 천주실의의 신학은 서양의 제국주의와 유착되었다는 점에서 그리고 아리스토텔레스의 철학과 토마스 아퀴나스의 신학에 의존한다는 점에서 서양의 종교문화를 부분적이고 편향적으로 반영한다. 이데아(이념과 이상)를 강조한 플라톤의 형이상학에 근거한 서양 고대의 아우구스티누스와 안셀무스의 신학은 천주실의의 신학과는 다른 성향과 기질을 가지고 있다. 토마스 아퀴나스보다 한 세대 앞선 성 프란치스코는 해와 달 같은 자연 만물까지 형제자매로 사랑하는 공동체적 평화의 신학과 실천을 보여주었다.

김용옥이 비판하는 초월적이고 수직적인 유일신론의 폭력성은 기독교와 제국주의의 유착에서 비롯된 것이다. 콘스탄티누스 황제 이후 로마제국과 결탁한 기독교의 유일신 신앙은 하나의 하나님, 하나의 종교, 하나의 제국을 옹호하고 뒷받침하는 종교적 근거가 되었다. 이로써 유일신은 지배와 정복의 신이 되었다. 20세기의 정치신학과 해방신학은 제국과 유착된 기독교의 유일신 신앙을 통렬히 비판하였다. 그러나 제국과 결탁하여 권력과 부를 누린 기독교는 제국의 억압과 박해를 받은 히브리 기독교 신앙의 전통과 구별되어야 한다.

본래 기독교의 수직적이고 초월적인 유일신론은 제국주의의 지배와 수탈에 대한 저항과 극복으로서 생겨난 것이다. 제국의 지배와 속박에서 탈출한 아브라함의 후손들은 이집트의 종살이에서 해방되는 경험을 한 다음에 십계명에서 보듯이 엄격한 우상숭배 금지와 다른 신들을 부정하는 신앙과 율법을 확립하였다. 우상을 금지한 것도 다른 신들을 부정한 것도 제국의 지배와 영향을 엄격히 차단하기 위한 것이었다. 이들의 유일신 신앙은 제국에 저항하는 정의와 해방의 신만이 참된 신이라는 고백과 선언이다. 신의 초월은 제국을 지배하는 인간 권력자들에 대한 부정과 심판, 극복과 승리를 의미한다. 히브리 기독교 신의 초월성은 자연생명과 인간 세계에 대한 관념적 초월이 아니라 불의한 제국과 불의한 인간의 사회와 역사를 심판, 청산하고 새로운 나라를 가져오는 초월, 새로운 하늘과 새로운 땅의 새로운 세상을 창조하는 초월이다. 이렇게 생각하면 히브리 기독교의 초월적 하나님 신앙은 수운이 말하는 '다시 개벽'의 사상과 상통하며

개벽을 넘어서 새로운 하늘과 새로운 땅을 창조하는 혁명적 신앙이
다.

3. 천지는 아는데 귀신은 모르는 서양철학

논점 정리

'동경대전'에 따르면 서양인들은 "천지는 아는데 귀신을 모른다."
화이트헤드가 '이성의 기능'이란 책에서 우주에 두 가지 상반된 힘이
있는데 물리적 우주는 쇠퇴해가고 생물학적 진화를 추동하는 상향
흐름이 있다고 하였다. 상향과 하향의 두 흐름은 자연물리 세계의 현
상과 법칙일 뿐 미묘하고 신령한 경지를 드러내지 못한다. 화이트헤
드도 '천지는 알고 귀신은 모른다,' 화이트헤드의 철학은 천지, 유(有)
의 세계에 대한 분석에 머물 뿐이다. 그에게는 '말할 수 있는 도는 늘
그러한 도가 아니'(道可道非常道)라는 노자의 개념이 없다. 스피노자도
유(有)의 세계를 깊이 탐구했을 뿐 유도 아니고 무도 아닌 그런 경지
에 대한 사색을 하지 못했다.

동양의 주자는 형이상학적 세계와 형이하학적 세계를 동일한 화
해론적 장 속에서 보고 있다. 주자의 말 가운데 논리적 모순이 많은
것은 이런 화해론에서 나온 것이기 때문이다. 인도 유러피안의 주부-
술부적 사유와 주어가 철저히 무화되는 동방인의 술부 중심의 세계
관이 결합된 고도의 철학체계다. 수운은 유무상생의 노자적 세계관

과 주자가 말하는 이기론적 세계관의 모든 가능성을 온전하게 구현한 사상가다. 서양 사상가들의 논리에 의존할 필요가 없다.

하이데거는 존재자와 존재 그 자체를 구분하였다. 하이데거가 말하는 존재 그 자체는 노자가 말하는 도법자연(道法自然), '스스로 그러함'을 뜻한다. '스스로 그러함'(自然)은 모든 존재자에 해당하면서 그 자체가 실체는 아니다. 플라톤에서 화이트헤드에 이르는 서양철학과 기독교는 이원론적 사고와 관념의 폭력에 시달리고 있다. '스스로 그러한' 있음(存在)은 아주 평범한 형이하자(形而下者)인 동시에 가장 심오한 형이상자(形而上者)다.

백낙청에 따르면 주부-술부가 명확한 인도 유럽어는 진리를 논리적인 진위명제로 귀결시키고 실재하는 신에 대한 신앙, 이원론적 철학과 연결된다. 불교는 연기설을 말함으로써 주부를 해체하고 주부-술부의 갈등과 이원론적 철학을 해결했다. 하이데거는 술부에서 'be' 동사의 독특성에 주목하여 존재자나 실체가 아니라 '스스로 그러함'의 뜻으로 해석했다. 그러나 불교나 노자와 다른 하이데거의 특이함은 '스스로 그러함'도 역사성을 띤다고 본 것인데 이것은 원불교나 수운이 말하는 시운(時運)에 대한 인식과 통한다.

논평

천지는 아는데 귀신은 모른다는 동경대전의 말을 이해하려면 천지와 귀신의 차이를 이해해야 한다. 천지(天地)는 우주 자연의 물질세계를 나타내고 귀신(鬼神)은 초물질적인 신령한 세계를 나타낸다. 우주 자연의 물질세계는 수학과 물리학으로 탐구하고 이해하고 설명할 수 있다. 그러나 신령한 세계는 물질세계가 아니므로 수학과 물리학으로 탐구, 이해, 설명할 수 없다. 유명한 수학자였던 화이트헤드는 60대 중반에 철학 교수가 되었다. 그는 플라톤 이래의 이원론적 실체론적 존재론을 거부하고 생성과 변화의 과정 속에서 사물과 생명을 이해하는 유기체적인 존재론을 제시하였다. 사물과 생명의 세계는 생성과 변화의 과정 속에서 서로 영향을 주고 받으면서 관련되어 있다. 모든 현실적 존재들은 조화와 평화의 관계 속에서 생성하고 변화하면서 합생(合生)한다. 그는 무에서 유로 일자에서 다자로 나아가는 기독교적인 창조신앙을 부정하고 존재에서 존재로, 다자에서 다자로 생성, 변화하고 합생하는 과정만이 참된 실재라고 보았다. 그는 초월적인 유일신을 부정하고 생성과 변화의 과정 속에서 합목적적인 합생으로 이끄는 신만을 인정한다. 신은 생성과 변화의 과정 속에 내재한 존재이며 존재를 합리적인 목적으로 설득하고 유인하는 수동적 존재다.

화이트헤드는 존재를 넘어서 유와 무가 상통하는 미묘하고 신령한 경지를 모른다. 그가 제시하는 생성과 변화의 과정에 대한 유기체적 철학이 지나치게 복잡하고 난해한 것은 수학과 자연과학의 관점에서 사물과 생명의 변화와 생성을 이해하고 설명하려고 했기 때문이다. 그가 플라톤 이래의 이원론적 관념론적 존재론을 비판하고 생성과 변화의 과정을 실재로 보는 존재론을 제시하려고 했지만, 그도 역시 물질론과 관념론에 매인 서양의 존재론에서 벗어나지 못했다.

희랍철학은 자연물질세계의 본질과 원리에 대한 자연철학적 탐구에서 시작하였다. 사물의 존재를 인식하고 이해하는 인간 이성의 관념과 논리에 중심을 두면 관념론적 존재론에 이르고 인간이 인식하는 대상인 사물의 존재에 중심을 두면 물질론적 존재론으로 기울었다. 서양의 정신사에서는 관념(이데아)을 존재의 본질과 실체로 보는 관념론과 물질을 존재의 내용과 실체로 보는 물질론이 있을 뿐, 물질과 관념의 존재를 넘어서 유와 무가 상통하는 미묘한 신령한 경지를 자유롭게 논의하지 못했다. 예외적으로 신비주의 전통의 철학과 신학이 없는 것은 아니지만 유와 무가 상통하면서 화해를 이루는 사상이 주류철학에서 진지하게 논의된 적은 없었다. 다시 말해 서양의 정신사는 무와 공에 대한 진지한 성찰은 없었으며 존재(있음, 有)의 철학에서 벗어나지 못했다.

백낙청과 김용옥은 존재자와 존재의 차이를 말하는 하이데거의 존재론을 높이 평가하면서 하이데거가 말하는 '존재 그 자체'가 노자의 도법자연(道法自然), '스스로 그러함'과 상통한다고 보았다. 그러나 하이데거의 존재론도 서양의 존재론이 가지는 한계를 벗어나지 못한다고 생각된다. 하이데거에 따르면 인간은 세계 속에 던져진 존재이며 인간의 필요와 용도에 따라서 존재 그 자체가 자신을 드러낸다. 존재 그 자체는 죽음에 이르는 인간의 불안과 염려 속에서 인식되고 파악된다. 세상에 던져져서 죽음으로 나아가는 불안하고 염려하는 인간의 실존 속에서 드러나는 존재 그 자체는 노자가 말하는 자연(自然), '스스로 그러함'과는 다르다. 노자에 따르면 인간은 땅을 본받고 땅은 하늘을 본받고 하늘은 도를 본받고 도는 자연을 본받는다.(人法地 地法天 天法道 道法自然) 인간은 자연에서 멀리 떨어져 있으며 여러 단계를 거쳐 자연과 관계를 갖는다. 인간은 다만 자연을 따르고 순응할 뿐이다. 노자에게서 인간은 자연을 지배하거나 규정하지 못한다. 자연은 인간의 인식론적 지배와 영향에서 멀리 떨어져 있으며 '스스로 그렇게 있다.' 하이데거에게서 존재 그 자체는 인간의 실존과 직결되어 있으며 인간의 실존 속에서 규정되고 드러난다. 인간을 세상에 던져진 존재로 보고 죽음을 향해 근심과 불안 속에서 나아가는 실존으로 본 것은 무위자연(無爲自然)을 말하는 노자의 관점과는 매우 다르다.

유교에서는 하늘과 땅과 인간이 서로 참여하여 자연과 인간의 생명공동체적 세계를 이룬다. 하늘과 땅이 아버지와 어머니로서 생명을 낳고 기르고 살리는 생명공동체의 세계에서는 하늘과 땅과 인간이 서로 화해하며 참여한다. 정신과 육체가 결합된 인간의 생명도 정신(하늘)과 육체(땅)가 서로 화해하고 참여하여 하나의 공동체를 이루는 것과 같다. 이러한 생명공동체의 세계에서는 물질적 존재의 세계와 초물질, 비물질의 정신세계가 미묘하게 결합되어 신령한 차원과 맞닿아 있다. 생명은 물질과 육체의 존재를 초월하여 존재와 비존재, 유와 무가 상통하는 미묘한 경지를 지니고 있다. 생명철학의 존재론은 물질론과 관념론의 존재론을 넘어선 것이며 유와 무가 상통하고 물질, 육체와 신령이 상통하는 미묘하고 신통한 경지를 드러낸다.

동아시아의 종교철학인 유불도는 물질과 신령, 유와 무의 경계를 넘나들면서 무와 공의 미묘하고 신령한 경지를 말한다. 그러나 유불도는 사회와 역사의 근본적인 혁신을 말하지 않는다. 유교는 과거의 성군 시대를 이상화하고 그 시대의 이념과 질서로 돌아가려 하며 도교는 자연의 질서와 법도에 순응하려 하고 불교는 사회와 역사의 시공간적 제약과 속박을 벗어나려 한다. 이에 반해 동학에서는 유불도를 계승하면서도 주체로서의 '나'에 집중하며 역사와 사회의 근본적인 변혁과 혁신으로서 개벽을 주장한다. 수운은 지금 여기 나의 몸에 지기(至氣)가 강림하기를 기원하며 천주를 나의 몸과 맘에 모시고, '다시 개벽이 이루어지는' 무극대도를 설파함으로써 지금 여기서 새 세상, 새 시대, 새 운수가 열린다고 말하였다. 최해월이 하늘과 인간과 물(생물, 사물)을 경외하라면서 땅을 어머니의 살갗이라 하고 하늘로써 하늘을 먹이는 이천식천(以天食天)을 말한 것은 유불도보다도 인간과 자연을 더욱 서로 주체적이고 유기체적인 일치 속에서 본 것을 의미한다. 노자가 말한 '스스로 그러함'(自然)은 인간이 본받고 따라야 할 대상과 원리일 뿐이며 자연과 인간은 서로 주체적인 관계 속에 있지 않다.

수운이 말하는 '다시 개벽'의 사상은 히브리 기독교 성경에서 말하는 새 하늘과 새 땅의 창조, 하나님 나라의 도래와 비슷하다. 예언서들과 묵시서들은 새 하늘과 새 땅이 열리고 새 나라가 시작한다는 것을 말한다. 예수는 "때가 찼고 하나님 나라가 가까이 왔으니 회개하고 복음을 믿으라!"고 선언하였다. 안창호는 나를 사랑하고 남을 사랑하는 애기애타를 말하였고 환경과 사물도 주체로 보았으며 인간과 민족과 강산의 개조(개혁과 창조)를 말하였다. 유영모는 물체도 물질의 주체이며 물체 속에는 한없는 존재의 깊이와 뜻 보람과 가치가 들어 있다고 하였다. 함석헌은 자연생명세계의 근본원리를 '스스로 함'으로 보고 풀과 벌레, 나무와 짐승들, 사슴, 여우, 호랑이는 모두 저마다 스스로 살 수 있는 힘과 자격을 가지고 있다고 하였다. 수운보다 예수, 안창호, 유영모, 함석헌에게서 자연 만물과 생명과 인간의 주체성이 더 뚜렷해지며 새 하늘과 새 땅의 혁신이 더 구체적이고 현실적으로 드러난다.

4. 근대주의와 근대성

논점 정리

근대는 서양의 양화(量化)된, 도구화된 과학 기술적 이성이며 그것의 현실태는 우리 삶을 지배하는 자본주의 구조다. 서양적 근대의 기준을 놓고 보면 필연적으로 우리 역사의 반성과 비하에 이른다. 근대라는 말을 폭파시켜키지 않으면 "우리 조선 대륙의 고조선으로부터 내려오는, 우리 고유의 사고가 살아날 수 없다." 박맹수에 따르면 외재적 잣대로 우리 국학이나 한국학을 하는 시대는 끝났고 내재적이고 자생적이며 주체적인 잣대를 가지고 격파된 새로운 근대를 추구해야 한다.

김용옥에 따르면 과학이성 과학기술이 가져온 문명의 변화와 구조 속에서 존재가 도구화 개별화 실체화됨으로써 존재의 왜곡이 일어난다. '존재'라는 시각에서 보면 근대라는 개념 자체가 사라진다. 근대는 사악한 것이며 너무 조작적이다. 존재 자체로 돌아가야 한다. 시간에 대한 개념적 폭력을 거부해야 한다. 백낙청에 따르면 하이데거가 근대 기술의 폭력에 대해서 신랄하게 비판하지만, 기술도 진리와 존재를 드러내는 방편이다. 근대세계가 배제하는 사유와 지혜를 노자, 수운, 원불교의 소태산에게서 배워야 한다.

논평

백낙청은 과학기술과 자본주의가 지배하는 근대의 현실에서 생각을 시작해야 한다고 보았다. 이에 반해 김용옥은 자본주의와 과학기술이 지배하는 서양의 근대가 조작적이며 사악하다고 보고 근대 개념 자체를 폐기한다. 그러나 백낙청이나 김용옥은 모두 근대세계가 배제하는 사유와 지혜를 한국과 동아시아의 철학, 노자, 수운, 소태산에게서 배워야 한다고 보는 점에서 일치한다.

서양의 근대문명을 도덕·정신적으로 비판할 수는 있지만, 서양 근대문명이 세계를 주도하고 지배한다는 점에서 서양의 근대를 외면할 수는 없다. 서양의 근대문명, 생활양식과 사고방식이 우리의 사회와 삶 속에 이미 너무 깊고 널리 받아들여졌으므로 우리는 서양 근대의 생활양식과 사고방식에서 벗어나기 어렵다. 초등학교에서 대학교에 이르기까지 서양 근대의 학문과 이론을 중심으로 교육이 이루어졌고 서양의 근대가 발전시킨 과학기술이 우리 생활 속에 깊이 들어왔으므로 우리는 거기서 벗어날 수 없다.

서양의 근대와 과학기술, 자본주의에 대해서 이해하고 평가하려면 먼저 서양의 근대와 과학기술 혁명에 대해 바른 이해와 평가를 가져야 한다. 서양의 근대는 어떻게 형성되고 발전되었는가? 서양에서는 중세에서 근대로 가는 과정에서 종교개혁, 정치혁명, 산업혁명이 일어났다. 서양의 중세 사회는 정치권력(신성로마제국 황제)과 유착된 로마 교황이 지배하는 폐쇄적이고 비합리적이고 신분차별적인 사회였다. 중세의 신분차별과 미신적이고 비과학적인 정신세계를 벗어나 민주적이며 과학적 합리적인 사회로 나아가는 과정에서 종교개혁과 정치혁명과 산업혁명이 일어났다. 종교개혁은 정신혁명이고 정치혁명은 제도와 체제의 혁명이고 산업혁명은 사회경제 생활의 혁명이었다. 또한 뉴턴과 아인슈타인이래 자연과학의 혁명적 발달로 우주와 물질에 대한 이해가 근본적으로 달라졌고 과학적 지식과 이해의 지평이 크게 확장되었다. 이제 인간의 삶과 사유 방식은 근대 이전으로 돌아갈 수 없게 되었다.

서양 계몽주의의 이념은 저마다 자신의 이성을 바로 사용할 수 있게 하는 것이다. 인간은 이성적 생각의 주체가 되었고 역사와 사회의 주체가 되었다. 과학기술의 발전으로 자연과 인간의 존재 자체를, 본성과 본질을 바꿀 수 있게 되었다. 과학기술에 의해서 인간은 물질의 본성과 힘을 드러내고 새로운 물질을 만들 수 있다. 이제 인간은 자연과 생명의 본질을 바꿀 수 있는 창조자가 되었다.

자연을 지배와 정복의 대상으로 여기고 자연을 파괴한 서양 근대 문명을 비판하고 자연 친화적인 새로운 문명을 만들어야 하지만 인간이 과학기술과 기계를 버리고 자연 상태로 돌아갈 수는 없다. 근대는 인간의 주체를 발견하고 그 주체를 실현하고 완성하려 하였다. 주체의 이념과 목적은 온전히 실현된 적이 없다. 그러나 민주적 주체의 이념과 목적은 분명히 제시되고 논의되었다. 자발적 주체성은 생명과 정신의 본성과 원리다. 자연 물질세계에서 생명이 나왔지만, 생명은 '스스로 그러한' 자연적 존재만이 아니라 '스스로 하는' 자발적 주체다.

자연 물질에서 생명의 진화를 거쳐 나온 인간은 그 자신이 자연이고 자연의 품 속에서 자연에 의지하여 사는 존재이지만 자연 상태에 머물러 있는 존재가 아니다. 자연 물질에서 생명 진화를 거쳐 인간에 이르는 과정에서 끊임없는 혁신과 변화, 초월과 고양의 탈바꿈이 일어났다. 생명 진화와 인류 역사의 과정은 스스로 그러한 자연 상태에 머물지 않고 끊임없이 자기 포기와 초월을 통해 창조와 혁신의 탈바꿈을 이루며 진화와 진보의 길을 걸어온 것이다. 생명은 '스스로 함'과 '~려 함'의 주체적이며 역동적인 과정의 존재다. '스스로 그러한' 자연은 혁신적이고 창조적인 변화, 혁명과 개벽을 일으킬 수 없다. '스스로 하는' 생명과 정신만이 창조적 혁신과 개벽의 주체가 될 수 있다.

5. 수운과 원불교의 창시자 소태산: 물질개벽과 정신개벽

논점 정리

동학, 증산교, 대종교, 원불교는 모두 땅적인 것, 민중적인 것에서부터 새로운 세계를 열려고 했던 개벽파였다. 여성평등사상을 내세운 것도 공통적이다. 원불교는 출범하기 전에 남녀 권리 동일을 선언했고 초기부터 최고의결기구에 남녀동수가 참여하게 했다. 한국의 신종교들은 개별의 기점과 출발을 한반도에서 시작한다는 것을 강조했다. 소태산은 조선이 어변성룡(魚變成龍)이 되어간다고 하여 조선의 개벽을 말하였다.

수운은 조선왕조의 붕괴를 경험하면서 보편적인 보국안민을 구상했지만, 소태산은 이미 무너진 국가의 폐허 속에서 어떻게 살 것인가 삶의 진리를 탐구했다. 수운이 민족 전체의 운명을 대상으로 하는 혁명적 사상가였다면, 소태산은 작은 규모에서 출발하는 지역 공동체운동가였다. 소태산은 보다 치열하고 철저하게 실천한 행동가였다.

원불교의 개교 표어는 '물질이 개벽하니, 정신을 개벽하자'는 것이다. 원불교 '정전(正典)'의 첫 마디가 '현하'(現下, 현재의 형세 아래)다. 시국에 대한 대응으로 원불교를 개교한 것이므로 시대를 초월하려는 불교와는 다르다. 김용옥에 따르면 물질개벽과 정신개벽을 분리한 것은 물질과 정신의 이원론에 빠질 수 있다. 공업화에 따라 기차, 자동차 같은 물질세상이 변해가는데 발맞추어 정신도 개벽하자는 것은 정신이 물질에 따라가자는 것으로 옳지 않다. 일제 강점기 때부터 지금까지 물질은 개벽되지 않았다. 바람직한 방향으로 물질 환경의 변화가 일어나지 않았다.

김용옥에 따르면 서구적 공업화에 따른 물질개벽은 인간을 억압하는 병적인 변화다. 이러한 개벽은 유치한 개화기 콤플렉스에 지나지 않는다. 물질개벽의 선두에서 외치는 사회참여를 통해서 역사에 앞장을 서야 한다. 백낙청에 따르면 소태산에게 정신은 물질에 반대되는 정신적 실체가 아니다. 정신은 "마음이 두렷하고 고요하여 분별

성과 주착심이 없는 경지 "다.('정전' 교의편 삼학(三學) 1절)

백낙청은 수운과 해월에게서 선천개벽과 후천개벽의 논의가 나온다고 보았다. 이에 대하여 김용옥은 수운이 삼황오제로부터 지금에 이르기까지 역사의 연변(演變)을 모두 긍정한다. 공자와 군자들이 천도와 천덕을 밝혀 인간이 지극한 성인의 경지에 이르도록 길을 닦아놓았다. 수운은 선천, 후천을 말하지 않고 다만 지금 여기의 명료한 시대인식에서 다시 개벽을 주장한 것이다. 수운의 '다시 개벽'은 종교적인 표어가 아니라 역사적 현실분석을 바탕으로 한 보국안민의 표어다. 선·후천은 고전에 없는 개념인데 송대의 소강절이 상수학적 역학관을 새롭게 수립하면서 도입했고 우리나라에서는 수운보다 한 세대 늦게 활약한 일부 김항이 '정역'을 말하면서 사용하였다. 이것을 강증산이 끌어들여 사용했다.

소태산은 지금 벌어지고 있는 세상의 변화, 그 변화의 원동력인 자본주의, 세계의 시운을 보고 거기 대응하는 정신개벽 인심개벽을 추구했다. 소태산과 정산 종사는 성직자의 특권을 부정했을 뿐 아니라 모든 종교가 근원에서 같다고 하였고 종교와 비종교 활동가들이 한 일터 한 일꾼이라고 하였다. 원불교 사람들은 동학처럼 상식에 바탕을 두고 됨됨이가 개방적이고 겸손하다. 김용옥에 따르면 강증산의 깨달음은 30만이 피를 흘린 동학혁명의 현장에서 이루어진 것이다. 민중의 원한을 풀어주기 위해서 해원 상생의 천지공사를 하였다. 백낙청에 따르면 민중의 아픔을 보듬은 것은 수운, 증산, 소태산으로 이어지는 이러한 개벽종교들이었다. 수운은 개벽의 물꼬를 텄고, 증산은 한민족이 피 흘리고 참담해졌을 때 기운을 돌려놓았고 소태산은 그것을 계승하여 완전한 경지에 이끌었다.

　김용옥은 원불교가 처음부터 공동체적 삶의 재건을 주축으로 했다고 본다. 대각을 이론적으로 발전시켰다기보다 사회운동으로서 실천하고 대각의 효험을 실증적으로 표현했다. 다중이 참여해서 실천적 장을 만들어갔다. 무아(無我)와 공(空)을 중심에 두는 불교의 반야사상과는 달리 원불교는 천지은, 부모은, 동포은, 법률은의 사은(四恩)사상을 핵심으로 가지고 있다. 사은사상에 바탕을 두고 고차원의 사회운동을 정밀하게 펼쳐가야 한다. 백낙청은 원불교가 사은사상과 함께 공(空)사상을 수용하여 (일원의 진리를 밝히고) 있음을 강조하였다.

논평

　19세기 후반에 서양문명은 자연과 다른 인간을 지배와 정복의 대상으로 보고 식민지 쟁탈전을 벌이면서 1,2차 세계대전으로 나아갔다. 그러나 19세기 후반에 한국에서는 동학, 증산교, 원불교가 개벽을 주장하면서 자연과 인간과 하늘(神)의 상생과 일치를 주장하는 종교사상을 펼쳤다. 개벽(開闢)은 하늘과 땅이 열린다는 말이다. 이들이 '다시 개벽'을 주장한 것은 하늘과 땅의 새 세상이 열린다는 선언을 한 것이다. 이들에게서 인간은 하늘, 신과 일치되는 존엄한 주체이며 개벽의 대상이 아니라 개벽을 일으키는 주체다. 또한 지금 여기 한국 땅에서 개벽이 일어난다는 것이니 민족적 주체와 사명을 강조한 것이다.

동학, 증산교, 원불교가 내세운 '다시 개벽'의 사상적 의미

인간과 신을 동일시하고 오늘 여기 한국 땅에서 한민족이 개벽을 일으킨다고 선언한 한국 신종교들은 인간의 주체적 존엄과 큰 사명을 강조한 것이다. 인간의 주체적 존엄과 민족의 사명을 강조하면서도 이들은 자연 만물과 인간의 상생 공존하는 공동체적 일치를 역설하였다. 해월은 땅을 어머니의 살갗이라 하고 뭇 생명체와 사물에 하늘이 깃들어 있다면서 경물(敬物)을 주장하였다. 강증산은 억울하게 죽은 파리의 원혼조차도 풀어야 인간들이 평화롭게 살 수 있다고 하였다. 소태산은 천지, 부모, 동포, 법률의 은혜를 말함으로써 하나의 근원에 뿌리를 둔 공동체적 관계와 일치를 강조하였다.

19세기 후반에 한국에서 생겨난 신종교들은 인간의 주체성과 민족의 시대적 사명을 강조하는 개벽사상을 내세웠고 자연과 인간과 신의 상생 일치를 주장했다는 점에서 전통적인 유불도의 사상과는 다르다. 유교는 과거로 돌아가려 하고 도교는 자연에 순응하려 하고 불교는 역사와 사회의 시공간적 제약에서 벗어나려 한다. 동학, 증산교, 원불교는 모두 지금 여기 한국 땅에서 개벽을 일으키려 하며 인간을 삶의 중심에 놓으면서 인간과 자연만물, 신과의 공동체적 일치를 주장한다. 인간과 자연만물의 주체성과 공동체성을 함께 강조한 것이다.

물질개벽과 정신개벽

　백낙청과 김용옥은 모두 물질과 정신의 이원론을 거부한다. 소태산은 정신을 '분별심과 주착심이 없는 마음의 고요한 경지'라고 하였다. 김용옥은 자연 물질세계와 인간 생명 세계를 파괴하는 서양의 공업화는 참된 물질개벽이 아니라고 보았다. 참된 물질개벽은 인간과 생명을 위한 좋은 물질적 환경을 만드는 것이다.

　물질개벽과 정신개벽의 논의를 위해서는 정신과 물질의 관계뿐 아니라 과학기술 혁명과 산업화를 바르게 이해해야 한다. 서양에서는 이성의 개념과 논리, 수학과 자연과학에 비추어 보았기 때문에 물질과 정신의 이원론에 기울게 되었다. 인식 주체를 강조하면 관념론, 인식대상을 강조하면 물질론에 기울었다. 동양에서는 유기체적인 자연생명세계 속에서 물질과 정신을 보았기 때문에 이원론에 빠지지 않았다. 자연생명세계는 물질과 생명과 인간이 어우러져 상생 공존하며 살아가는 공동체적 세계다. 하늘(정신)과 땅(물질)과 인간(생명)이 하나로 어우러지며 살아간다.

　생명체 속에서 보면 정신과 육체(물질)의 관계는 더욱 분명해진다. 육체와 정신은 분명히 구별되면서 뗄 수 없이 하나로 결합 되어 있다. 정신은 물질, 육체가 아니라는 점에서 비물질, 초물질이며, 물질적 존재에 비추어 보면 존재하지 않는 것이고 무와 공의 미묘한 차원과 경지다. 이 점에서 정신과 물질은 엄격히 구분되어야 하며 서로 다른 것이다. 그러나 한 생명체 속에서 보면 물질과 정신이 하나로 결합하여 전체가 하나를 이룬다. 진화 신학자 떼이야르 샤르댕이 말했듯이 생명체가 진화 발전하면 생명체 속의 육체(물질)와 정신(의식)도 함께 진화 발전한다. 육체의 물질이 섬세하고 복잡할수록 정신도 복잡하고 섬세하게 진화한다. 거꾸로 정신이 섬세하고 복잡하면 육체도 섬세하고 복잡해진다. 생명체 안에서 정신개벽과 물질개벽이 일어났으며 끊임없이 일어나고 있다.

물질과 정신은 어떻게 이해해야 할까? 물질이 타고난 그대로 '스스로 그렇게' 자연 상태로 있다면 물질에서 생명은 생겨날 수 없다. 물질세계의 균형과 대칭이 조금 깨지고 변경됨으로써 생명이 생겨날 수 있었다. 또 생명의 본능과 욕망이 그대로 있다면 정신은 생겨나지 못했다. 생명의 본능과 욕망이 깨지고 균열이 일어남으로써 정신이 싹터 나올 수 있었다. 물질(전자)과 반물질(반전자)의 대칭과 균형이 미세하게 깨짐으로써 대우주가 폭발하고 진화 발전할 수 있었던 것과 같다. 타고난 그대로 '스스로 그렇게 있는' 자연주의는 성립할 수 없다. 스스로 깨지고 스스로 변질하여 스스로 탈바꿈함으로써 새로운 차원의 존재가 열린 것이다.

물질은 스스로 새롭게 변화할 수 있는 힘과 가능성을 자기 속에 함축하고 있다. 물질이 품고 있는 엄청난 힘과 가치는 물질의 법칙적 제약과 존재적 속박 속에 갇혀 있다. 인간의 이성과 정신은 과학과 기술을 발전시킴으로써 물질의 힘과 가치를 드러내고 실현할 수 있다. 오늘 인간의 과학기술은 물질을 밖에서 개발할 뿐 아니라 물질의 본성과 본질을 변경하여 질적으로 다른 물질을 만들어낼 수 있다. 물질의 엄청난 힘과 가치를 드러내고 실현할 뿐 아니라 새로운 물질을 창조할 수 있게 된 것이다. 산업혁명이 자연생태계를 파괴할 뿐 아니라 인간정신과 공동체를 파괴한 것은 과학기술을 서투르게 잘못 사용했기 때문이다. 인간의 정신이 성숙해져서 자연생명세계를 살리고 높이고 고양시키는 힘과 지혜를 가지고 과학기술을 사용하면, 자연물질세계와 인간생명세계가 해방과 구원을 얻는 방향으로 나아갈 수 있을 것이다.

물질개벽과 정신개벽은 따로 가는 것이 아니다. 한 생명체 속에서 육체와 정신이 그렇듯이 정신이 개벽하는 만큼 물질도 개벽하고 물질이 개벽하는 만큼 정신도 개벽한다. 과학기술의 발전은 정신개벽이 이루어질 때 올바른 물질개벽을 이룰 수 있다. 물질개벽은 생명체 속에서 정신을 만남으로써 비로소 실현되고 완성된다. 햇빛과 바람, 물과 흙이 생명 없는 캄캄한 우주 허공을 떠돌 때 무슨 가치와 보람이 있을 것인가? 생명이 생겨났을 때 비로소 햇빛과 바람, 물과 흙은 얼마나 아름답고 진실하고 고맙고 좋은 것이 되었나! 생명체 속에서 생명체와 관련해서 비로소 햇빛, 바람, 물, 흙은 해방되고 구원을 얻어 개벽을 이루는 것이다. 자연환경과 인간 생명을 파괴하는 과학기술과 공업혁명은 진정한 물질개벽도 정신개벽도 이루지 못한 것이다. 그러나 오늘 발달한 과학기술과 산업세계는 자연 물질세계와 인간 생명 정신세계를 위해 개벽의 문을 열어젖히고 있다.

6. 동학과 촛불혁명

논점 정리

촛불혁명은 3·1운동을 넘어 동학혁명까지 이어진다. 30만이 피를 흘린 동학혁명은 3·1독립만세혁명과 임시정부, 독립운동으로 이어지고 촛불혁명으로 이어진다. 박맹수는 동학혁명이 비폭력평화 정신을 지니고 있으며 민이 주체로 일어났음을 강조하여 촛불혁명과의 연관성을 강조한다. 동학군의 12개조 기율에는 생명을 존중하고 도덕을 앞세우며 평화로운 지향이 나타난다. 백낙청에 따르면 동학정신을 실현할 수 있는 여건이 촛불혁명에 와서 마련되었다. 586이 비난받는 이유는 세상이 바뀌었는데 아직도 조직을 주도하고 지도했던 꿈에서 깨어나지 못하고 있기 때문이다. 김용옥에 따르면 수운은 '개벽 후 오만년'이라는 말을 자주 쓰는데 오만년이 지나 비로소 민주적 혁명의 가능성이 생겨났다. 동학사상의 역사적 의의는 진정한 민주의 민족사적 원점을 이미 19세기 중엽에 우리 민족의 자생적인 사유에 기초하여 창출했다는데 있다. 촛불혁명은 동학혁명의 연속적 흐름을 21세기에 꽃피웠다.

논평

이 좌담에서는 동학혁명의 역사적 의미를 강조하면서 동학혁명과 촛불혁명을 직접 연결시키고 있다. 그러나 동학혁명과 촛불혁명의 차이도 강조되어야 한다. 촛불혁명은 피 한 방울 흘리지 않은 완전한 비폭력 혁명이었으며 영웅적 지도자들이 하나도 없이 민주시민들이 자발적 자율적 주체적으로 결집하고 진행했던 순수한 민주혁명이었다. 이에 반해 동학혁명의 바탕에 생명 평화 사상이 있는 것은 분명하지만, 갑오년 동학혁명은 정부군과 일본군에 맞서 죽창과 총을 들고 싸운 전쟁이었으며 30만 명이 피를 흘린 잔혹한 폭력혁명이었다. 또 동학혁명은 민중이 자발적 주체적으로 참여한 것이 사실이지만, 전봉준, 김계남, 최시형, 손병희 등과 같은 지도자들이 앞장서서 영웅적으로 이끌고 민중이 뒤따랐던 혁명이었다. 전봉준은 죽음을 앞두고 실패한 영웅임을 자인하였다.

이에 반해 3·1 독립 만세 혁명은 내용과 형식에서 촛불혁명과 일치한다. 3·1혁명도 폭력적 사태가 전혀 없다고 할 수는 없지만, 비폭력 평화의 정신을 상당한 정도로 일관성 있게 지켜갔다. 3·1독립선언서에 비폭력 평화의 원칙을 분명하게 제시하였고 실제로 독립만세 시위를 벌일 때 그 원칙이 지켜졌다고 생각된다. 3·1혁명에서 민족대표 33인이 있지만 이들은 의도적으로 뒤로 물러났고 민중이 스스로 앞장서서 독립만세운동을 벌이도록 하였다. 3·1혁명은 동학혁명보다 민주시민의 자발적 주체적 참여가 두드러졌다.

동학을 계승한 천도교가 3·1혁명을 조직적으로 실제적으로 이끌었던 것은 역사적 사실이다. 그러나 3·1혁명의 역사적, 내용적 뿌리는 동학혁명의 뼈저린 실패에 대한 반성으로 시작한 독립협회와 신민회의 교육 독립운동이었다. 독립협회와 신민회는 민족의 독립을 앞세우며 민족을 국가의 주인과 주체로 깨워 일으키는 민족교육운동을 전개하였다. 독립협회와 신민회의 민족독립 교육운동은 3·1독립만세 운동과 직결된다. 동학의 3대 교주 손병희가 일본에 망명하여 개화파와 사귀고 독립협회의 인물들을 다수 끌어들인 후에 천도교는 한국에서 출판문화교육 운동에 전념하였다. 민족 교육운동에 전념한 신민회 세력과 출판문화교육에 전념한 천도교가 협력하여 3·1혁명을 일으켰다.

민중을 나라의 주인과 주체로 깨워 일으키는 민족 교육 독립운동의 중심에는 신민회의 주역인 안창호 이승훈이 있었다. 안창호·이승훈은 순수하고 치열하게 시종일관 민중을 나라의 주인과 주체로 깨워 일으키는 민주국민교육운동을 벌였다. 안창호 이승훈의 교육 정신과 이념을 받아들여서 유영모와 함석헌은 씨올사상을 정립하였다. 그런 의미에서 씨올사상은 3·1혁명과 촛불혁명의 이념과 정신을 가장 잘 담아내고 있다고 생각한다.

7. 김용옥 교수의 요한복음 해석이 일으키는 문제들

필자는 백낙청교수와 김용옥교수가 한국의 정신과 사상을 현대적이고 세계적인 안목에서 연구하고 논의하며 널리 알리려고 힘쓰는 데 대하여 깊이 존경하고 감사한다. 나의 이런 비평이 두 분의 명성과 학문적 열정에 누가 되지 않기를 바란다. 공부하는 사람으로서 필자는 필자의 다른 소견을 침묵하지 않고 밝히는 것이 도리라고 생각한다.

창작과 비평의 좌담에 관한 논평에 곁들여서 김용옥 교수의 기독교 논의에 대한 비평을 덧붙이려고 한다. 김용옥 교수가 요한복음을 해석하는 문제로 보수적인 기독교 측과 갈등을 빚고 있다. 동서 문명이 만나는 문명사적 전환기에 서양철학과 동양 철학 바탕에서 성경을 교리에 매이지 않고 새롭게 해석하려는 시도는 매우 신선하고 의미가 깊다고 본다.

그러나 김교수가 도전적으로 제기하는 세 가지 논점은 적절하지 않은 것 같다. 구약성경을 믿는 것은 성황당을 믿는 것과 같다면서 기독교가 구약성경을 버릴 것을 제안하고 메타노이아는 죄의 회개가 아니라 "회심하다", "마음을 돌이키다"로 번역할 것을 주장하며, 하나님과 그리스도를 희랍철학의 로고스 개념으로 풀이했다.

첫째 구약성경의 포기는 기독교를 탈역사화하여 기독교 진리를 추상화 보편화하고 정신화 관념화할 우려가 있다. 성경과 기독교의 진리는 삶의 구체적 상황성, 역사성에 뿌리를 박고 있다. 그래서 배타적이고 비합리적으로 보이고 경우에 따라서는 시대착오적인 것으로 보이는 측면이 있다. 따라서 그런 역사 제약적이고 시대착오적인 점들을 비판적으로 해석할 필요가 있지만 구약성경 자체를 기독교 경전에서 잘라내는 것은 뿌리를 잘라내는 것과 같이 무모한 짓이다. 이스라엘의 배타적 민족주의를 거부하면서 기독교 신앙과 진리가 오랜 역사 속에서 형성되고 닦여진 것을 확인할 때 기독교 진리의 역사적 구체성과 생동성을 잃지 않을 수 있다.

둘째 메타노이아를 죄의 회개가 아니라 마음을 돌이키는 것으로 이해한 것은 타율적이고 강제적인 원죄 교리를 부정하고 마음을 돌이킬 수 있는 주체적 의지를 강조한 것으로 보인다. 인간의 주체적 참여를 부정한, 원죄 교리의 교조적 이해는 문제가 있지만 신앙과 종교에서 인간의 주체적 자유의지만을 강조한다면 피상적인 접근에 머물고 만다. 마음과 영혼의 변화를 체험하는 깊은 자리에서는 인간의 능동성과 수동성이 공존한다. 마음을 주체적으로 바꾸는 차원과 바뀌어지는 차원이 결합되어 있다. 어디까지가 자유의지의 주체적 행위이고 하나님의 영적 감동으로 된 것인지를 나눌 수 없다. 마음의 변화는 100% 인간의 주체적 의지로 이루어지는 것이고 100% 하나님의 힘으로 이루어지는 것이라고 할 수 있다. 또 메타노이라는 말의 문자풀이에 머물면 마음을 바꾸는 문제의 깊이를 보지 못하게 될 수 있다. 마음을 돌이켜 새롭게 하는 일이 얼마나 어려운가! 마음의 뿌리는 히말라야 산맥의 뿌리보다 깊이 박혀 있고, 우주의 중심보다 더 깊은 심연을 지니고 있다. 예수는 겨자씨만한 작은 믿음만 있으면 산을 바다로 옮길 수 있다고 했지만 산을 옮기는 것보다 마음을 옮기는 것이 더 어렵다.

셋째 하나님과 그리스도를 희랍철학의 로고스 개념으로 풀이하는 것은 큰 문제를 일으킨다. 로고스는 인간의 이성과 직결된 개념이고 보편적이고 객관적인 논리나 원리, 법과 말을 나타낸다. 주체적 의지나 사건보다 객관적이고 보편적인 논리와 원리를 뜻한다. 이것은 성경에서 하나님과 그리스도를 나타내는 말씀 개념과는 전혀 다르다. 하나님은 말씀으로 천지만물을 창조했다고 했으며 하나님의 말씀은 세상과 역사를 변화시키는 창조적 힘이고 육신을 입고 세상에 들어온 인격적이고 책임적인 의지를 지닌 존재이다. 성경에서 말씀과 그리스도가 로고스로 번역되기는 했지만 이처럼 둘 사이에는 거의 건널 수 없는 장벽이 있다. 성경에서 말씀은 하나님의 창조 의지와 구원의지를 나타내고 하나님의 뜻을 담은 명령이다. 하나님, 말씀은 생명, 영, 신령의 입체적 심층적 차원을 나타낸다. 로고스는 이성적 법칙적 이념적 차원을 나타낸다.

우주의 시공간 물질세계를 창조한 하나님은 인격적 의지를 지닌 생명적 영적 존재로서 시공간 물질세계를 초월하면서 그 물질세계에 내재하는 존재다. 우주 물질세계에 대한 하나님의 초월성과 내재성은 하나님이 시공간 물질세계에 속한 물질적 존재가 아님을 나타낸다. 하나님의 생명·정신·영적 존재는 시공간 물질세계의 존재와는 차원이 다른 존재다. 차원이 다른 존재이므로 하나님은 시공간 물질세계에 대하여 초월하면서 내재할 수 있는 것이다.

따라서 희랍철학의 로고스 개념을 신학과 성경해석에 끌어들일 경우에는 해석학적으로 매우 신중해야 하고 비판적 성찰의 과정을 거쳐야 한다. 더욱이 동아시아에서 성경의 말씀과 희랍철학의 로고스에 해당하는 말은 도(道, 길)라고 생각되는데 도 역시 로고스와는 너무 달라서 상통하기 어렵다. 로고스가 이성적 객관적 보편적 논리와 원리라면 도는 자연적이고 현실적인 삶에서 주체와 객체, 수단과 목적, 과정과 결과를 통합하는 실천적 개념이고 길을 가는 주체와 분리될 수 없는 원리이다. 성경을 동아시아에서 주체적으로 해석하려고 할 때는 로고스, 말씀(다바르), 도에 관한 보다 깊은 성찰과 고민이 요구된다.

8장

동북아평화와 한국의 갈 길

1. 군사 · 정치적 긴장과 대립의 동북아시아와
21세기, 평화의 시대

동북아시아, 세계정치경제의 새로운 중심이면서
정치·군사적 대립의 현장

중국, 일본, 한국으로 이루어진 동북아시아는 세계경제의 새로운 중심이면서 군사 정치적 긴장과 대립의 현장이다. 세계인구의 5분의 1에 이르는 16억 인구가 이 지역에 몰려 있고 중국과 일본은 경제규모가 세계 2위와 3위에 올라 있고 한국은 10위를 오르내린다. 아시아 대륙의 중심을 차지하고 14억 인구를 자랑하는 중국은 정치 경제적으로 큰 변화를 겪고 있으며 중국의 꿈틀거림은 동북아의 정치사회경제에 큰 영향을 미치고 있다. 중국은 세계의 거대한 제국으로 일어서고 있다. 중국이 한국에 미치는 정치 경제사회의 영향은 직접적이고 강력하다. 세계 최대 정치 경제 군사 대국인 미국이 태평양을 건너 한반도에 군사기지를 두고 한국과 정치 경제 군사적으로 긴밀한 관계를 가지고 있다.

일본의 식민 통치 아래 혹독한 고난을 겪은 한민족은 다시 남북으로 분단되었다. 북한은 중국과 러시아의 영향을 받고 남한은 미국과 일본의 영향을 받는 두 개의 분단국가로 되었다. 남과 북 사이에 잔혹하고 처절한 민족 전쟁이 일어났고 대립과 갈등이 더욱 깊어졌다. 함석헌의 말대로 하나의 민족을 둘로 갈라놓은 것은 살아 있는 몸을 둘로 자른 것과 같다. 지난 70년 동안 천만 이산가족이 서로 만나지 못하고 연락도 하지 못하며 말할 수 없는 슬픔과 고통 속에서 살아왔다. 전쟁과 폭력의 고통이 한민족의 정신과 삶 속에, 사회와 역사 속에 깊이 사무쳐 있다.

한국의 민족분단은 단순한 민족분단이 아니라 대륙세력과 해양세력의 갈등과 충돌이며 공산주의와 자본주의의 이념적 대립과 갈등이다. 정치 군사적 갈등과 대립일 뿐 아니라 정신과 이념의 대립이고 문명의 충돌이다. 남북 분단의 뿌리는 매우 깊고 그 장벽은 참으로 두텁고 높다. 남북분단과 전쟁으로 수 백 만 명이 억울하게 목숨을 잃었고 이 폭력적이고 불합리하고 모순으로 가득한 분단국가 체제를 지키려고 남한과 북한은 수많은 의로운 목숨들을 희생시켰다. 우리 민족이 겪은 고난과 상처가 참으로 깊고 크다. 이 고난과 상처를 치유하고 평화의 시대를 열 책임과 사명이 우리에게 있다.

오늘날 동아시아에서 정치 경제적으로 힘을 비축한 중국과 세계

패권 국가인 미국이 충돌하고 있다. 한국은 경제적으로 중국과 뗄 수 없이 긴밀한 관계를 형성해왔고 군사 외교적으로 미국과 긴밀한 동맹을 맺고 있다. 두 강대국의 충돌과 힘겨루기는 한국의 경제와 군사 외교에 큰 도전과 시련을 안겨 주고 있다. 서로 부딪치는 미국과 중국이라는 강대국의 틈바구니에서 한국은 지혜롭고 기민하게 판단하고 자신의 길을 열어가지 않으면 정치 경제 군사적으로 큰 어려움에 빠질 수 있다.

분단국가로서 두 강대국의 틈바구니에 끼어있는 한국은 주어진 현실의 조건과 상황을 냉철하게 분석하고 판단하여 합리적 결론과 합의를 이루어내고 지혜로운 선택과 행동을 해 나가야 할 것이다. 그러나 두 강대국이 충돌하는 중심에 서 있는 분단국가로서 한국의 처지는 현실적인 고민과 당면한 과제들을 해결하는 방안 모색을 넘어서 한반도와 동아시아와 세계 인류의 정의와 평화에 대한 근본적인 성찰을 하게 한다.

21세기, 평화의 시대

20세기는 1~2차 세계대전이 일어나고 한반도에서 민족 전쟁이 일어나서 수천만 명이 죽은 참혹한 전쟁의 시대였다. 20세기는 강대국들이 부국강병을 내세우며 식민지쟁탈전을 벌이는 세계전쟁의 시대였다. 2차 세계대전은 일본에서 핵무기를 터트리는 것으로 끝났다. 핵무기와 생화학무기가 발달하고 폭탄과 미사일이 발달한 오늘 아무리 힘이 없는 나라도 강대국을 치명적인 파멸에 빠트릴 수 있다.

소규모의 집단도 강대국에게 참혹한 고통을 안겨 줄 수 있다. 전쟁의 질적 변화로 전쟁은 공멸을 의미하게 되었다. 이제 전쟁과 평화 가운데 어느 하나를 선택할 수 있는 시대가 아니라 오직 평화만을 선택하고 평화의 길을 찾아야 할 때가 온 것이다. 평화는 삶의 조건이고 길이고 내용이고 방법이며 목적이다. 인류의 살길은 오직 하나다. 평화의 길을 열고 그 길로 가는 것이다. 민주화와 과학기술화 세계화가 동시에 이루어지는 21세기는 세계정의와 평화를 이루어갈 시대다.

21세기는 아시아태평양 시대라고 한다. 아시아(Asia)는 해 뜨는 동쪽을 뜻하고 태평양(太平洋, Pacific Ocean)은 말 그대 큰 평화의 바다다. 아시아 태평양의 중심에 동북아시아가 있고 동북아의 중심에 한반도가 있다. 어떻게 한반도에서 세계정의와 평화의 아시아태평양 시대를 열 것인가? 한반도를 둘러싼 동북아의 대립과 긴장과 갈등은 단순히 정치·군사적인 긴장과 갈등이 아니라 이념과 체제, 종교와 문화를 포함한 총체적인 문명적 갈등과 대립이다. 그것은 돈과 생명, 물질과 정신, 민주와 독재, 공산과 자본, 이념과 가치의 총체적 갈등과 대립이다. 낡은 전통의 가치와 새로운 미래의 가치가 대립하고 기업 가치와 공동체 가치가 대립한다. 합리적이고 과학·기술적인 효율성의 가치와 공동체적이고 생명 친화적인 삶의 가치가 대립한다. 오늘 한반도와 동북아의 갈등과 대립은 생명과 정신의 깊은 내면에서, 역사와 사회, 종교와 문명의 깊은 중심에서 생겨난 것이다. 이 갈등과 대립의 깊은 중심에서 깊은 고난과 상처를 치유하고 평화 시대의 새로운 해가 떠오르게 해야 한다. 따라서 평화운동의 시작은 역사와 사회, 생명과 정신의 깊은 데서 시작되어야 한다. 물질과 생명과 정신에 대한 깊은 철학과 신앙을 갖지 않으면 세계평화의 길을 열 수 없다.

2. 씨올생명의 평화

씨올사상은 깊은 생명철학과 신앙을 담은 평화사상이다. 인과법칙, 운동법칙, 상대성원리가 지배하는 물질의 세계는 생명과 정신의 자유가 없고 전체의 하나 됨을 모른다. 생명세계는 물질세계서는 성립할 수 없는 물질요소들의 상생과 공존의 관계가 성립하는 세계다. 생명은 그 자체가 사랑과 평화의 상생 공존이 실현된 세계다. 물질 안에서 물질의 법칙과 제약을 초월하여 상생과 공존의 세계를 연 생명은 그 자체가 해방의 기쁨과 신명이며, 사랑과 평화의 축제다. 자연 생명세계서는 먹고 먹히며 갈등과 다툼, 경쟁과 저항이 끊임없이 일어나지만, 그것은 오직 생명의 자유와 기쁨, 사랑과 평화를 지키고 이루기 위한 것뿐이다. 생명의 세계는 참으로 값지고 소중하고 높고 크다. 벌레 한 마리가 꿈틀거리며 살기 위해서, 씨알 하나가 싹트고 들꽃 하나가 피기 위해서 우주 전체가 협력하고 협동하여 생명의 창조 활동에 참여해야 한다. 생명을 먹이고 살리기 위해서 햇빛과 바람과 흙과 물이 기꺼이 자신을 내어주고 불태워 희생한다. 우주 전체의 사랑과 희생의 활동이 있어서 작은 생명 하나가 있는 것이다. 생명은 하늘과 땅 온 우주의 거룩한 희생과 사랑으로 생겨난 것이다.

평화란 무엇인가? 평화는 단순히 전쟁과 폭력이 없는 상태가 아니다. 정의롭고 평화로운 사회질서와 구조, 관계와 체제를 이루는 것이 평화다. 사회질서와 구조가 평화롭고 사회관계가 정의로워야 한다는 말이다. 그러나 사회질서와 구조, 관계와 체제가 평화로운 것도 참되고 온전한 평화는 아니다. 참된 평화는 생명의 실현과 충만(살롬)이며 몸이 성하고 맘이 놓이고 얼과 뜻이 불타고 솟아오르는 것이다. 참된 평화는 생명과 정신의 본성과 목적을 온전히 실현하고 완성하는 것이다. 씨울의 평화가 참된 평화다. 생명의 싹이 트고 자라고 꽃과 열매를 맺는 것이 평화다. 평화는 생명이 쭉쭉 뻗고 자라는 것이며 솟아올라 나아가는 것이다.

생명과 정신의 본성과 목적이 실현되는 것이 평화다. 생명과 정신의 본성과 목적은 '주체의 깊이서 전체의 하나 됨'으로 나아가는 것이다. 이런 평화는 서로 충돌하고 대립하며 서로 제약하는 땅의 물질세계에서는 이루어질 수 없고 하늘서 이루어질 수 있다. 하늘은 생명의 본성과 목적, 주체와 전체의 일치가 이루어지고 완성되는 자리다. 하늘이 땅으로 내려올 때 땅에서 평화가 이루어진다. 어떻게 하늘이 땅으로 내려오는가? 사람의 몸과 맘속에 역사와 사회 속에 하늘이 열리게 하는 것이다. 하늘을 품고 그리워할 때 하늘이 열리고 맘의 안팎서 평화가 이루어진다.

생명의 본성은 평화다. 생명은 물질 안에서 물질을 초월하여 새로운 관계와 질서를 이룩한 것이다. 물질의 세계는 상생과 공존의 깊은 관계에 이를 수 없다. 인과율과 상대성원리가 지배하는 물질세계는 물체들이 서로 제약하고 속박한다. 중력과 운동의 법칙이 지배하는 물리세계는 외부의 물리적 힘으로 움직이고 변화한다. 그러므로 서로 주체가 되어 주체의 깊이와 자유에서 전체의 하나 됨(상생과 공존)

에 이를 수 없다. 서로 주체로서 서로 살림과 공존의 관계를 이루는 생명은 그 자체가 평화다. 염통과 허파는 인간의 몸 안에서 서로 주체의 서로 살림과 공존의 관계를 이룬다. 허파가 숨을 잘 쉬고 염통이 피를 잘 돌릴 때 몸은 건강하고 평화롭다. 생명은 사랑과 평화의 본성을 가진 것이다. 물질적 속박에서 벗어난 초월과 해탈의 기쁨과 사랑을 지닌 생명이 곧 평화다. 생명은 부드러움으로 강함을 이긴 것이고 정신과 의식으로 물질을 이기고 초월한 것이다. 폭력은 물리적 힘으로 강제로 생명을 움직이고 속박하는 것이다. 돈과 물질, 기계와 제도가 생명과 정신을 속박하고 강제하는 것이 폭력이다. 생명을 살리고 실현하는 것이 정의이고 평화이며 사랑이고 진리다. 평화운동은 생명운동이다.

사람의 사명, 평화를 이루는 일

사람의 본성과 사명에 대한 깊은 자각과 이해가 없이는 한반도와 동북아에서 평화의 길을 열 수 없다. 생명의 진화과정에서 사람은 하늘과 땅 사이에 곧게 선 존재가 되었다. 하늘과 땅 사이에 곧게 섬으로써 사람은 생명 진화를 완성하고 천지인의 합일에 이르게 된 것이다. 생명진화는 땅의 물질서 하늘의 얼과 신에 이름으로써 천지인 합일을 이루어가는 과정이다. 사람은 하늘과 땅 사이에 곧게 섬으로써 위로 하늘과 통하고 옆으로 이웃, 만물과 통하는 존재가 되었다. 생명진화의 완성과 천지인 합일은 주체의 깊이와 자유에서 전체의 하나됨에 이름으로써 생명의 본성과 목적을 실현하고 평화를 이루는 것이다.

　사람의 몸은 땅의 물질에 뿌리를 둔 것이고 맘은 역사와 사회를 짓는 것이고 얼은 하늘과 소통하고 연락하는 것이다. 사람은 하늘과 땅 사이에 곧게 섬으로써 인후(咽喉), 인두(咽頭)기관이 발달하여 말을 할 수 있게 되었다. 인간이 말을 한다는 것은 대화를 함으로써 소통하고 연락하여 협력하고 협동하게 되었다는 것을 뜻한다. 말은 물질과 정신, 인간과 신의 연락과 소통이고 사람과 사람, 사람과 자연 만물의 소통과 연락이다. 말은 물질을 정신화하고 신령한 세계를 인간화하는 것이다. 말은 평화를 위해 생겨난 것이다.

　인간은 하늘과 땅 사이서 과거, 현재, 미래를 관통하는 뜻을 찾고, 하늘과 땅과 사람의 일치와 평화를 지어가는 존재다. 생명 진화는 물질의 힘을 생명과 정신의 힘으로 승화하고 고양 시켜 가는 과정이다. 지성과 인정과 영성으로 서로 소통하고 협력했기 때문에, 인간은 자연환경의 도전과 시련을 이기고 다른 동물들과의 경쟁에서 이기고 진화 발전했다. 사람의 손과 발, 눈과 얼굴, 말과 글, 지성과 영성은 물리적 폭력을 넘어서 평화로운 존재로 나아감을 보여준다. 평화운동은 사람이 사람답게 되고 사람 구실을 바로 하는 사람을 만들고 그런 사람이 되는 운동이다.

3. 한국의 갈 길

국가주의서 세계평화 시대로

　한반도는 동서의 전통 종교문화가 합류한 두물머리다. 한국 사회는 서로 다른 종교와 이념과 철학의 갈등과 불협화음 속에 있다. 세계의 갈등과 문제가 한반도에 집중되어 있다. 민주화와 산업화를 빠른 시기 안에 이루었다지만 남한의 자살률은 가장 높고 행복 지수는 가장 낮다. 평화를 잃은 불행한 사회다. 삼대 세습과 포로수용소의 북한도 평화가 없는 불행한 사회다. 북한과 남한은 서로를 비추어주는 거울이고 서로를 견제하고 형성하는 쌍생아다. 북한 사회가 건전하고 튼실하고 합리적인 사회라면 남한의 정치 경제사회도 훨씬 밝고 건전하게 되었을 것이다. 마찬가지로 남한사회가 지금보다 더 성숙하고 품이 넓고 합리적이고 통합된 사회라면 북한 사회도 오늘처럼 권위적이고 비상식적인 사회가 되지 않았을 것이다. 남한과 북한은 서로 알게 모르게 영향을 주고받는다. 북한의 빈곤과 고통은 남한에 작용하고 남한의 허영과 위선과 갈등은 북한에 영향을 준다. 남북의 분단은 민주와 평화를 가로막는 장애물이다. 민족의 분단 속에 세계의 갈등과 문제가 압축되어 있고 세계정의와 평화의 길이 숨겨져 있다. 민족의 분단을 극복하는 일은 세계의 갈등과 문제를 푸는 일이고 세계정의와 평화의 길을 여는 것이다. 민족분단은 강대국들의 국가주의적 갈등과 전쟁으로 생겨났고 남한과 북한의 국가권력에 의해서 유지되고 강화되었다. 국가주의에 머물러 있는 한 민족

258

분단에서 벗어날 수 없다. 국가주의를 떨쳐버리고 세계평화의 정신과 이념을 가질 때 민족분단을 극복할 수 있는 힘과 지혜가 나온다. 그래서 함석헌은 국가주의가 우리의 마지막 원수라고 하였다. 국가주의는 전쟁과 폭력 시대의 낡은 유물이다.

민주 시대는 평화 시대이고 민주 정신은 세계평화 정신이다. 국가주의란 망령에서 벗어난 보통 사람 씨올에게는 전쟁이 죄악이고 재난일 뿐이다. 전쟁을 해서 덕을 볼 사람은 보통 사람 가운데 아무도 없다. 전쟁을 통해 정치 권력을 강화하려는 권력자들과 군사 무기와 군수물자를 팔아서 큰돈을 벌려는 전쟁 장사꾼들만이 전쟁을 일으킬 구실을 찾고 있다. 한국과 일본과 중국의 보통 사람들에게 물어보라. 아무도 전쟁을 원하는 사람이 없을 것이다. 민주화 과학화 세계화가 이루어지는 시대에 전쟁은 할 수도 없고 해서도 안 되는 어리석은 짓이다. 오늘의 시대는 전쟁과 평화 가운데 선택을 하는 것이 아니라 오직 평화만이 살길임을 확인하고 증언하는 시대다.

고등종교와 철학을 낳은 것은 기축 시대의 성현들이다. 이들의 가르침은 한 마디로 사랑과 참으로 서로의 입장을 바꿔 생각하고 서로 존중하고 배려하는 평화의 철학이다. 국가주의를 버리고 세계평화주의로 나아가는 21세기는 기축 시대 성현의 정신과 철학을 실현하는 때다. 모두 성현의 길, 군자의 길, 씨올의 길을 가지 않으면 안 되는 시대다. 민주화, 산업 과학기술화, 세계화가 동시에 이루어지는 21세기에 우리는 오직 세계정의와 평화만이 살길임을 알고 그 길로 가야 한다.

건국이념과 정신, 홍익인간과 이화(理化) 세계

한국은 하늘 열고 세운 나라다. 하늘을 열고 나라를 세웠다는 것(開天)은 얼마나 장엄하고 아름답고 평화로운가! 하늘 열고 내려와서 땅에서 세운 나라의 사람들은 하늘의 자손들(天孫)이다. 우리 겨레가 스스로 한겨레 한민족이라고 한 것은 개천과 천손의 이념과 자각을 드러낸 것이다. '한'은 '하늘, 하나님, 큰 하나'를 뜻하면서 우리나라 우리 민족을 나타내는 말이다. 우리 민족의 몸과 삶 속에 '한' 사상과 정신이 사무쳐 있다. 우리는 하늘, 하나님, 큰 하나를 품고 그리워하고 실현하며 살아온 겨레다. 하늘을 우러러 한 점 부끄러움이 없는 삶이 떳떳하고 맘이 놓이고 평화로운 삶이다. 우리의 건국이념과 교육이념은 홍익인간(弘益人間)과 이화(理化)세계. 널리 사람을 이롭게 하고 이치와 진리로 교화시킨다는 이념과 정신은 얼마나 평화롭고 존엄한가! 한국의 건국이념과 정신은 국가의 경계를 넘어서 세계정의와 평화를 실현하는 위대한 정신과 철학을 담고 있다. 한민족은 처음부터 세계평화의 사명과 자격을 닦아온 민족이다.

5천 년 역사 속에서 온갖 시련과 고난을 겪으면서 전쟁과 갈등, 대립과 싸움을 넘어서 평화를 향해 나아왔다. 근현대사는 세계정의와 평화를 실현하기 위해 온갖 고난과 시련 역사적 갈등과 모순을 끌어안고 고통을 겪어온 과정이다. 전쟁과 식민지 고통과 군사독재와 남북대결은 한국 근현대사의 깊고 어두운 골짜기다. 삼일운동과 4·19혁명과 민주화운동과 산업화 경제성장은 밝고 높은 봉우리다. 동서 정신문화의 만남과 민주화 과정이 한국 현대사의 기본성격과 내용이다. 동서 정신문화를 통합하는 세계사상을 정립하고 민주화를 완성하는 것이 한국 현대사의 사명과 목적이다. 동양과 서양의 온갖 정신과 사상, 종교와 철학이 한반도서 합류했다. 민주 정신과 철학을 확립하고 세계평화와 정의를 실현하는 세계통일의 사상이 나와야 한다. 유영모와 함석헌이 닦아낸 씨올사상은 민주 정신과 세계평화의 철학이다. 씨올사상을 확립하고 체화하여 민주와 세계평화를 이루는 것이 21세기 한국의 사명이고 과제다.

삼일운동은 민주, 민족의 자주독립, 세계평화와 정의를 지향하고 실현하는 운동이다. 온 민족 온 겨레가 한맘 한뜻으로 일어난 운동이다. 한 사람 한 사람이 나라의 주인과 주체로서 독립 만세를 외치고 독립을 선언하였다. 삼일 독립선언서에서 밝혔듯이 한민족은 삼일운동을 통해서 일제의 불의한 식민 통치에서 벗어나 자주독립을 이루고 자주독립한 나라가 됨으로써 일본과 우애와 협력의 관계를 맺고 동북아의 평화를 이루고 세계평화와 정의로 나아가려고 했다. 삼일운동의 정신에 따르면 민족의 자주독립은 동북아시아의 평화와 직결되고 동북아시아의 평화는 세계평화에 이르는 디딤돌이다. 삼일운동의 정신을 따라서 대한민국의 헌법은 세계평화를 선언한다. 삼일운동의 정신으로 민족통일과 동북아평화를 이루는 것이 오늘 한국의 사명이고 과제다.

삼일운동과 세계평화의 길

삼일운동은 기독교, 천도교, 불교, 모든 종교가 서로 협동 협력하고 뜻과 힘을 모아서 일어난 운동이다. 서로 다른 종교의 협력과 협동이 평화의 바탕이다. 종교 간의 대립과 갈등은 평화의 길을 가로막는다. 종교 간의 대화와 평화 없이 세상의 평화는 없다. 종교 철학 이념의 갈등과 대립을 넘어서 생명과 정신과 얼에 충실하고 진실한 씨올생명 철학으로 평화를 이루어야 한다. 삼일정신을 계승한 씨올사상은 생명과 얼에 충실한 생각과 철학을 닦아내어 정의와 평화를 이루자는 사상이다.

한 사람 한 사람이 떨쳐 일어나 삼일운동을 일으켰듯이 세계평화운동은 한 사람 한 사람의 구체적인 삶에서 시작되어야 한다. 씨올의 삶이 평화다. 씨올의 생각과 숨이 평화다. 씨올의 꿈틀거림이 평화운동이다. 숨 깊이 편안히 쉬고 바른 생각하는 것이 평화운동의 시작이다. 민주국가는 세계평화와 정의를 실현하는 국가다. 한국인은 나라를 잃고 식민지 백성의 고난을 겪었으므로 민족과 국가의 경계를 자유롭게 넘을 수 있다. 씨올에게는 국경이 없다. 씨올이 나라의 주인과 주체이고 실체이기 때문이다. 주인이므로 나라의 경계를 자유롭게 넘을 수 있다. 집주인이 집 밖을 자유롭게 나돌아다니는 것과 같다. 북한, 일본, 중국서 민(씨올)이 재난과 시련을 당하면 겸허하고 진솔하게 위로하고 돈과 물질과 정성으로 아픔과 시련을 나눌 수 있어야 한다. 나라의 주인인 씨올들이 국경을 넘어서 맘으로 하나가 되는 일이 평화운동의 시작이다.

한겨레는 큰 하나, 하늘 하나님을 품고 그리워하고 실현하는 민족이다. 세계평화와 정의를 실현하는 일꾼의 나라다. 우리는 홍익인간과 이화세계의 건국이념과 삼일운동의 평화정신을 물려받은 나라다. 함석헌의 씨올정신을 가지고 담대하게 평화의 길로 나아가자. 한 반도의 영세중립화를 선언하고 제주도를 비무장 세계평화의 섬으로 만들자. 휴전선에서 생명과 평화의 잔치를 열자. 남과 북, 중국과 미국 사이에 첨단 군사 무기를 가지고 대결하는 마당에 철없는 어린이처럼 아무런 대책 없이 비무장 평화를 말하는 것이 아니다. 현실을 똑똑히 보고 상대의 의도와 계획을 뚫어보고 방비를 단단히 하면서도 깊은 생각과 지혜를 가지고 사랑과 믿음으로 평화의 길을 열어가자는 것이다. 평화가 가장 안전한 방비이고 가장 현명하고 현실적인 대안이다. 전쟁을 막고 갈등과 폭력에서 벗어나는 길은 평화밖에 없다. 평화가 가장 크고 떳떳하고 안전한 길이다.

삼일 독립선언서에서 밝힌 대로 한민족의 자주독립은 동북아평화의 지름길이고 동북아평화는 세계정의와 평화의 디딤돌이다. 민주화, 과학화, 세계화는 자치와 협동의 민주국가를 바탕으로 정의와 평화의 세계연방으로 나아가는 준비과정이다. 누가 한국·중국·일본을 하나로 묶어서 동북아평화 연방을 만들고 더 나아가 세계평화연방으로 가는 길을 열 것인가? 중국은 거대 국가라서 나서기 어렵다. 일본은 식민지전쟁을 일으킨 나라이므로 나서기 어렵다. 한국은 식민지 고통을 겪었을 뿐 아니라 남북이 분단되어 참혹한 전쟁을 치른 나라다. 한국은 평화를 말할 자격이 있고 한국이 평화를 말하면 설득력이 있을 것이다.

21세기 세계평화의 시대에는 평화를 실현하는 데 앞장서는 나라가 선진국이고 가장 존경받고 가장 영향력 있는 나라가 될 것이다. 그런 나라가 정치 경제 문화적으로도 세계를 이끄는 나라가 될 것이다. 홍익인간과 이화세계의 건국이념을 가지고 삼일운동을 통해 세계평화를 선언한 한국은 평화의 선진국이 되고 세계연방을 만드는 데 앞장설 수 있다. 동북아와 세계평화연방을 말하기 전에 남한과 북한이 서로 손잡고 남한군 10만 북한군 10만으로 20만 세계평화봉사단을 만들어서 전쟁이나 재난으로 굶주림과 질병으로 고통당하는 지역을 찾아서 생명과 평화를 실현하는 데 앞장서게 하자. 21세기 군대의 존재 이유와 목적은 전쟁하는 데 있지 않고 전쟁을 방지하고 평화와 정의를 실현하는 데 있다. 21세기의 군대는 민주국가의 이념과 정신, 홍익인간과 이화세계를 실현하는 기관이 되어야 한다.

또한 21세기의 평화운동은 국가와 군대가 앞장서는 것이 아니라 나라의 씨울인 국민 한 사람 한 사람이 앞장서야 한다. 씨울의 생각과 말, 삶과 행동은 그대로 평화운동이다. 지진과 화산폭발로 고난을 겪는 일본사람들의 아픔을 함께 아파하면서 그들을 진심으로 위로하고 돕는 일은 한국의 씨울이 앞장설 수 있다. 나라의 주인인 씨울들이 평화의 길로 갈 때 정치인들과 기업인들도 평화의 길로 따라올 것이다. 작은 나비의 날갯짓이 태풍을 일으키듯이 평화를 향한 작은 씨울의 꿈틀거림이 큰 평화 시대를 열 것이다.

참고문헌

저서

김지하, 『밥』 분도출판사. 19843.

S.P. 램프레히트, 『서양철학사』 김태길 외 역, 을유문화사 198015.

박재순 『함석헌의 철학과 사상』 한울 2012.

박재순, 『다석 유영모−동서를 아우른 생명 철학자』(개정판) 홍성사 2017.

서남동, 「民衆神學의 探究」 한길사, 1983.

徐仁錫 『聖書의 가난한 사람들』 분도출판사, 1979.

안토니우스 H.J. 군네벡, 『이스라엘 歷史』(문희석 역), 한국신학연구소, 19804.

에두아르트 슈바이쩌 『마태복음』 國際聖書註釋 29. 한국신학연구소, 1982.

에마뉘엘 레비나스, 서동욱 역, 『존재에서 존재자로』 서울 민음사, 2009.

柳永模 『多夕日誌, 上·中·下』, [영인본] 김흥호편 1982.

유영모, 『다석강의』, 현암사, 2006.

함석헌, 『뜻으로 본 한국 역사』 한길사 2003. 함석헌, 『歷史와 民族』 함석헌전집 9.
        한길사, 1983.

구스타보 구티에레즈, 『해방신학』(成稔 역), 분도출판사, 1977.

루돌프 불트만, 『西洋古代宗敎思想史』(허혁 역), 梨大 出版部, 1978,

R. 불트만, 『共觀福音書傳承史』(허 혁 역), 대한기독교서회, 1978,

R. 불트만, 『新約聖書神學』(개정 6판: 허혁 역), 성광문화사. 1976,

R. 불트만, 『學問과 實存』(허 혁 역), 성광문화사 1980.

W. 푀르스터, 『신구약 中間史』 (문회석 역). 컨콜디아사, 1980.

東京大學校出版會 엮음, 『철학사강의』 (한울 편집부 옮김). 한울, 1983.

G. 픽슬레이, 『하나님의 나라』(정호진 역), 韓國神學硏究所, 1986.

토를라이프 보만. 『히브리적 思惟와 그리스적 思惟의 比較』(허 혁 역), 분도출판사, 1975,

J. Gnilka, 『마르로 복음』 I, 「國際聖書註釋」, 韓國神學硏究所, 1985.

J. Gnilka, 『마르코복음』 II, 韓國神學硏究所, 1986.

Gerhard von Rad, 『舊約聖書神學』 I (허혁 역), 분도출판사, 1976,

Gerhard von Rad, 『창세기』 國際聖書註釋 (Das erste Buch Mose: Genesis. Götingen, 1927) (한국신학연구소 번역실 역) 韓國神學硏究所 1981.

K. Barth, Kirchliche Dogmatik II/l, Evangelischer Verlag A.G. Zollikon-Zürich, 1948.

K.Barth Kirchliche Dogmatik IV/1. Evangelischer Verlag A.G., Zürich, 1953.

N. K Gottwald, The Tribes of Yahweh.(Orbis Books), Maryknoll, N.Y., 1979.

Joachim Jeremias, Jerusakm in the Time of Jesus(trans. by F. H. and C.H. Cave), Fortress Press, 1981.

Wolfgang Stegemann, Das Evangelium und die Armen, München, Kaiser, 1981.

M. Hengel, Judentum und Hellenismus (WUNT, 10) Tübingen, 19732.

S. W. Baron, A Social and Religious History of the Jews I. New York, 1958.

논문

金昌洛, 福音의 受惠者로서의 가난한 사람들", 「신학사상」53, 韓國神學硏究所, 1986.

J.M. 로흐만, "기독교와 마르크스주의의 노동관" 「神學思想」 23, 한국신학연구소, 1978.

G. 브라켈만, "노동 문제에 대한 신학적 고찰" 「神學思想」 23, 한국신학연구소, 1978.

안병무 "가난한 자" 『한국문화와 기독교윤리』 文學과 知性社 1986.

안병무, "民衆의 敎會", 「神學思想」53, 韓國神學硏究所, 1986.

안병무, "民衆 예수", 「神學思想」 55, 한국신학연구소. 1986.

안병무, "마가복음에서 본 역사의 주체", 『民衆과 韓國神學』(NCC신학 연구위원회 편).
　　韓國神學硏究所 1982,

안병무 "예수와 오클로스" 『民衆과 韓國神學』(NCC신학 연구위원회 편).
　　韓國神學硏究所1982.

안병무, "韓國的 그리스도인像의 模索", 「神學思想」,52, 韓國神學硏究所, 1986,

E, M, & N, Wood, "소피스트의 知的世界" (康俊彰역), 『西洋古典 古代思想家와
　　思想史論』 上 (高麗大學校 大學院 西洋古代史 硏究室 편역), 法文社, 1982,

W.K.C. Guthrie, "플라톤과 平等思想" (趙仁衡역), 『西洋古典 古代思想家와 思想史論』
　　上 (高麗大學校 大學院 西洋古代史 硏究室 편역), 法文社, 1982,

E.M. & N. Wood, "反民主的 政治理念"(李源根 역). 『西洋古典 古代思想家와 思想史論』
　　下 (高麗大學校 大學院 西洋古代史 硏究室 편역) 法文社, 1982,

G. Vlastos, "Platon 思想에 있어서 奴隷制", 『古典古代 희랍史硏究의 諸問題』(地東植
　　편역), 高麗大學校 出版部, 19834,

M. L. 휜리, "희랍문명의 基盤 奴隷勞動", 『古典古代 희랍史硏究의 諸問題』(地東植
　　편역), 高麗大學校 出版部, 1983,